亲历者
旅游书架

行程精确 资讯贴心 双语地图

线路百搭 **让你7天玩转韩国**

# 韩国

## 一周游

第2版

《亲历者》编辑部 编著

中国铁道出版社
CHINA RAILWAY PUBLISHING HOUSE

图书在版编目（CIP）数据

韩国一周游／《亲历者》编辑部编著 .－－2 版 .－－ 北京：中国铁道
出版社，2016.5
（亲历者）
ISBN 978－7－113－21528－6

Ⅰ.① 韩… Ⅱ.① 亲… Ⅲ.① 旅游指南—韩国 Ⅳ.① K931.269

中国版本图书馆CIP数据核字（2016）第036359号

书　　名：韩国一周游（第 2 版）
作　　者：《亲历者》编辑部 编著

策划编辑：聂浩智
责任编辑：王　宏
编辑助理：杨　旭
版式设计：尚　岩
责任印制：赵星辰

出版发行：中国铁道出版社（北京市西城区右安门西街 8 号　邮编：100054）
印　　刷：北京顶佳世纪印刷有限公司
版　　次：2015 年 2 月第 1 版　2016 年 5 月第 2 版　2016 年 5 月第 1 次印刷
开　　本：660mm×980mm　1/16　印张：15　字数：350 千
书　　号：ISBN 978－7－113－21528－6
定　　价：48.00 元

# 前言

  很多人对韩国的了解主要来自于韩剧的热播，如励志的《大长今》、凄美的《对不起，我爱你》、满是俊男美女的《继承者们》以及风靡一时的《来自星星的你》。剧中精致的房屋、温馨的咖啡馆和秀丽的风景让人们对这个国度有了更多的向往。

  在韩国，你可以饱览这里的自然、人文风光，首尔的德寿宫、南山，京畿道的水原华城，釜山的海云台以及济州岛上的汉拿山，均是十分吸引人的游览地。走过这些地方，你既可以看到大自然鬼斧神工的杰作，又能领略到人文建筑的风情。

  对于购物达人来说，韩国是购物的天堂。在这里，你可以在首尔的东大门买到时尚前卫的各种服饰，这些种类繁多的时尚服装是很多年轻人的最爱；也可以在有名的韩国化妆品店中买到比国内便宜很多的化妆品，这些化妆品深受爱美女士的喜爱；在韩国还有许多特色产品，如颇具营养价值的高丽参和精致而复古的工艺品等，这些都是馈赠亲朋好友的最佳礼品。

  韩国的美食也非常有特色，在韩国的各个区域都有自己代表性的美食，如首尔的高级宫廷料理，水原的王排骨，釜山的海鲜美食，济州岛上的红烧刀鱼以及光州无等山的大麦拌饭等。韩国食物非常注重营养，因此在这里你能品尝到许多既营养又美味的滋补食品。

  当然，作为一个时尚、现代化的国家，韩国的娱乐活动也不可不提。单是首尔及其周边，就有乐天世界、爱宝乐园、首尔游乐场等许多大型的游乐场，这些地方可以让你得到最值得回味的体验。另外，滑雪和游船也是一个不错的选择。尤其是在美丽的秋季，坐着游船一路欣赏海岸景色是一件非常惬意的事。而到了冬天，你可以到这里来滑雪，韩国许多地方都有设施齐备的滑雪场。

  本书以一周为周期，以旅行者的视角谋篇布局：开篇详细介绍旅行前的计划、准备、出发以及返回的实用攻略；正文则分为西北动感一周游、东南古典一周游、西南逍遥一周游3部分，以旅行线路串联起首尔、仁川、釜山、庆州、大邱、济州岛等目的地，详细设计了具体到每小时的行程安排，并充分考虑到吃、住、行、购等细节。如果你打算走出韩剧，亲自去体验这个国度的美丽风情，那就带上这本书，开启一段精彩的韩国之旅吧。

# 目录 CONTENTS

**导读：畅游韩国，只需一周**
**010-051**

**Part1:韩国西北部一周游**
**052-121**

**Part2:韩国东南部一周游**
# 122-183

## Part3:韩国西南部一周游
## 184-239

景福宮

# 导读 畅游韩国，只需一周

# 导读

## 畅游韩国，只需一周

### 计划

## 一周时间能去哪

　　韩国的每个区域都有着丰富的旅游资源，用一周的时间可以在韩国的经典旅游区域游玩，如首尔一带、东南部釜山一带以及西南部区域等。前往韩国前，应该先了解一下韩国的主要景点，并对这些景点进行区域划分，然后再选出一个合理的游玩区域。另外，还可以先将韩国划分为西北部、东南部、西南部3个旅游区，熟悉每个区域的主要景点后，选出最喜欢的一个旅游区进行游览。

| 韩国一周游路线概览 | | | |
|---|---|---|---|
| 目的区域 | 游玩城市 | 区域特色 | 行程安排 |
| 韩国西北部 | 首尔、仁川、京畿道 | 韩国西北部地区相对来说比较发达，现代化程度也比较高，城市街道热闹繁华，到处都是时尚而动感的氛围 | 韩国北部旅游最热门的路线是首尔—仁川—京畿道；如果时间比较宽裕，可以再去江原道的江陵游玩；如果时间比较紧，则可以不去仁川而去春川 |
| 韩国东南部 | 釜山、庆州、大邱 | 韩国东南部的这三座城市都有着悠久的历史，尤其是新罗时代的古都庆州，城中到处可见历史留下的痕迹，你可以在这些遗迹中感受古老而传统的气息 | 在韩国旅游线路中，釜山—庆州—大邱也是比较热门的路线；如果时间足够，你可以再前往景色宜人的庆州，如果时间不够，可以不去庆州，而去大田玩1天 |
| 韩国西南部 | 济州岛、光州 | 韩国西南部是颇有休闲气息的地区，这里除了蓝天碧海，柔软沙滩，还有郁郁葱葱的高山和欢乐的公园，在这里你能让自己的身心得到很好的放松 | 济州岛一直是韩国热门旅游地区，光州也是风景如画的城市，这条路线可以让你感受韩国西部和南部的独特风情。如果还想再了解一些，还可以利用多余时间去往全州，时间紧的话还可以不去光州而去丽水游玩 |

▲韩国一周游行程示意图

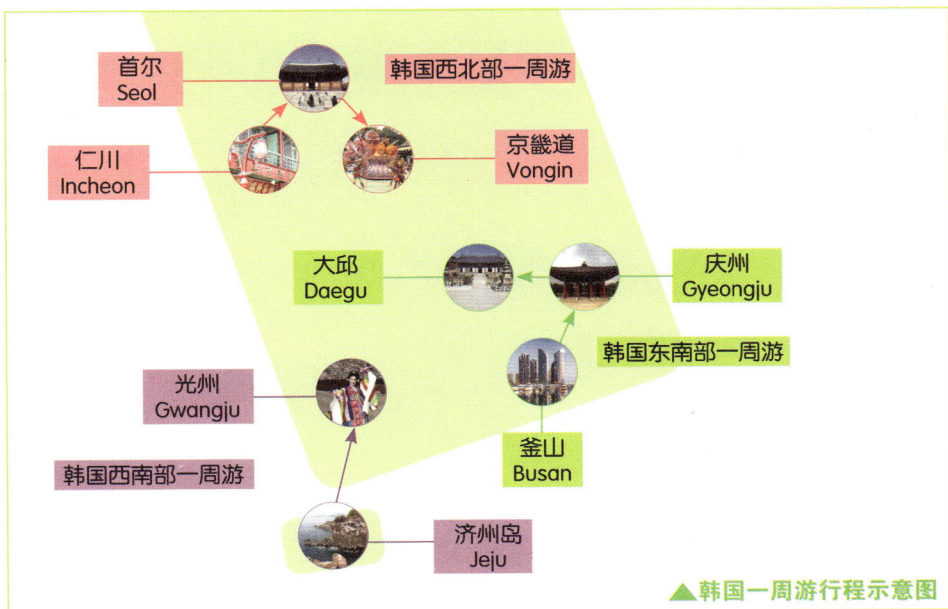

## 一周需要多少钱

韩国的旅游业十分发达，淡季和旺季的旅游花费会有所不同。一般情况下，旅游淡季的住宿费低一些，旅游旺季的住宿费高一些。由于每个人的旅行预算不同，前往韩国旅行准备的费用也不同，通常准备8 000～10 000元人民币在韩国游玩一周没有问题，若准备2万元人民币就可以将韩国某个区域的主要景点玩遍，享受更加舒适的旅行。

下面的表格列出了前往韩国旅行的费用，根据这个表格可以粗略估算一下在韩国旅行一周游的费用。可以将一部分现金兑换成韩元，将一部分现金存入双币银行卡中。

| 韩国旅行费用预算（单位：人民币） | | | |
|---|---|---|---|
| 项目 | 类型 | 费用 | 内容 |
| 护照 | 首次签发 | 200元 | 在申办护照办公室拍照，加收20～40元 |
| | 换/补发 | 220元 | 包括到期、失效换发，损毁、被盗、遗失补发等 |
| 签证 | 短期签证（停留90天以内） | 260元 | 关于韩国签证详情，可参考韩国驻华大使馆的官方网站chn.mofa.go.kr/worldlanguage/asia/chn/visa/issuance/requirement/index.jsp |
| 行李 | 需添置物品 | 酌情定 | 行李箱、防晒霜、插头转换器等平时不常用此时需添置的物品 |

续表

| 项目 | 类型 | 费用 | 内容 |
|---|---|---|---|
| 机票 | 往返联程 | 2500元左右 | 建议至少提前一个月关注票价，买好往返票，这样能享受较多的优惠，且避免临时买票买不到；表内是经济舱的价格 |
| 住宿 | 首尔等热门城市 | 约800元/天 | 在首尔、济州岛等地的住宿费用很高，条件不错的酒店价格要在800元/晚左右，如果想要住经济一点的旅馆，可以找当地的青年旅舍或者住在离市中心、景区稍远的地方 |
| | 其他城市 | 约600元/天 | 在庆州、光州等相对不那么热门的城市，住宿费用相应会低一些，每天600元左右就可以住个中档的旅馆 |
| 饮食 | 正餐 | 约200元/餐 | 午餐的时候，如果想坐下来吃个正餐，一个韩国传统套餐大概为200元人民币 |
| | 小吃 | 约70元/餐 | 韩国的小吃特别多，价格也有很大不同，以皇南饼为例，20个一包的皇南饼约为70元 |
| 市内交通 | 出租车 | 市内出行约100元 | 像首尔这样的热门城市的出租车费用较高，出租车起步价为20元，节假日、深夜可能价格更高一些，一般短途的出行大概要花100元。其他城市的出租车费用相对少一些 |
| | 公交车 | 约7元/次 | 韩国各城市的公交票价不一，一般来说，使用交通卡比现金要便宜一些，而且有换乘优惠。以釜山为例，使用交通卡乘坐公交每次约7元 |
| | 地铁 | 约6元/次 | 韩国很多城市都有地铁，而且会有多种车票供你选择。以首尔为例，购买交通卡的话乘坐地铁每次约6元 |
| 购物 | 高丽参 | 约3000元/支 | 韩国的人参被称为高丽参，一支高丽参从500元到几千元不等 |
| | 韩服 | 约600元/件 | 人们通过韩国的历史剧，可以了解到韩服的着装方式及其美丽之处。典雅的韩服适合于各种体型的人穿，一件韩服的裙子为500~700元 |
| | 电子产品 | 约2000元/件 | 韩国的电子产品标准严格、物美价廉、再加上汇率差异等优点，受到很多游客的欢迎。许多大型的电子产品购物中心聚集在一起，更是为游客购物提供了便利条件。一部三星的相机为700~5000元 |
| | 工艺品 | 约300元/件 | 韩国工艺品匠艺精深、制作精美。一件韩国工艺盒为100~350元 |
| | 服饰 | 约200元/件 | 在对流行十分敏感的韩国，人们可以随时感受到新鲜、前卫的时尚文化。在首尔的明洞、东大门市场等时尚购物区内，可以购买到最前沿的流行服饰，一件呢子大衣为150~400元 |
| | 化妆品 | 约50元/件 | 韩国化妆品注重原材料选择、技术提高等方面的追求，因此具有经济实惠、质量上乘、种类多样等优点，一件The face shop的护肤品为0~150元 |
| 娱乐 | 泡温泉 | 约70元/人 | 在韩国，泡温泉是一种非常盛行的休闲娱乐方式，韩国的许多城市都有专门的温泉乐园。在传统温泉的基础上，许多地方还推出了多种温泉体验 |
| | 游乐园 | 约150元/人 | 韩国境内各地都有大型的游乐园，尤其在首尔及其周边地区。这些游乐园占地面积巨大，内部设施多种多样，可以满足不同人群的需要 |
| | 乱打秀 | 约300元/人 | 乱打秀是一个集多种表演于一体的新型舞台剧。在舞台上，演员们用各种厨房用品作为打击器物敲打，表演出一个个令人啼笑皆非的故事 |

| 项目 | 类型 | 费用 | 内容 |
|------|------|------|------|
| 门票 | 各地古老建筑 | 5~30元 | 韩国有许多传统的古老建筑，其中有不少是古时候的宫殿，在这些建筑里，你除了能欣赏古人的巧妙构思，还能参加很多传统的体验活动 |
| | 其他景点 | 收费情况不一 | 除了古老的建筑，韩国还有很多美丽的自然风光，这些地方收费情况不一 |

通过上面的表格可以看出，除去来回的机票，减少娱乐和购物等比较高的消费，花费几千块钱也可以在韩国玩得比较开心。在所有经费中，哪些是消费的重点，哪些经费可以灵活变动，这都需要了解。

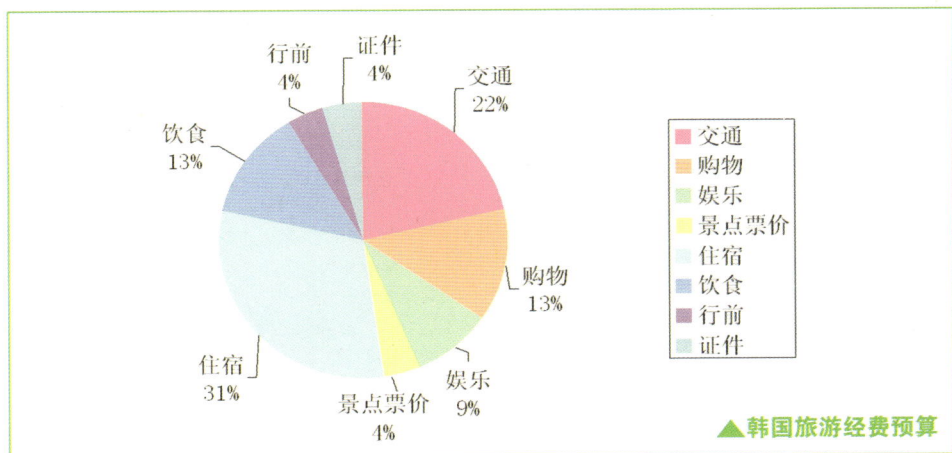

▲ 韩国旅游经费预算

交通 22%
购物 13%
娱乐 9%
景点票价 4%
住宿 31%
饮食 13%
行前 4%
证件 4%

## 一周如何自助游

如果打算自助游韩国，可以选择全自助游和半自助游。

选择全自助游旅行方式，可以根据个人喜好有选择地游玩韩国各个著名景点，但需要做好充分的准备工作，制订详细的韩国一周游旅游线路。可以根据韩国的区域规划出几个一周游线路，然后从中选择一个适合自己的区域游玩，如到韩国西南部进行一周游，游览韩国西南部的济州岛、光州、全州等地。

选择半自助游，可以跟团游览韩国的主要景点，但时间不好把握，还可能会遗漏一些自己比较喜欢的景点。当然，如果想减少一些麻烦，不用进行旅行线路规划，半自助游也是不错的选择。

## 自助游如何选择舒心住宿

在出发之前有必要好好了解韩国住宿的类型。韩国的住宿地可以分为豪华酒店、经济型酒店、青年旅舍、家庭旅馆，另外还有很有韩国传统色彩的韩屋住宿。韩国的豪华酒店数量并不太多，而且自助游的旅客很少选择这种酒店，大多数游客会选择经济型酒店、青年旅舍以及家庭旅馆，如果你想体验韩国传统特色住宿，还可以选择韩屋住宿。以下表格列出了韩国几种常见住宿地的特点。

| 韩国常见住宿类型的特点 | | | | |
|---|---|---|---|---|
| 酒店类型 | 经济型酒店 | 青年旅舍 | 家庭旅馆 | 韩屋住宿 |
| 电梯 | 配备电梯，免提重物 | 可能无电梯；楼层不高 | 楼层通常不高，也用不着电梯 | 没有电梯 |
| 床型 | 单独的大床或双床房 | 有单人房，通铺、上下铺 | 一般有各种类型的房间 | 一般有各种类型的房间 |
| 卫生间 | 独立卫生间，可淋浴 | 共用大卫生间，可淋浴 | 大卧室可能有独立卫生间 | 卫生间常在户外 |
| 家电 | 一般提供电视、电话 | 电视在客厅或交流室 | 客厅里有电视；大卧室也可能有 | 通常有电视机等家电 |
| 网络 | 通常提供免费宽带 | 房间内通常无宽带 | 现在大多数家庭旅馆都会有宽带服务 | 不同韩屋情况不一 |
| 清洁 | 定期整理房间的服务 | 退床后有人整理 | 大多需要自行整理 | 多需要自行整理 |
| 早餐 | 大多提供早餐 | 早餐可自制，需收拾餐具 | 通常有舒心可口的家庭式早餐 | 提供简单的餐饮，一般需要另付费 |
| 空调 | 提供空调 | 一般没空调，可能有风扇 | 根据情况配备空调 | 不一定有空调 |
| 热水 | 一般提供热水 | 一般厨房可自行烧热水 | 可以自己烧热水 | 一般厨房可自行烧热水 |
| 价格 | 价格相对较高 | 房间床位越多越便宜 | 价格居中 | 价格最高 |
| 游客间互动 | 酒店前台可交流 | 公共区域可交流 | 同住旅馆的游客间可交流 | 游客间交流较少 |
| 厨房 | 不能自制午餐、晚餐 | 有厨具，可节约餐饮费 | 有厨具，可以自己制作可口食物 | 可能有公共厨房 |
| 活动 | 一般没有旅游相关活动 | 定期举办各种活动 | 一般不组织活动 | 通常不组织活动 |
| 位置 | 不一定在热门景点附近 | 多数位于热门景点附近 | 不一定在热门景点附近 | 周边环境一般比较好 |

从表格可以看出，如果在韩国某个景区停留时间比较久，喜欢结交朋友，而且对于旅游期间的住宿要求不高，可以选择青年旅舍或者家庭旅馆；如果希望住得舒适一些，对住宿要求比较高，可以选择经济型酒店；如果希望感受韩国传统住宿氛围，可以住进传统韩屋中。总之，无论是选择哪种住宿方式，都要考虑自己的实际情况。

## 自助游如何更省钱

在外旅行，吃、住、行、购都需要用钱，但是每个人的要求又有所不同，有人在美食上从不将就，有人则想要住得舒心一点。那么如何使每一分钱都花在刀刃上，就成了必须考虑的问题。下面是一些关于如何省钱的建议，你可以根据自己的需求进行选择。

| 自助游省钱窍门 | |
| --- | --- |
| **省钱方法** | **细节** |
| 制订旅行计划 | 出门前选择有兴趣的目的地制定旅行路线，防止景点重复和交通浪费 |
| 巧用时间差 | 提前购票，这样优惠就比较多；可以选择淡季出行，可以省下一笔旅游费用 |
| 带上信用卡 | 带现金比较容易丢失，建议带上信用卡，既方便，又能攒积分 |
| 以步代车 | 对于距离比较近的景点，如果体力可以，尽量选择健康环保的步行方式，这样能节省不少交通费用 |
| 在景区外食宿、购物 | 景区内的食宿一般都贵，可以中午携带方便食品先垫垫，出了景区再找食宿；景区内的纪念品价格也比较高，可以去特色街区购买便宜而有纪念意义的物品 |
| 货比三家 | 在一些热门景区的小商店，许多纪念品的标价都比较高，这时你要货比三家，并学会适当砍价。不过在一些规模比较大的商店，已经明码标价的商品则不能砍价 |
| 自驾时带够食物 | 如果你选择的是自驾游的话，可在出发前去超市多购买一些食品带在车上，这样既方便又经济 |
| 选择提供早餐的旅馆 | 如果你选择经济型酒店，注意是否包含早餐。选择提供早餐的旅馆，可以节省不少费用 |
| 网上预订机票和酒店 | 在你打算去韩国旅行后，应尽快做好出行计划，尽早预订机票和酒店。预订后要保持沟通，在发现降价时可以要求供应商提供折扣，这样你越早预订，就能享受越多的折扣 |
| 把握好商品打折机会 | 在韩国这个购物天堂，很多人都会有自己的购物计划。每一个季节结束时，许多名牌货仓会有过季商品打折活动，可以把握好这一机会 |
| 结伴出游 | 如果可能，建议尽量结伴出游，这样不仅能有个照应，在住宿、出行时彼此也都能省下一些费用 |

# 一周如何跟团走

如果经济比较宽裕，又不想做线路规划，或者单独一个人上路又没有境外游的经验，不妨选择跟团游。跟团游比较省事，旅游团会安排好吃、住、行等方面的事情，会对每个景点进行详细介绍。同时跟团游不用担心语言问题，因为旅游团一般都有中文导游。如果选择国内的旅行团出游，可以体验韩国的"团餐"，韩国的团餐一般为4人一桌；而选择韩国当地的旅游团，可以乘坐精致的旅游车。

## 熟悉各大旅行社情况

决定跟团游之后，首先要做的就是熟悉各大旅行社的情况。最好多了解几家旅行社，多做些前期的咨询和调查，真正做到货比三家。在选择旅行社时不要轻信旅游广告，也不要一味只看价格，因为价格与旅游商品的内容、质量是联系在一起的，要注意比较价格构成，看看是否物有所值，避免因直观价格过低而上当受骗。

了解价格时，你要注意，目前国内旅行社的报价可以分为两种：一种是全包价，即包括了旅行途中食、宿、行、游的全部费用；另一种是小包价，即只包含了旅行途中的一部分费用。

比较旅行团质量时，要考虑以下因素：1.行程安排，要看行程安排是否与自己预想的一致，是否包含了自己想去的大部分景点；2.费用内容，查看报价中包含了哪些费用，是否需要额外费用；3.服务细节，服务细节包括了往返时间、交通工具、酒店、用餐、景点票价等的支付，细节虽小，却直接影响到一次旅行的质量。

报名时尽量选择正规的、大型的旅行社，最好到各大旅行社的总部报名，这样可以防止一些挂牌经营的旅行社与大旅行社相互推卸责任。国内有影响力的旅行社有中国旅行社（简称"中旅"）、中国国际旅行社（简称"国旅"）、中国康辉旅行社、中青旅、锦江旅行社等。

| 中国国内旅行社信息 | | | |
|---|---|---|---|
| 旅行社 | 地址 | 电话 | 网址 |
| 北京中国国际旅行社有限公司 | 北京市海淀区中关村南大街2号数码大厦A座717室 | 4008-111123 | www.citsbj.com |
| 中青旅广州国际旅行社有限公司 | 广州市越秀区农林下路76号青年大厦901 | 020-61132012 020-61132013 | www.aoyou.com/guangzhou |

| 韩国本地旅行社信息 | | |
|---|---|---|
| 名称 | 网址 | 预约咨询/客服热线 |
| 韩途网 | www.hantuwang.com | 070-70776704（韩国） 021-64066282（中国） |
| 新韩旅行社 | shinhantour.com | 02-33909973 |

## 跟团游注意事项

　　当你跟旅行社签订合同时，需要认真阅读合同的条款，不懂的地方要及时确认，防止日后出现责任不清的状况。如果你报的是低价团，要对食宿等做好心理准备，这些方面可能会比较差。

　　跟团游的时间不那么自由，最需要注意的是要有团队观念。参观景点时，不要随心所欲地待很久，也不要离团队太远，以免脱离团队。

## 旅游网站推荐

| 常用旅游网站 | |
|---|---|
| 网站名 | 网址 |
| 携程 | www.ctrip.com |
| 途牛 | www.tuniu.com |
| 神舟 | www.btgbj.com |
| 去哪网 | www.qunar.com |
| 遨游网 | www.aoyou.com |

# 准备

## 3个月前需要做哪些准备

### 办理护照

　　想要前往韩国旅行，首先需要办理的证件就是护照。办理护照比较简单，但是还要在旅行前3个月就开始着手办理护照。如果已经有了护照，那么必须保证护照的有效期超过6个月，否则需要去换发护照。根据相关规定，拥有本地户籍居民可以在当地的出入境管理部门办理护照。自2013年7月1日起，北京、上海、广州、深圳、天津等43个城市的本市户籍居民的外地户籍配偶、未满16周岁子女，以及在本市暂（居）住的外地户籍人员及其配偶、未满16周岁子女均可以就近提交护照申请。

## 护照办理步骤

### ① 领取申请表

　　有两种申请方式，所以有两种领表方式：

　　1.现场办理，携带本人身份证、户口簿到居住地或户口所在地的县级和县级以上的派出所、公安分局出入境管理部门或者参团旅行社领取申请表

　　2.从当地公安局官方网站上下载并打印

### ② 提交申请表

　　提交本人身份证及户口簿等相应证件

　　填写完整的申请表原件

　　彩色照片一张（需在出入境管理处或者是他们指定的照相馆照相）

　　提交护照工本费200元和20～40元照相费

### Tips：

　　现在北京、上海等地已经开始使用《中国公民出入境证件申请表》办理护照，并且需要采集指纹；其他省市陆续执行。

　　网址：www.bjgaj.gov.cn/web/detail_getZwgkInfo_44427.html

### ③ 领取护照

　　审批、制作和签发护照需10～15个工作日

　　领取护照时，携带本人身份证或者户口簿、领取护照回执

　　回执上需标明取证日期3个月内领取证件，否则公安局出入境管理处将予以销毁

# 办理签证

办完护照之后，就需要办理签证。虽然韩国政府规定满足某些条件的游客可以不必办理签证。但为了避免不必要的麻烦，最好还是办理一下签证，以免影响你在韩国的旅游。

## 韩国驻中国使领馆

原则上来说，申请签证时，签证应在申请人户籍所在地或护照签发地所属的领区的签证处办理。具体事宜你也可以咨询户籍所在地的领区签证处。以下是韩国驻中国使领馆的具体信息。

| 韩国驻中国使领馆信息 | | | | |
|---|---|---|---|---|
| 名称 | 地址 | 电话 | 网址 | 辖区范围 |
| 驻中国大使馆 | 北京市朝阳区亮马桥第三使馆区东方东路20号 | 010-85320404 | chn.mofa.go.kr | 北京市、天津市、河北省、山西省、内蒙古自治区、新疆维吾尔自治区、西藏自治区、青海省 |
| 驻青岛总领事馆 | 青岛市崂山区香港东路101号 | 0532-88976001 | chn-qingdao.mofat.go.kr | 山东省 |
| 驻上海总领事馆 | 上海市万山路60号 | 021-62955000 | www.fmprc.gov.cn/mfa-chnlfw-602278/lbfw-602290/lsgmd-602308/t576310.shtm | 上海市、安徽省、江苏省、浙江省 |
| 驻广州总领事馆 | 广州市海珠区赤岗领事馆区友邻三路18号 | 020-29192999 | chn-guangzhou.mofat.go.kr/worldlanguage/asia/chn-guangzhou/main/index.jsp | 广东省、广西壮族自治区、海南省、福建省 |
| 驻沈阳总领事馆 | 沈阳市和平区南13纬路37号 | 024-23853388 | www.fmprc.gov.cn/mfa-chn/fw_602278/lbfw_602290/lsgmd_602308/t576758.shtml | 辽宁省（除大连）、黑龙江省、吉林省 |
| 驻成都总领事馆 | 成都市下南大街6号天府绿洲19楼 | 028-86165800 | chn-chengdu.mofa.go.kr/worldlanguage/asia/chn-chengdu/mission/greetings | 重庆市、四川省、云南省、贵州省 |
| 驻西安总领事馆 | 西安市高新技术产业开发区科技路33号高新国际商务中心19层 | 029-88351001 | chn-xian.mofa.go.kr/worldlanguage/asia/chn-xian/mission/greetings/index.jsp | 陕西省、甘肃省、宁夏回族自治区 |
| 驻武汉总领事馆 | 武汉市江汉区新华路218号 浦发银行大厦4/19楼 | 027-85561085 | chn-wuhan.mofa.go.kr/worldlanguage/asia/chn-wuhan/mission/greetings/index.jsp | 湖北省、湖南省、河南省、江西省 |
| 驻香港总领事馆 | Far East Finance Centre, 16 Harcourt Road, Hong Kong | 00852-25294141 | hkg.mofa.go.kr/english/as/hkg/main/index.jsp | 香港、澳门 |

## 签证申请步骤

**① 了解办签证信息**

登录韩国驻中国大使馆网站，浏览有关签证申请信息、所需材料及办理的步骤。韩国驻中国大使馆网站：chn.mofat.go.kr/worldlanguage/asia/chn/main/index.jsp

**② 准备申请材料**

申请签证所需材料可在网站：chn.mofa.go.kr/worldlanguage/asia/chn/visa/issuance/requirement/index.jsp查找。申请韩国签证需要的材料下表已列出

**③ 递交申请材料**

一般的旅游签证只能通过大使馆指定的代办机构（旅行社）递交申请资料。个人旅游签需在线预约后前往领馆递交申请材料，第三国公民可由本人直接来馆申请。持北京户籍者，可在韩国驻中国大使馆网站在线申请"签证预约"。其他省市户籍人员可在所属领区的总领事馆官网在线预约签证申请后再去相应总领事馆递交材料

需要用中文填写的韩国旅游签证申请表

### 申请韩国签证需要准备的材料

申请签证时，要准备大使馆网站上要求的申请签证所需材料，还要根据本人入境目的准备邀请方（韩方）及申请人材料。在这里向大家介绍一下办理韩国个人旅游签证所需要准备的材料。韩国各使领馆在接受签证申请后，无论是否发放签证，申请签证时所提交的材料不予退还。

| 办理韩国个人旅游签证需要准备的材料 | |
| --- | --- |
| 材料 | 备注 |
| 护照 | 护照的有效期应该6个月以上，如果有旧护照，也一并带上 |
| 照片 | 一张半年内的彩色护照照片（3.5cm X 4.5cm） |
| 申请表 | 从官网上下载，网址chn.mofa.go.kr/worldlanguage/asia/chn/visa/issuance/form/index.jsp |
| 财产证明 | 存折、工资单、房产证明、股票等 |
| 在职证明 | 原件 |
| 准假证明（派遣函） | 原件 |
| 名片 | 原件 |
| 户口本、身份证 | 复印件和原件 |
| 其他补充材料 | 结婚证、家庭合影等 |

### 免签入韩需要的条件

如果你实在不想办理签证，可以看一下自己是否符合免签进入韩国的条件，如果符合，可以享受一下韩国为中国游客提供免签的便利；如果不符合，还是要尽早申请签证。根据韩国驻华大使馆官网提供的文件《中国公民免签入韩介绍》，中国公民赴韩旅游时有以下几种情况可以免签。

| 中国公民免签入韩情况 | | | | |
|---|---|---|---|---|
| 免签类型 | 对象 | 条件 | 停留时间 | 其他 |
| 济州地区免签入境 | 以观光、过境等为目的，从济州岛口岸入境的个人及团体游客 | 乘坐直达济州地区的飞机或船舶，团体观光客必须统一搭乘同一航班或船舶出入境 | 停留资格为观光过境，停留时间30天 | 活动范围只在济州岛内 |
| 换乘观光项目参加者 | 在仁川国际机场转机并参加换乘观光项目的外国人 | 持有72小时之内离境的转机飞机票 | 72小时（可在首尔、京畿、仁川等首都圈范围内观光旅游） | 在仁川国际机场入境边防检查站设立"换乘观光项目负责窗口"并运营 |
| 济州行换乘中国团体观光客 | 从仁川、金海、襄阳、清州、务安国际机场入境并在72小时内游览首都圈、岭南圈、江原道、忠清南北道、全罗南北道后再换乘韩国国内航班前往济州岛的中国团体观光客 | 仅限韩中两国指定旅行社组织的团体，韩国指定旅行社（地接社）应在游客入境24小时之前将团体游客名单以电子邮件的形式发送给仁川、金海、襄阳、清州、务安机场出入境管理事务所 | 在首都圈、岭南圈、江原道、忠清南北道、全罗南北道地区最长停留72小时，抵达济州后最长可停留15天（包括济州岛之外的停留时间） | 为让换乘游客能享受便捷而又安全的旅行，推出"出入境服务人员"制度，游客在首都圈、岭南圈、江原道、忠清南北道、全罗南北道旅行至换乘前往济州为止，服务人员将在出入境手续及安全旅行等方面提供帮助 |
| 免签观光登陆许可（豪华游轮观光客） | 根据韩中两国间的有关协定已得到承认的中国（驻华使领馆指定的代办团签旅行社）和韩国的旅行社招募的中国籍豪华游轮团体观光客 | 依据团体观光条件办理相关手续 | 3天 | 无 |

**Tips**

　　为吸引更多的自由行游客到韩国旅行，韩国政府扩大多次签证的签发对象范围。从2016年1月1日起，多次往返签证的申请条件从60岁以上的限制放宽至55岁以上；多次签证有效期从5年延长至10年，每次允许停留时间将从30天延长至90天。

# 1个月前需要做哪些准备

## 购买机票

　　如果已经大致确定好行程，在出发前的1个月左右的时间，就可以去网上的航空订票网站上查询航班信息，准备预订往返机票了。现在很多大的订票网站，比如携程网、去哪儿网等，预订机票都非常方便，也可以前往各航空公司的官网预订机票。机票的价格会根据季节或预订机票的张数等的不同而不同，一般来说旅游淡季比旺季便宜，往返票比单程票便宜，转机比直飞便宜，提前预订也能享受到较大的优惠。

| 廉价航空公司订票网站 | |
|---|---|
| 航空公司名称 | 网址 |
| 亚洲航空 | www.airasia.com |
| 捷星航空 | www.jetstar.com |
| 春秋航空 | www.china-sss.com |
| wegolo国际机票网 | www.wegolo.com |

## 携程手机客户端订票步骤

### ① 下载客户端

你可以从官网通过宽带网络下载，也可以扫描二维码下载

### ② 查机票信息

输入你出发时间和返回时间，以及出发机场和到达机场，就能看到往返的机票信息。通常往返的机票比单程2次的票价格便宜，所以可以把往返票一起订好

### ③ 填写订单

填写订单，主要就是选个航空险，填写一下个人信息之类。手机客户端最大的好处就是极其简洁

### ④ 付款

付款可支持的银行卡种类很多，这里要格外提醒，尽可能不绑定银行卡，并且不要让手机记住银行卡密码；如果手机丢失或者系统漏洞遭攻击，你银行卡里的钱很可能被盗刷

## 预订酒店

订好机票之后，你也可以开始根据自己的行程预订下榻的酒店。尤其是旅游旺季更是有必要如此。预订时需要牢记，一般地理位置越好，交通越便利，住宿设施越好的酒店费用越高。提前预订更容易订到性价比更高的酒店，以下推荐几个网站，你可根据自己的实际情况进行选择。

### 常用预订酒店网站

| 网站名称 | 网址 | 介绍 |
| --- | --- | --- |
| 雅高达网 | www.agoda.com | 亚洲领先的在线预订酒店的网站，只是预订流程稍复杂，多数酒店需要付订金 |
| 缤客网 | www.booking.com | 全球性的酒店预订网站，费用更便宜，不过一般要加收服务费，多数酒店不用预付订金 |
| 携程网 | www.ctrip.com | 预订酒店、机票、餐厅、购买门票等一站式旅行网站，因其便捷的功能受到很多年轻人的喜爱 |

# 7天前需要做哪些准备

## 办理旅游保险

在国外旅行，在陌生的环境一旦出现任何意外都会让人感到不安。这时，如果有一份保险的话可能会让你的心里有些着落。所以在出行前，你最好能够根据目的地和自己的实际情况办理一份适合自己的境外旅游保险。

### 保险导购网站

现如今网络上有不少保险导购网站，通过

### 常用保险公司

| 名称 | 网址 |
| --- | --- |
| 平安人寿保险 | www.life.pingan.com |
| 中国人寿保险 | www.e-chinalife.com |
| 太平洋保险 | www.ecpic.com.cn |
| 泰康人寿保险 | www.taikang.com |

这些保险导购网站，你可以选择合适的旅游保险。平安保险、人寿保险、太平洋保险、泰康人寿保险等都是值得信赖的保险公司。无论选择何家保险公司，都要选择适合自己境外旅行的险种。

## 购买行李空缺物品

出国前一周可以开始准备行李，这样可以留出足够的时间来补充空缺的行李。准备行李时，可以列一个清单，根据行李的用途分类，这样更能够一目了然。当然，选择不同旅游方式的旅友，需要准备的行李也不尽相同，这些在出发前的部分有图示，可以供参考。

| 韩国旅行行李类型 | |
| --- | --- |
| 类型 | 说明 |
| 证件类 | 打印或者复印好，用防水文件夹收起；并在邮箱里存一份备用 |
| 衣物类 | 在韩国旅行不需要准备太多衣物，到了当地会有心仪的衣物供购买 |
| 器材类 | 喜欢摄影、玩手游等的旅友，别忘记携带装备；电源转换器也必不可少 |
| 日常生活用品 | 平时保养、护理离不开的物品，如护肤霜、防晒霜、面膜等 |
| 药物类 | 身体不太好，常用药物的旅友，要准备足量的药物，并且开具医嘱的英文件 |
| 其他物品 | 尤其要准备防水的包，或者把所有重要物品用塑料袋套起 |

### 牢记海关禁带物品

在准备行李时，需要注意一下韩国海关对物品的要求。有些物品超过一定数量在进入韩国时是需要申报的：如进入韩国的游客可以免税携带香烟10包，酒类1瓶（1000毫升），2盎司以内的1瓶香水类产品，不超过400美元或等值的礼品，身上所带的外币也不能超过1万美元或等值，如果携带的东西超过了以上规定的数量就需要申报。携带水果、蔬菜、种子、兰草、苗木、花卉等植物入境时，必须在海关申报书上详细地填写物品种类。还有的物品需要提供相关证明，如携带动物及其制品进入韩国时都必须有出口国相关单位发放的有效证明，进入韩国后要向兽医科学检疫员申报，而禁止进入的动物和相关制品会被退回或销毁。另外，还有些物品是韩国海关禁止带入的，以下是韩国海关禁带物品，在准备行李时一定要注意。

| 韩国海关禁带物品 | | | |
| --- | --- | --- | --- |
| 影响国家安全的物品 | 危害公共利益的物品 | 枪支火药等武器 | 无线接收机等无线装备 |
| 传播淫秽内容的物品 | 假币 | 毒品及可制造毒品的药物 | 用于商业目的物品 |
| 伪造债券 | — | 被划为文物的物品 | — |

## 开通国际漫游

如果不打算到韩国当地买电话卡的话，在出发前1周可以将自己的手机开通国际漫游业务，不过最好先关掉手机的语音信箱功能，否则一进入语音信箱，即开始计算漫游费用。中国手机开通国际漫游的具体资费，可拨打各运营商的客服电话进行咨询。移动：10086；联通：10010；电信：10000。

| 国际漫游资费详情（单位：元/分钟） | | | | | |
| --- | --- | --- | --- | --- | --- |
| 运营商<br>收费情况 | 拨打韩国本地电话 | 拨打中国大陆电话 | 在韩国接听电话 | 发中国大陆短信 | GPRS漫游 |
| 中国移动 | 0.99 | 0.99 | 0.99 | 0.39元/条 | 3元/3MB |
| 中国联通（后付费） | 0.96 | 0.96 | 0.96 | 0.36元/条 | 5元/5MB/天 |
| 中国电信 | 2.99 | 0.99 | 0.99 | 0.49元/条 | 0.003元/KB |

# 出发

## 确认行李清单

　　出发之前，最好先核对一下所带物品和行李清单，看看是否所需物品已携带齐全，以免到了旅途中才发现有些物品遗留在家里。

### 自助游、跟团游的行李

　　选择了自助游的方式，接下来考虑的就是自助游要准备的行李，哪些是必不可少的物品，哪些是可以不带的物品，这关乎你的旅行质量。下面的行李示意图可以给你帮助。

### 自助游所需行李

**大登山包**
装的物品多，十分方便，能腾出手拿取其他物品，适合要用各种电子器材的旅友

| | | | | |
|---|---|---|---|---|
| 相机 | 手机 | 笔记本电脑 | 移动电源 | 电源转换器 |
| 钱包 | 文件袋 | 证件夹 | 移动硬盘 | 多元充电线 |
| 家门钥匙 | 旅游保险 | 保温水杯 | 手电筒 | 急救药包 |

**万向轮行李箱**
方便移动，携带不贵重、不经常取用的衣物、鞋袜等；留多些空间给回国购物用；以常规1人旅行为例准备的行李，非户外探险

| | | | | |
|---|---|---|---|---|
| 长外套1件 | 短袖2件 | 短裤/裙2件 | 凉鞋1双 | 运动鞋 |
| 贴身衣物3件 | 沙滩装1套 | 雨伞1个 | 洗漱品包1个 | 休闲运动服 |
| 防晒霜1套 | 纸笔1套 | 拖鞋1双 | 毛巾3条 | 指南针 |

## 自驾游的行李

如果你打算自驾游韩国，除了准备自助游的物品，还应准备一些与驾驶有关的行李，如指南针、擦车布、"车三宝"、最新地图等，导航仪可以在租车公司租到，自驾游需要准备好英文翻译公证件。另外，还要准备一些零钱，以备停车和过收费时站使用。

# 安装实用APP

## APP软件推荐

智能手机和平板电脑方便了人们的出行，尤其当你去一个比较陌生的地方时，一款实用软件将使你的行程轻松一些。所以有必要在出发之前找到一款实用且有效的软件，提前在手机或平板电脑上安装好，这样在旅行途中有什么不清楚的地方可以随时拿出手机或平板电脑查询。另外，在韩国旅游发展局的官网（chinese.visitkorea.or.kr/chs/HD/event）上，也推荐了一些方便实用的APP。在苹果手机的ITunes商店，以及安卓手机的Android Market上都可以下载这些软件。

### 韩国旅游大全

《韩国旅游大全》收录了首尔、釜山、济州岛、光州、大邱、西归浦、仁川、水原等韩国热门旅游城市和目的地的信息，涉及美景、美食、购物、娱乐等方面，可以具体到地址、电话、价格、开放时间、交通、简介等实用资讯。主要功能包括美景宝典、美食宝典、购物宝典、夜生活宝典。

软件占用空间：35.5 MB
支持机型：iPhone手机、iPad
语言：中文、英文
应用截图：

《韩国旅游大全》图标

《韩国旅游大全》屏幕截图

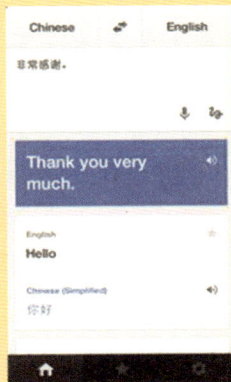

### 谷歌手机翻译器

如果你对韩语不太熟悉，那么准备一款翻译软件很有必要。谷歌手机翻译器（Google Translate）是Google开发的在线翻译软件，支持超过50种不同语言的翻译。在这款功能强大的翻译软件中，你既可以输入语言，也可以拍照进行翻译，目前的版本还有较为完善的离线语言包。但是这个软件需要较好的网络环境，而且翻译一般为直译，它能帮助你大概了解语句的意思，只是在语序以及润色方面还有不足。

大小：2~3MB
支持：电脑、iPhone手机、iPad和安卓手机
应用截图：（见左图）

谷歌翻译界面

## 收藏必用网站

　　去韩国之前，最好对这个国家有更加全面的了解，比如那里的风土人情、传统节日、著名景点、交通方式以及住宿情况等，要想了解这些信息，最便捷的方式就是去网站查询，在一些权威网站能够查到准确的官方资料，在论坛等网站可以接触到更为感性的信息。下表中列出一些对出游有帮助的网站，可供查询信息。

| 在韩国游玩必知的几个网站 | |
|---|---|
| 名称 | 网址 |
| 中华人民共和国驻大韩民国大使馆官网 | www.chinaemb.or.kr/chn |
| 大韩民国驻中国大使馆官网 | chn.mofa.go.kr/worldlanguage/asia/chn/main/index.jsp |
| 韩国机场公社 | www.airport.co.kr/mbs/kaccha |
| 韩国旅游发展局官网 | chinese.visitkorea.or.kr/chs/index.kto |
| 韩国中文站 | hanguo.qqdaili.com |
| 韩游网 | www.hanyouwang.com |
| 韩巢网 | cn.konest.com |
| 国旅环球旅游网 | www.cits.cn |

## 紧记求助电话

　　出国旅游，难免会遇到一些突发状况，这时就需要求助。如果出现一些比较严重的问题，如丢失护照、身份证等，这时候你最需要联系的可能就是大使馆了，以下是中国驻韩国各地的大使馆的联系方式。

| 常用求助电话 | |
|---|---|
| 名称 | 电话 |
| 中国驻韩国大使馆 | 02-7567300 |
| 中国驻釜山总领事馆 | 051-7437990 |
| 中国驻光州总领事馆 | 062-3688688 |

## 其他常用电话

除了各使领馆的电话，你应该再保存一些其他常用的电话。这样，在旅行途中一旦出现了紧急状况，就可以及时找到相关部门来解决，在最短的时间内使问题得到妥善处理。

| 其他常用电话 | | | |
|---|---|---|---|
| 名称 | 电话 | 名称 | 电话 |
| 报警 | 112 | 查号台 | 114 |
| 火灾、事故和救援 | 119 | 旅游信息服务 | 1330 |
| 外国人应急医疗服务 | 1339 | 天气预报 | 131 |
| 海洋警察紧急出动 | 122 | 邮局业务 | 1588–1300 |
| 儿童失踪 | 117 | 交通信息 | 1333 |
| 首尔信息咨询服务 | 120 | 法律支援、救助 | 132 |
| 消费投诉 | 02–3460–3000 | 不良食品、药品投诉 | 1399 |

# 掌握入境技巧

## 入境步骤

### ①填写入境卡

入境前最好提前在飞机上填写所需资料，这样能为入境节省时间。一般入境韩国的游客都需要填写两份资料，一份是入国申告书（每一位游客都需填写，表格内的空格都需要填写），另外一份是旅客海关申报单（每人或者每个家庭一份）。来自霍乱、鼠疫、黄热病疫区（东南亚、中东、非洲、南美洲）的旅客及机组人员还需要填写卫生检疫卡，在入境时出示。

### Tips

韩国的入国申告书很多地方都有中文提示，这为不懂韩语的游客提供了很大的方便。但是这里的中文是繁体字，在填写过程中可能会出现一些疑问，为避免误填，下面是填写时的一些解说。

1.汉字姓名：就是自己平时写的姓名，跟签名都用汉语；

2.姓：按照护照上的Family Name写即可，注意大写，注意不要跟名写反；

3.名：按照护照上的Given Name写即可；

4.性别：是什么性别就在相应性别符号前面的方框里面打钩，或者涂满，都可；

5.国籍：写中国的英文"China"；

6.出生日期：按照"19860516"的格式填写，注意月份和日期为一位数前面都要补0；

7.护照号码：按照护照上的号码填写即可；

8.本国住所：在中国的居住地地址；

9.职业：就是你在国内做什么工作，比如教师"teacher"，销售人员"Salesperson"等；

10.韩国预留地及电话：填写自己刚入境韩国那天预订的酒店的名称，地址和前台电话；

11.入境目的：可以选择在Tour或者Visit前面的方格内打钩，或者涂满；

12.航班/船次：这个是不懂繁体字的旅友最难以理解的，按照机票或者船票上的班次或者号码填写，从青岛乘船在黄海上观海，之后到韩国也是一个不错的旅游方式；

13.出发地：从哪个城市出发，就填写那个城市的英文，按照机票或船票上的填写；

14.签字：可以用中文签本人名字。

韩国入国申告书

韩国海关申报单

## ②检查检疫

来自霍乱、鼠疫、黄热病疫区（东南亚、中东、非洲、南美洲）的旅客及机组人员填写卫生检疫卡后在入境时出示。携带动、植物及家畜进境的旅客应向售医科学检疫院及植物检疫站申报并接受检疫，出示由出口国签发的动物检疫卡或植物检疫卡。

## ③入境检查

入境韩国时，所有年满17周岁的外国人必须在韩国机场或港口的入境审查台处提供指纹和面部信息，这样才可进入韩国。但未满17周岁者和海外政府人员、国际机构人员及其家属，以及受韩国中央政府首长邀请入国的外国人可以免去该程序。以下是入境检查的步骤。

### 入境检查的步骤

❶ 提交入国申告书和护照

❷ 采集两手食指指纹

1 Submit Arrival Card and Passport

2 Provide fingerprints of both index fingers

❸ 脸部拍照（拍照时不可打电话，不能戴眼镜和帽子等）

❹ 入境审查官确认过程

3 Take a face photo

4 After the final confirmation of immigration officer, immigration clearance is completed

## ④提取行李

接受完入境检查后就可以去提取行李了。韩国的机场有专门的行李提取处，行李提取处有韩文、英文和中文的标志，只要看到中文的"行李提取"或是英文的"Baggage Claim"就知道这是提取行李的地方了。

## ⑤海关检查

若有物品需海关验放，领取行李后去海关申报区域，在海关检查台上出示"出入境旅客行李物品申报单"。若没有物品需海关验放，就不必出示"出入境旅客行李物品申报单"，可以直接通关。

# 到达

## 在韩国吃什么

在韩国旅行，享用美食是旅程中必不可少的环节。韩国传统饮食结构比较简单，以蛋白高、蔬菜多、品味清淡为特点，少油腻，味觉以微辣为主。随着季节的变化，韩国还有一些时令小吃。韩国北部地区山多，主要种旱田，所以多产杂谷；而面向西海岸的中部和南部主要种稻。因此，北部以杂谷饭为主食，南部以大米饭和大麦饭为主食。韩国餐桌上平时以蔬菜为主菜，并有能储藏起来的泡菜、酱菜、酱肉、酱汁等。山区购买肉类和新鲜鱼比较困难，所以当地人主要吃腌鱼、干鱼、海草以及用山菜做的食物。海滨或岛屿城市的居民主要吃海鲜。

韩国料理中比较有代表性的食物包括各种蔬菜、肉类、海鲜类等，而泡菜、海鲜酱、大酱等发酵食品则是韩国最独具特色的食品。当然，韩国美食还有夜生活中少不了的夜市小吃，各种油炸食品、炒年糕、猪蹄、生菜包肉等色香味俱全的小吃让人垂涎欲滴。

## 韩国特色菜肴图鉴

### 白菜泡菜

白菜泡菜是在萝卜条上加辣椒面、葱、蒜、酱汁拌好后，夹在腌好的白菜叶之间，之后装在罐子里发酵的传统韩国泡菜。

### 酱油泡菜

酱油泡菜是在酱油腌的萝卜、白菜中放水芹菜、葱、蒜、栗子、梨、辣椒、香菇、石耳、松子等，并放在酱油汤里入味的高级泡菜。

### 参鸡汤

参鸡汤是将小鸡的肚子洗干净后，放进人参、大枣、黏米等，然后放到水里长时间炖成。这种参鸡汤汤汁呈乳白色，味道香浓，其清淡爽口的汤汁堪称一绝。

## 拌饭

　　拌饭也是韩国料理的代表美食，拌饭在吃的时候是在白米饭里拌上炒肉、各种各样的青菜，以及辣椒酱等调料，当然也可以与其他小菜一起吃。辣椒酱作为主要调料品，也是拌饭水平高低的表现。拌饭不但可口，而且制作容易，食用起来味道极佳。

## 韩定食

　　韩定食也被称为宫廷料理，也可以说是色香味俱全的韩国料理文化的最高境界。韩定食的种类较多，花样丰富。

## 王排骨

　　王排骨是京畿道地区水原市最具代表性的美食。这里的王排骨是将优质韩牛肉切成小块，放入盐、梨、大蒜等配成的调料中腌制，放到炭火上烤，清淡可口，富有嚼劲。

## 香辣牛肉汤

　　香辣牛肉汤是韩国庆州的一道美食，它精选庆州韩牛的牛腩、牛小肥肠、甜蕨菜、窄头囊吾、大葱等六种庆州山野食材熬制而成，再配以双孢蘑菇、水芹等山中野菜，组合成一道绝佳的美食。

## 炖排骨

　　在美食城市大邱，有一道既营养又美味的美食，就是用合金铜浅锅炖制的辣味排骨。由于合金铜浅锅的导热性能强于铁锅，炖制的排骨不仅肉质筋道，各种调料也能调和出最上等的味道。

## 无等山大麦饭

　　光州的无等山地区不仅景色秀丽，还有天然健康的无等山大麦饭。这种大麦饭味道很棒，在无公害食物的大麦上添加当季野山菜、蔬菜，然后再加入辛辣的辣椒酱和香油，之后拌着吃即可，味道绝佳。它不仅会激发人的食欲，同时也是非常有利于消化的健康食物。

## 带鱼南瓜汤

　　济州岛上海产品丰富，所以饮食也以海鲜为主。带鱼南瓜汤是当地的特色美食，把洗净的带鱼切成小块，放在开水里煮熟，再放南瓜熬一会儿。带鱼中含有丰富的蛋白质维生素B1、维生素B2，再加上香甜的南瓜，这种汤做法比较简单，富有营养。

## 韩国夜市小吃图鉴

## 炒年糕

　　炒年糕是韩国最普遍的大众小吃。如今，许多炒年糕店里卖的年糕用纯米粉揉成细长条状，还会放洋葱、芝麻叶等新鲜蔬菜，此外还可以根据个人喜好加上蛋、炸过的水饺或方便面等，种类繁多。

## 韩式铁板烧

　　在韩国许多城市的大街小巷都有散发着诱人香味的铁板烧。"铁板烧"不仅可以用来烧菜，也可以用来炒面，做出的美食鲜香浓烈，令人垂涎欲滴。

## 韩式卤猪脚

　　韩式卤猪脚是韩国的一道特色下酒菜，通常是将猪脚切片放凉，吃的时候可以蘸虾酱直接吃或用生菜、芝麻叶包起来吃。

## 紫菜包饭

紫菜包饭听着简单，但是种类特别多。根据放入的食材，可以做出无数种紫菜包饭。不仅如此，这种小吃吃起来也很方便，不需要准备小菜，还可以直接用手拿着吃。

## 香米肠

香米肠是韩国的传统小吃之一，在首尔就有一条专门的新林洞香米肠街。韩国的香米肠一般选用新鲜的猪肠或牛肠，再灌入猪血、蔬菜及粉丝等配料后蒸制而成，味道很棒，还十分便宜。

## 皇南饼

皇南饼是庆州的特色小吃，许多人到了庆州都会专程去品尝一下这一美食。皇南饼的面饼细腻柔软，豆沙馅料无比清香，在韩国享有盛名。

## 中国游客最喜欢的餐厅

## 翡翠皇宫酒家

翡翠皇宫酒家是翡翠餐饮集团在首尔的分店，也是首尔最奢侈的餐厅之一。在这里可以品尝到清蒸鱼、鱼翅、鲍鱼料理、蚝油烤猪肉、北京料理、烤猪小排、蟹黄鱼翅和佛跳墙等美食。午餐时段还提供各式各样的港式点心。

地址：首尔市江南区三城洞159-8
交通：乘地铁2号线至三成站5号口出站即可
营业时间：11:00～15:00，18:00～22:00
电话：02-32888101

# 紫金城

　　紫金城是仁川唐人街炸酱面街的一个中餐馆，这条街道上到处都是炸酱面店铺。你可以在这家店里品尝韩剧中诱人的元祖炸酱面，这种炸酱面更贴近韩国人的口味。一般的炸酱面约4000韩元一碗。

地址：仁川唐人街炸酱面街
交通：乘地铁1号线在仁川站下车可到
营业时间：12:00～22:00
电话：053-7676700

# 万里长城

　　万里长城是一家中餐厅，这里的炸酱面和糖醋里脊十分地道。餐厅的大厅和大大小小的房间里共有500多个座位，搭配着奢侈的吊灯，挂在天棚的红灯营造出中国的传统氛围。午餐时能以低廉的价格享用套餐。

地址：光州广域市北区北门大路42（云岩洞）
交通：从广域市内步行到云岩洞即到
营业时间：11:00～22:00
电话：062-5116915

# 善良炸酱面

　　善良炸酱面店是济州岛上的一家中国小店，该店的室内装修简洁、干净，菜品价格实惠，味道好，因此很受欢迎，这家店每天都有很多客人。

地址：济州特别自治道济州市九南路4支路6号
交通：从消防所十字路口往西走300米处，在二徒住公公寓3小区入口对面的游乐场前面
营业时间：11:00～20:30，每周四休息
电话：064-7511914

## 在韩国住哪里

韩国的住宿地种类特别多，酒店就可以分为超豪华（5星）、豪华（5星）、一级（4星）、二级（3星）和三级（2星）5种。根据位置、季节和设施条件的不同，这些酒店的价格也不同。其中，一级、二级和三级酒店算是比较实惠的酒店。还有更为实惠的家庭旅馆和青年旅舍，这些住宿地的条件和酒店不同，但价钱相对便宜一些。另外，韩国还有一种颇具特色的住宿地——韩屋住宿，住在传统韩屋中，可以让你体验到韩国传统文化和生活方式。

## 韩国住宿图鉴

### 豪华酒店

韩国的超豪华酒店以及豪华酒店是设施、服务较好的酒店。超豪华酒店的双人间每晚为20万～40万韩元，豪华酒店为15万～25万韩元。这些酒店大多设有健身房、桑拿浴、商务中心、西式餐厅、咖啡厅等附属设施。

### 经济酒店

来韩国旅游的人中，很大一部分会选择经济酒店。这些酒店相比豪华酒店没有太多的附属设施，但基本设施比较完善，价格也比豪华酒店低。拿双人间来说，韩国酒店中的一级酒店为10万～15万韩元，二级酒店为5万～10万韩元，三级酒店为3万～10万韩元。

### 家庭旅馆

如果选择韩国的家庭旅馆（Home-Stay），可以深入地了解韩国和韩国文化，而且更便于韩语的学习。家庭旅馆提供单独的房间和早餐，房间有家用电器，午餐和晚餐可以另外付费食用。家庭旅馆通常需要提前付款。如果入住一周，每天的费用会在4万韩元左右。长期住宿及多人用同一房间时，价格会更加便宜。大部分的家庭旅馆会到机场去接游客，游客需支付相关的费用。

## 青年旅舍

目前韩国共有50多个青年旅舍。这些旅馆大多位于著名的城市和地区，但有些地方距离景点或市中心的交通不太方便，因此在预约之前要事先确认。很多青年旅舍的规模都较大，甚至有的设施可与酒店媲美，所以价格从1万韩元（单人间）到16万韩元（4人间）不等。持有Hostelling International Card者可享受20%～30%的优惠。你可以向韩国青年旅舍联盟交付2万韩元（25岁以下1.5万韩元），申请获得Hostelling International Card。

## 韩屋住宿

在传统的韩式房屋中留宿是体验传统韩国生活方式和文化的好机会。许多韩屋都有着少则几十年、多则几百年的历史。年代久远的老家具、糊着韩纸的窗户、酱缸台等使得传统的氛围更加浓郁。韩屋大部分都有电视机、电冰箱等家电产品和西式卫生间，但是卫生间大都在户外，是公用的。不同的韩屋大小不同，有的宽敞，有的比较窄小，价格也各不相同。选择韩屋时，需要综合考虑客房费用、周边景区等多种因素。

### 中国游客最喜欢的住宿地

## 海云台大酒店

海云台大酒店（Haeundae Grand Hotel）是豪华的五星级大酒店，被海云台海滩和松林公园所环绕，酒店提供大型室内游泳池、健身中心、桑拿浴室和免费无线网络连接。客房可欣赏海景或者城市景观，内有平面电视、迷你吧、沏茶咖啡设备以及带免费洗浴用品和浴缸的连接浴室。

地址：釜山海云台区广安里沙滩
网址：www.haeundaegrandhotel.com
参考价格：双人间22万韩元起
电话：051-7209000

# 首尔钟路华美达酒店

　　首尔钟路华美达酒店（Ramada Seoul Jongno）是首尔市区一家四星级酒店，距离宗庙约500米，设有SPA和康体中心。酒店提供早餐服务和免费无线网络连接。客房中均设有平面电视、空调、迷你吧、带冰箱和电热水壶的用餐区和带淋浴和免费洗浴用品的私人浴室。

地址：首尔钟路区仁寺洞
网址：www.ramada.com
电话：02-21746500

# 汉斯威尔度假别墅

　　汉斯威尔度假别墅是一片英国式风格的原木房屋，别墅内有草坪庭院、再现济州独特地形、生态界宝库的谷岙凹以及偶来小路等，附近有美丽的散步路、莲池、松林等。客房为复式结构，有电视、电冰箱、梳妆台、空调、吹风机、洗漱用品、无线网络和炊具等。

地址：济州特别自治道济州市涯月邑召吉南路244-5
电话：064-7994661

# 韩流居屋

　　韩流居屋（My Home）是位于首尔市的公寓式住宿，从这里到首尔著名购物区不到10分钟车程。公寓设施齐全，拥有独立的洗手间、厨房以及免费无线网络。老板是中国人，可以为客人免费点餐。

地址：首尔市中区忠武路5街19-5
交通：乘地铁4号线东大门历史文化公园站下6号出口出，步行8分钟即到

# 在韩国怎样出行

## 飞机

韩国的国土面积相对比较小，因此乘坐飞机能够快速到达韩国境内的各主要城市。从首尔到最南端的济州岛只需1个小时左右的时间，其他城市之间的用时更少。预订及购买机票可通过航空公司网站、代理处、旅行社或附设于大饭店内的办事处办理。

韩国国内航空公司信息

韩国国内的两个主要航空公司是大韩航空（KE）和韩亚航空（OZ），这两个航空公司不仅开通了国内航线，也有国际航线。另外还有其他航空公司经营韩国国内城市之间的航空业务。

| 韩国国内航空公司信息 | | |
|---|---|---|
| 航空公司 | 电话 | 网址 |
| 大韩航空 | 02-15002001 | www.koreanair.com |
| 韩亚航空 | 02-15888000 | cn.flyasiana.com |
| JINAIR航空 | 02-36606000 | www.jinair.com |
| 济州航空 | 02-15991500 | www.jejuair.net |
| 釜山航空 | 02-25163355 | tw.airbusan.com |
| EASTAR 航空 | 02-15440080 | www.eastarjet.com |
| 威德航空 | 02-25098822 | www.twayair.com |

## 火车

韩国的铁路系统比较发达，所以乘火车穿梭于各个城市之间也是不错的选择。韩国的火车根据列车运行速度及列车内便利设施分为高速列车KTX和一般列车新村号、无穷花号，价格也各不相同。京釜线（首尔站-釜山站）和湖南线（龙山站-木浦站）是铁路枢纽线，另外还有连接丽水、昌原等其他地区的全罗线和京全线等铁路线路。

韩国铁路通票

为方便外国游客乘火车，韩国专门推出了一种叫"韩国铁路通票"（KOREA RAIL PASS）的火车旅行专用票。持该车票可以在有效限期之内不限次数乘坐KTX及一般列车，但是不可以搭乘地铁及观光专用列车。外国游客可以在KR-PASS指定的海外旅行社以及韩国铁路公社的英文网站上购买"韩国铁路通票"的交换券，若在韩国铁路公社的网站上购买的话可以用信用卡结算。持有交换券在韩国所有的车站都可以交换火车票，交换时要出示自己的护照，如果使用信用卡结算就要出示信用卡。

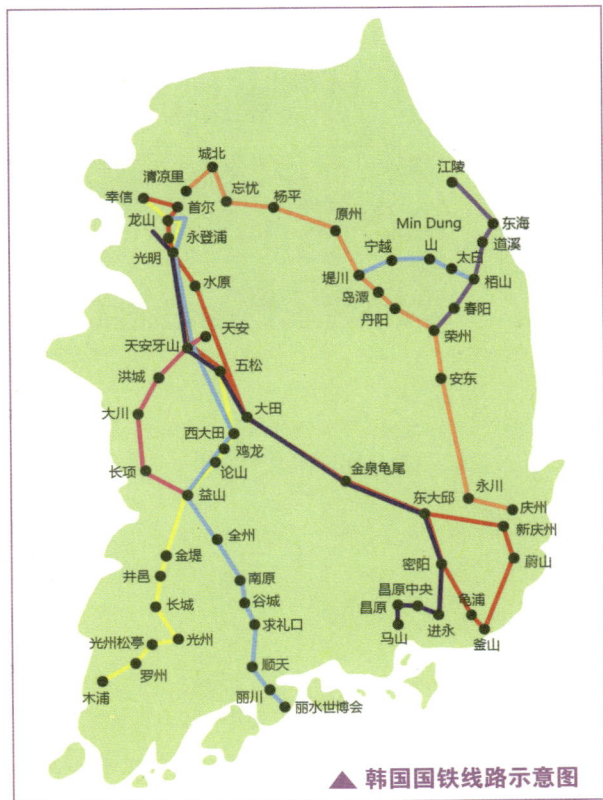

▲ 韩国国铁线路示意图

| 韩国铁路通票票价（单位：韩元） | | | | |
|---|---|---|---|---|
| 有效时间 | 普通票 | | 同行票 | 学生票 |
| | 成人票 | 儿童票（半价） | 2～5人 | 年龄13～25岁 |
| 1天 | 58 200 | 29 100 | 52 400 | 46 600 |
| 3天 | 84 600 | 42 300 | 76 100 | 67 700 |
| 5天 | 127 000 | 63 500 | 114 300 | 101 600 |
| 7天 | 160 400 | 80 200 | 144 400 | 128 300 |
| 10天 | 185 100 | 92 500 | 166 600 | 148 100 |

## Tips

普通票：限于成年人和儿童购买；儿童票：4～12岁的儿童购票时优惠50％，4岁以下的儿童免费搭乘；同行票：限于与自己同行的2～5名其他游客购买（自己不包含在内）；学生票：限于13～25岁，持有国际学生证（ISEC）的游客购买。

## 长途汽车

往来于韩国各城市之间的交通方式还有长途汽车，长途汽车以其费用相对低廉且非常守时的特点吸引了不少乘客。韩国的各个城市之间都有巴士往来，而首尔和釜山则是非常重要的两个长途汽车交通枢纽。

### 长途汽车类型

韩国长途汽车分为高速巴士和市外巴士两种，有时高速巴士站点与市外巴士站点不在同一地点，因此有必要在出发和到达时进行确认。巴士客运站通常以"地域的名称+高速/市外"进行标识。在综合巴士客运站，既可以乘高速巴士，又可以乘坐市外巴士。

高速巴士主要在高速道路上行驶，除了在休息所停留外，在行进的途中几乎不会停车或经过城市内部。按其座椅的宽敞舒适度分为"一般巴士"和"优等巴士"两种，票价有所不同。若在出发的城市乘坐了高速巴士，那么势必要在目的地城市的高速巴士站下车。

市外巴士分为一般型和直达型两种，一般型就是经过的所有站点都会停车，而直达型则是一站式直达终点。直达的市外巴士通常会在一般的目的地标有"不停车"或"直达"的字样，因此需要确认后再乘坐。若在出发的城市乘坐了市外巴士，那么必须要在目的地的市外巴士站下车。市外巴士不进行"一般巴士"和"优等巴士"的区分，但在夜间运行的"深夜巴士"车费会有所增加。

### 购买车票

若想订购车票，可以通过网络进行预购（目前没有统一系统，网上订购手续复杂），建议直接到巴士客运站购买，这样既省时又不必为复杂的手续而烦心，简单快捷。在售票处买票时，要确认在几号乘车口登车，之后持票到相应的乘车处上车即可，而车票在上车或下车时需交给巴士司机。

## 轮船

　　韩国三面环海，岛湾众多，连接韩半岛与附属岛屿的航线相对比较完善，因此乘坐渡轮十分方便。另外，乘坐渡轮途中还可以欣赏美丽的自然景观。在仁川、木浦、济州、釜山和东海有国际港口客运站，既可以乘坐国际轮渡，也可以乘坐国内渡轮。除此之外，在保宁、群山、丽水、莞岛、巨济、统营等港口也有国内航线渡轮。由于气象、潮汐和船舶情况不同，航行路线与航行时间随时可能有变动，最好事先咨询确认。

# 韩国市内交通图鉴

## 地铁

　　地铁是韩国各大城市非常普遍的交通工具，首尔、釜山、大邱、光州等城市都有地铁。韩国的大多数地铁线路都有韩文和英文标记，购票窗口旁的黄色箱子里一般都有免费的地铁线路图。乘坐地铁可以购买一次性交通卡，也可以使用T-money卡，使用T-money卡比一次性交通卡更优惠。

## 公交车

　　公交车是在韩国市内出行的另外一种重要交通工具，尤其是在没有通地铁的城市。各个城市的公交车分类不同，通常可分为普通公交和坐席公交。一般公交车都可以使用现金，上车后买票，在首尔等大城市也可以使用T-money卡。

## 出租车

　　在韩国，乘坐出租车非常方便，一般你可以在出租车停靠点打车，也可以伸手拦车。各城市的出租车分为普通出租车、模范出租车和大型出租车等几种类型。其中模范出租车的安全性和服务比普通出租车要好一些，价钱也高；大型出租车适合同行人数较多的时候乘坐。

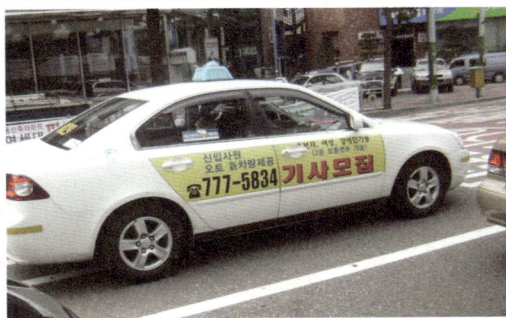

041

## 观光巴士

　　为方便来自世界各地的观光游客，韩国的许多城市都开通了专门的观光巴士。这种观光巴士循环行驶于城市中的主要热门景点之间。一般来说，只需购买一张车票即可于一天之内多次在各景点下车，游览结束后，重新乘坐观光巴士即可。

## 在韩国游哪里

　　通过唯美的韩剧，人们所了解的韩国迷人风景多为铺满落叶的小路，漫天飞雪的美景、精巧细致的建筑都十分吸引人。很多人到韩国旅行都是被这里的美丽景色所吸引。不过，韩国最具代表性的还是古风古韵的传统建筑和大自然的奇妙杰作。

## 韩国古建图鉴

### 德寿宫

　　德寿宫原是李朝成宗的哥哥月山大君的住宅，现在是首尔市民周末休闲的重要场所。德寿宫包括了中和殿、石造殿、大汉门等景点，具有浓厚的历史气息。德寿宫风景如画，尤其是樱花盛开的季节，落英缤纷，异常美丽。

### 景福宫

　　景福宫是李氏王朝的正宫，也是首尔现存规模最大、最古老的宫殿之一，被称为首尔的"故宫"。它是一个规模庞大的古代宫殿建筑群，包含了300多栋建筑，其中比较重要的景点有勤政殿、庆会楼、香远亭等。

### 传灯寺

　　传灯寺位于江华岛的鼎足山上，相传是高句丽时期的阿道和尚所建，历史悠久。据说因高丽忠烈王的贞和王妃曾在此向佛捐献玉灯，之后改称传灯寺。传灯寺周围风景无限，这里的日落景色非常美丽。

## 水原华城

　　水原华城环绕水原市区而建，是韩国18世纪最具代表性的文化遗产之一。水原华城包括了4座城门与50多座建筑，这些建筑设计巧妙，形态各异，具有很高的艺术价值。在这里可以体验到许多韩国传统的活动。

## 梵鱼寺

　　梵鱼寺是位于金井山麓的一座古老佛寺，由新罗时期的义湘大师建成，号称是釜山第一古庙，是韩国一座很有代表性的佛寺。寺庙与周围宁静的环境融为一体，静谧得让人的心情也平静下来。

## 佛国寺

　　佛国寺位于庆州吐含山脚下，以寺内建造精美的新罗时期建筑和许多珍贵的佛教宝物而闻名于世。这座寺庙的规模非常大，里面有许多重要的文化遗产，如大雄殿、多宝塔、释迦塔等，已被评为世界文化遗产。

## 证心寺

　　证心寺经多次修缮，形成了当时五百罗汉的佛像。证心寺的珍贵遗物有五百殿、毗卢殿的佛像、新罗末期的石塔以及梵钟阁等。

## 韩国自然风光图鉴

## 南山

　　南山是首尔市区内一座美丽的山峰，海拔200多米，曾是古代守卫首都的要塞。山上树木茂盛，一年四季呈现不同的景色，野生动物也非常多，在山上可以近距离观察到松鼠等小动物。现在的南山有南山公园、N首尔塔、八角堂等景点，是人们到首尔的必游之地。

## 龙头岩

龙头岩是熔岩喷发后冷却形成的岩石，岩石的一端看上去很像龙头，故得名龙头岩。龙头岩看起来就像是一条龙咆哮着往上蹿的模样，尤其是风大浪高的时候，就好像马上会飞上天空一般。

## 摩尼山

摩尼山位于仁川市西北的江华岛上，是江原道地区最高的山峰。站在山顶上，可以将仁川和西海的美景尽收眼底。山的东面是净水寺，在这里的大雄殿可以看到西海的日出美景。山顶上是檀君向上天祈祷的堑星坛，每年的开天节，这里还会举行纪念仪式。

## 城山日出峰

城山日出峰位于济州岛东侧，这座美丽的山峰是10万年前火山爆发形成的。在突出于海面的火山口可以清晰地观测到山体侧面的层理构造。火山体大部分被侵蚀，其侧面为矗立于海面上的绝壁。整个山体被无数像屏风一样的岩峰环绕，形成了一个天然的城堡。

## 山君不离

山君不离是一处周长超过2千米的火山口在火山爆发时，熔岩和火山灰没有喷出，受到岩石保护作用，形成了现在的洞口。每逢春季，在火山口下方飘有白云，登山而上仿佛进入仙境，梅花草、龙胆相继绽放，将山君不离点缀得充满神秘气息，吸引着游客的到来。

## 汉拿山

汉拿山不仅是代表济州岛的名山，还是韩国最高的山峰。这里有各种各样的生物，是动植物的宝库。随着季节的变化，汉拿山呈现出千变万化的美丽景观。春天这里鲜花盛开，色彩缤纷；秋天则是漫山红叶，层林尽染；到了冬天，大雪覆盖的汉拿山更是游览的至美景观。

# 在韩国买什么

韩国的美景令人沉醉，其完备而便利的购物设施更是吸引着来自世界各地的游客。从尖端百货商店、现代化的大型购物中心到历史悠久的传统市场、批发市场等，数之不尽的购物街区为韩国购物之旅提供保障。

## 韩国特产图鉴

### 高丽人参

从古至今，人参的药用价值一直受到人们的认可和肯定，其酷似人形的根部也愈显神秘。韩国拥有分明的四季，适合人参生长的气温、土质和降雨量，非常适宜人参的生长。韩国的人参被称为高丽参（Panax ginseng），高丽参具有缓解疲劳、增强体力、促进血液循环、预防贫血等功效。

### 服饰

对于喜欢"韩范儿"的年轻人来说，韩国简直是购物的天堂。在对流行十分敏感的韩国，人们可以随时感受到新鲜、前卫的时尚文化。在首尔的梨大、明洞、东大门市场等时尚购物区内，可以购买到最前沿的流行服饰。

### 化妆品

受韩流热潮的影响，韩国的化妆品也日益受到大众的瞩目。韩国化妆品注重于原材料选择、技术提高等方面的追求，因此具有经济实惠、质量上乘、种类多样等优点，受到了很多外国游客的青睐。

### 工艺品

具有悠久传统文化的韩国，其工艺品也是匠艺精深、制作精美、颇具古风古韵。在种类繁多的工艺品中，最具有代表性的是螺钿漆器、木工艺和韩纸工艺。

## 电子产品

　　许多人的韩国购物清单中还有电子产品。韩国的电子产品标准严格、物美价廉，再加上汇率差异等优点，受到很多国外游客的欢迎。许多大型的电子产品购物中心聚集在一起，更是为游客购物提供了便利条件。韩国畅销电子商品有数码相机、移动硬盘、电脑配件等。

## 韩服

　　人们通过韩国的历史剧，可以了解到韩服的着装方式及其美丽之处。韩服的上衣、裙子、裤子都带有可以调节松紧的拉带，适合于各种体型的人穿。与韩服相搭配的衬裙、装饰物等每一个小细节都衬托着韩服的优雅和端庄。

## 韩国实用的购物常用语

　　在韩国购物，尤其是逛各种市场，必然要享受与卖家砍价的购物乐趣，但是语言沟通存在障碍。所以懂得一些比较实用的购物用语很有必要。

| 韩国购物常用语 | | |
|---|---|---|
| 中文 | 韩语 | 英语 |
| 我要这个 | 이것으로 하겠습니다 | I want this |
| （一共）多少钱 | （전부）얼마입니까 | How much |
| 便宜一点可以吗 | 좀 싸게 해주세요 | Cheap OK |
| 贵了 | 너무 비쌉니다 | Expensive |
| 请包得漂亮一些 | 좀 예쁘게 싸주세 | Can you make it more beautiful |
| 请开发票 | 영수증을 주세요. | I'd like a receipt for this |

## 在韩国怎样娱乐

　　韩国人的娱乐方式是丰富多彩而独具特色的。在韩国旅行期间，既可以去享受温泉带来的美妙感觉，还可以去大型游乐园游玩，与家人一起留下难忘的回忆。若时间富裕的话还可以去看一场最有韩国特色的乱打秀，或者去海边度过一个慵懒的下午。

### 泡温泉

　　在韩国，泡温泉是一种非常盛行的休闲娱乐方式，韩国的许多城市都有专门的温泉乐园。温泉可以促进人的血液循环，水中的微量元素对人体非常有好处。在传统温泉的基础上，许多地方还推出了多种温泉体验。

**推荐地**

东莱自新罗时代起就是温泉休闲地，如今仍然是传统温泉的宝地。在东莱的温泉场不仅有号称"亚洲第一大温泉"的虚心厅，还有几家可免费享用的露天足浴池，这些露天足浴池有40℃以上的温泉水喷涌而出，可促进血液循环，对预防关节炎与高血压有很好的效果。

## 游乐园

韩国既是一个保留着浓厚传统文化的国家，同时也是一个现代化国家。韩国境内各地都有大型的游乐园，尤其在首尔及其周边地区。这些游乐园占地面积巨大，内部设施多种多样，可以满足不同人群的需要。

**推荐地**

乐天世界和美国迪士尼乐园一样，都是世界级的主题公园，它以"冒险与神秘"为主题，主要分为室内的探险世界和室外的魔幻岛。园内拥有惊险刺激的娱乐设施、巨大的溜冰场、可以体验民族风情的民俗馆以及百货商店、餐厅、免税店、大型商场等。

## 乱打秀

乱打秀是一个集哑剧、杂技、魔术、武术、民族舞蹈、现代舞、滑稽剧表演于一体的新型舞台剧。在舞台上，演员们用各种厨房用品，如铝锅、平底锅、碟子等作为打击器物敲打，利用传统打击乐的特别节奏，表演出一个个令人啼笑皆非的故事。

**推荐地**

济州岛的风景如诗如画，而济州岛乱打秀剧场就位于新山公园里。在秀丽的大自然中观看一场轻松愉悦的乱打秀，别有一番乐趣。演出地周边有很多济州传统面条饭馆，在观看乱打秀之后能吃到最地道的济州传统面条。

## 海滩

韩国三面环海，在沿海地区有着许多优质的海滩，尤其是南部地区。一到夏天，蔚蓝的大海、晴朗的天空、柔软的沙滩吸引着来自世界各地的游客，人们在海滩上游泳、嬉戏，无比热闹。

**推荐地**

海云台海水浴场是釜山具有代表性的海水浴场。这里有绿色的大海、柔软的沙流，而管理状态极佳的美丽白沙滩更为其增添了许多魅力。另外，这里还有四季温泉设施与多种娱乐设施，每年夏天这里就成了欢乐的海洋。

## 应急

在国外旅行，出现突发状况似乎是不可避免的。因此最好在旅行中保持警惕，减少突发状况。一旦状况发生，首先要做的就是冷静面对。如果是较小的问题，看看自己是否能够解决。如果问题比较严重，你可以求助于人。

## 东西丢失

出门在外，一定要谨慎一些，看管好自己的贵重物品，尤其平时比较粗心的人。不即使这样，还是要准备好相关证件的复印件，万一原件丢失也能有个凭证。以下是一些重要物品丢失的解决办法：

| 重要物品丢失的解决办法 | |
|---|---|
| **名称** | **解决办法** |
| 护照遗失 | 当你确认护照已经丢失后，就要立即给中国驻韩国大使馆打电话说明情况，并留下自己的电话。在大使馆备注后可以等半天时间，因为如果有人捡到你的护照，他可能会和大使馆联系，然后找到你并交还给你。在等待的这段时间，你可以去附近的警察局开护照遗失证明，然后准备补办护照所需的材料，如事先准备好的照片、护照复印件或身份证原件等。如果没能找回护照，应尽快拿着自己的材料去大使馆补办护照 |
| 行李遗失 | 记得在自己的行李上做一些独有的记号，这样会为你找回行李提高成功几率。如果在飞机上或者巴士上遗失行李，应赶快找工作人员帮忙，查看别人是否拿错了行李。如果还是找不到，就要对行李进行遗失登记。在登记遗失行李时，要详细地写清楚行李箱中的物品和价格，若3天之内没有找到行李，则可以向航空公司或者巴士公司要求理赔 |
| 信用卡遗失 | 信用卡遗失后要立即打电话至发卡银行的服务中心，办理挂失与停用，还可以与当地信用卡公司的办事处或合作银行取得联系。办理手续时需要卡号和有效期限，另外记得把联系方式也记下来 |

## 身体不适

出国旅行会面临环境与饮食的变化，身体难免不适。因此在出发前要准备一些常见的药品。如果只是感冒、胃痛等小问题，可以根据说明书吃些药，然后好好睡一觉，让身体慢慢恢复。如果患有慢性病，就要从国内带足药，并携带英文的诊断书，万一出现状况，当地的医生就可以尽快做出诊断。在韩国的大城市就医，不用担心语言不通的问题，这些城市一般有专门为外国人服务的医疗机构。

| 韩国主要推荐医院 | | | |
|---|---|---|---|
| **名称** | **地址** | **外语服务** | **电话** |
| 仁川国际机场医疗中心 | 仁川机场地下1楼 | 中、英、日 | 032-7432600 |
| Severance医院 | 首尔新村 | 英语 | 02-22288888/22286566 |
| 峨山中央医院（Asan Medical Center） | 首尔松坡区风纳洞388-1号 | 英语 | 02-30103114<br>02-30105001（外国人诊所电话） |
| 三星医院（Samsung Medical Center） | 首尔江南区逸院洞50号 | 英语 | 02-34102114<br>02-34100200（外国人诊所电话） |
| 首尔大学医院（附设儿童医院 | 首尔大学路 | 英语 | 02-20722473（本院）<br>02-01304840505（国际诊所）<br>02-20723563（儿童医院） |

## 韩国旅游常备药物

如果想在韩国买药的话，必须有医师的处方笺。为了应对旅途中可能出现的各种状况，最好在出行前准备一些常备药物。

### 感冒药

虽然韩国与我国距离较近，但是初到一个陌生的地方总会有些不适应，再加上旅行期间可能会比较劳累，抵抗力容易下降，可能更容易感冒，所以感冒药是必不可少的。

### 肠胃药

韩国最具代表性的泡菜并非所有人都能吃得惯，而且很多饮食中都有海鲜，如果肠胃不是太好或者卫生条件不好的话则很容易出现肠胃疾病，因为提前准备好肠胃药很有必要。

| 韩国旅游常用药 | | | |
|---|---|---|---|
| 药名 | 韩语 | 英语 | 实物 |
| 阿司匹林 | 수면제 | Aspirin | |
| 安眠药 | 피임약 | Sleeping pills | |
| 感冒药 | 페니실린 | Cold medicine | |
| 盘尼西林（青霉素） | 항생제를 | Penicillin | |
| 消炎药 | 애드 빌 | Antibiotic medicine | |
| 止痛药（布洛芬片） | 기침 의학 | Advil | |
| 止咳药 | 지사제 | Cough medicine | |
| 止泻药 | 해열 | Antidiarrheal | |
| 退烧药 | 해열 | Antipyretic | |

仁川松島中央公園

## 行李邮寄

若购买的物品太多，没法随身携带，最好的办法就是邮寄回国。在风景优美的地方给亲朋好友寄一张美丽的明信片也是表达思念的好办法。

韩国首尔的邮局非常好辨认，邮局外都有一只红色燕子的标志，并写着"KOREA POST"字样。如果邮寄的包裹内是所购商品的话，需进行"非随身载运行李申请"。填写邮寄单时，在关税申请目录里选择"非随身载运行李"。回国时在机场填写"手机、非随身载运行李申请单"，盖章后可以在海关领取行李。邮寄国际包裹主要有EMS、空运和航运三种方法，其中EMS限重30kg，航运、海运限重20kg。想了解更多信息可在韩国邮政官方网站www.koreapost.go.kr上查询。

### 首尔中央邮局

地址：首尔地铁4号线会贤站7号出口新世界百货街对面
营业时间：周一至周五9:00～18:00

### 光化门邮局

地址：地铁5号线光化门站下车光化门广场与清溪川广场中间的街头
营业时间：周一至周五9:00～18:00

## 前往机场

有些航空公司会要求乘客在离境前的72小时内再次确认预约的机票。即使离境前72小时内已经确认了航班信息和机票信息，建议在去机场之前再确认一下，或是向航空公司服务处询问你到达机场办理登机手续的最佳时间，以便留出充足的时间到达机场。可以致电韩国航空公司服务处，询问怎么乘坐机场巴士或公共汽车到机场。在去机场之前要带齐护照、签证等证件。

## 离境手续

韩国的离境手续比较麻烦，为了避免错过航班，最好在航班起飞前3个小时到达机场。在办票柜台完成乘机手续拿到登机牌后，带着护照、登机牌等证件到海关检查台接受行李检查。若行李没有问题，还要去接受出境检查，出境检查之后才可登机。

### 离境流程图

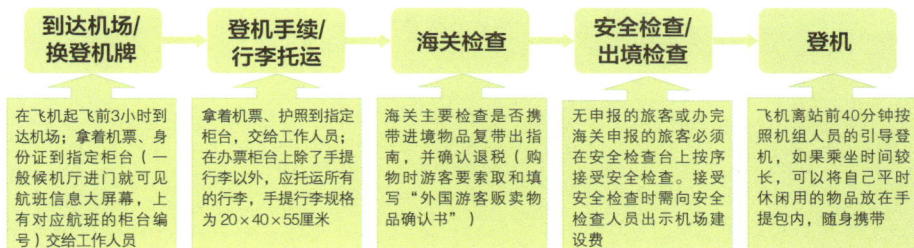

| 到达机场/换登机牌 | 登机手续/行李托运 | 海关检查 | 安全检查/出境检查 | 登机 |
|---|---|---|---|---|
| 在飞机起飞前3小时到达机场；拿着机票、身份证到指定柜台（一般候机厅进门就可见航班信息大屏幕，上有对应航班的柜台编号）交给工作人员 | 拿着机票、护照到指定柜台，交给工作人员；在办票柜台上除了手提行李以外，应托运所有的行李，手提行李规格为20×40×55厘米 | 海关主要检查是否携带进境物品复带出指南，并确认退税（购物时游客要索取和填写"外国游客贩卖物品确认书"） | 无申报的旅客或办完海关申报的旅客必须在安全检查台上按序接受安全检查。接受安全检查时需向安全检查人员出示机场建设费 | 飞机离境前40分钟按照机组人员的引导登机，如果乘坐时间较长，可以将自己平时休闲用的物品放在手提包内，随身携带 |

052-121

# Part 1 韩国西北部一周游

# Part 1 韩国西北部一周游

## 韩国西北部印象

### ★★★ 宏伟的宫殿群

首尔市内有许多的宫殿建筑，这些建筑是首尔历史的缩影，是首尔文化的象征，许多来首尔游玩的游客都会前往这些宫殿游览、观赏，一边赞叹着精美绝伦的建筑风格，一边体味着属于首尔的历史韵味。

### ★★★ 不能错过的地标建筑

首尔是韩国的首都，无数高大时尚的建筑在这里拔地而起，而他们也成为了首尔的地标性建筑。无论是高大耸立的N首尔塔，还是时尚独特的63大厦，都值得一看。来到首尔，欣赏这些建筑，你会发现首尔独特的城市魅力，不禁感叹它的繁华，深深的沉醉于其中。

### 追寻韩剧的脚步

曾经，我们看着韩国的电视剧，随着剧中的男女主角和剧情一起伤心、高兴、紧张、兴奋。如今来到了韩国，来到了那些剧中出现过的街头、公园，试着走一走这些地方，默默地品味那种心动的感觉，回忆着内心深处最快乐的记忆。

### 传统乱打秀

到韩国旅游时，可以看到一些韩国的特色表演，而韩国乱打秀可以说是其中最著名的，许多来韩国游玩的人都会选择前往观看一次这种韩国独有的传统表演。夜幕降临，与自己的朋友一起看一次有趣的乱打表演，一定会收获无穷的乐趣。

### 五花八门的美食

韩国的美食五花八门，深深地吸引着美食达人。来到韩国，怎能不一饱口福，无论是街边的小摊，还是韩国特色的帐篷屋以及人流如潮的小吃美食街，有太多的地方值得逛一逛。现在开始，就去首尔品尝那些让人口水迅速分泌的韩国美食吧。

# 推荐行程

| A | | B | | C |
|---|---|---|---|---|
| 首尔 | 约28千米 | 仁川 | 约44千米 | 京畿道 |

恩平区
Eunpyeong-gu

中浪区
Jungnang-gu 九里市
Guri

金浦国际机场
Gimpo
International
Airport

A 首尔
Seoul

西区
Seo-gu

东区
Gyeyang-gu

江东区
Gangdong-gu

仁川
Incheon

富川
Bucheon

九老区
Guro-gu

江南区
Gangnam-gu

松坡区
Songpa-gu

AB约28千米

B

光明市
Gwangmyeong

冠岳区
Gwanak-gu

2nd Gyeongin Expy

延寿区
yeonsu-gu

果川市
Gwacheon

Seongnam

Siheung

万安区
Manan-gu

盆唐区
Bundang-gu

BC约44千米

军浦市
Gunpo

义王市
Uiwang

安山市
Ansan

Suji-gu

常绿区
Sangnok-gu

长安区
Jangan-gu

C

京畿道
Gyeonggi

劝善区
Gwonseon-gu

## 交通方式对比

| 路线 | 交通方式 | 优点 | 缺点 | 运行时间 | 单程费用 |
|---|---|---|---|---|---|
| 首尔—仁川 | 机场快线 | 拥有直达仁川机场的路线，舒适轻松的到达仁川 | 直达列车等待时间稍长，价格比普通列车贵 | 50分钟 | 普通：3950韩元；直达：8000韩元 |
| | 机场大巴 | 可以直达仁川机场，价格便宜 | 乘坐时间较长，没有其他交通方式舒适 | 1.2小时 | 一般机场巴士：10000韩元；高级机场巴士：14000韩元 |
| | 出租车 | 适合行李较多时，方便快捷 | 价格较高，要支付高速过路费 | 1.1小时 | 6万～10万韩元 |
| 仁川—京畿道 | 机场大巴 | 直达，用时较少 | 定点发车，车次较少，费用高 | 约0.5小时 | 约1.2万韩元 |
| | 地铁 | 车次多，可随时出发，费用低 | 需要换乘，用时较长 | 约2.5小时 | 约2000韩元 |

## 最佳季节

韩国西北部属于温带季风气候，四季分明。夏季高温炎热，冬天日照强烈但气温却很低，春季的时候早晚温差比较大，所以去这里游玩的最佳季节是秋季。秋季的首尔气温舒适，凉爽宜人，比较适合游玩，10月初首尔还会在庆熙宫、世宗文化会馆等地举行盛大的鼓乐节，到时候人流如潮，非常热闹。

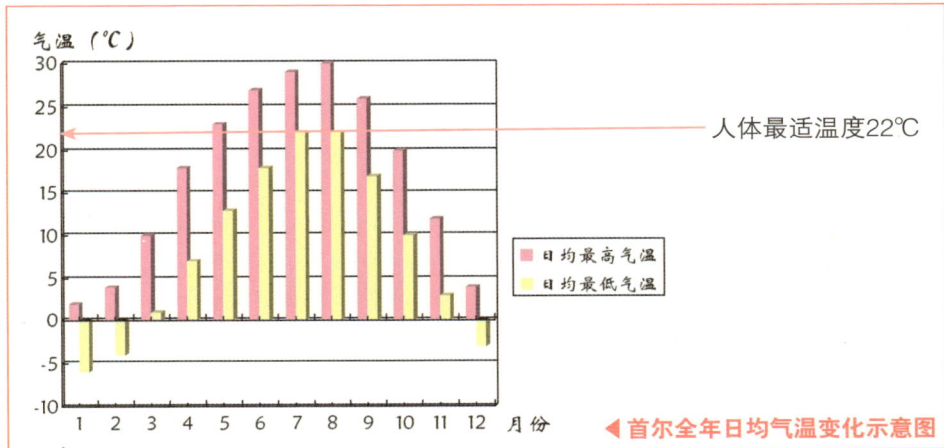

气温（℃）

■ 日均最高气温
■ 日均最低气温

人体最适温度22℃

◀ 首尔全年日均气温变化示意图

### 最佳季节所需衣物

韩国西北部的四季气候变化十分明显，所以前去游玩的话应该根据季节来携带衣物。韩国适合游玩的季节是9月下旬至11月底的秋季，这个时候的气温凉爽舒适，而且没有高温天气和频繁的降雨。9～10月去韩国，穿长衫、夹克、毛衣等衣物即可。到了11月份，气温开始降低，就可以穿厚的夹克或者是风衣。值得注意的是，秋季的阳光有时会比夏天更加强烈，所以无论是上街购物还是游览景点，一定要提前做好防晒工作，墨镜和帽子是出门必备的物品。另外，出门旅行还少不了一双舒适轻松的运动鞋，可以从国内带过去，也可以到了韩国当地再买。

| 韩国西北部最佳季节所需衣物 | | | |
|---|---|---|---|
| 衣物种类 | 9月 | 10月 | 11月 |
| 长衫 | √ | √ | — |
| 薄外套 | √ | √ | — |
| 长裙 | √ | √ | √ |
| 厚夹克、风衣 | — | — | √ |
| 牛仔裤 | √ | √ | √ |
| 帽子墨镜 | √ | √ | √ |

# 西北部路线：首尔—仁川—京畿道6天6夜游

| 城市 | 日期 | 时间 | 每日安排 |
|---|---|---|---|
| 首尔 | Day 1 | 上午 | 德寿宫→明洞 |
| | | 下午 | 南山→N首尔塔 |
| | Day 2 | 上午 | 景福宫→青瓦台 |
| | | 下午 | 昌德宫→昌庆宫→宗庙→大学路 |
| | Day 3 | 上午 | 奥林匹克公园 |
| | | 下午 | 乐天世界 |
| 仁川 | Day 4 | 上午 | 自由公园→仁川中华街 |
| | | 下午 | 月尾岛 |
| | Day 5 | 上午 | 摩尼山 |
| | | 下午 | 传灯寺 |
| 京畿道 | Day 6 | 上午 | 水原华城 |
| | | 下午 | 韩国民俗村 |

*6天6夜的西北部路线*

# 到达首尔

首尔是韩国的首都，也是韩国著名的旅游胜地。这是一座兼具现代气息与古老韵味的城市。缓缓流动的汉江穿过城市中间，随着东海吹来的海风尽情奔流。繁华城市中旧时的王宫依然保留着当年富丽堂皇的景象，夹杂于高楼广厦之间的传统韩式，古屋古色古香。来到首尔，应该用一种轻松愉悦的心态尽情享受舒适惬意的旅行。

## 通航城市

首尔是从中国前往韩国的主要城市之一，我国与首尔的航班往来频繁，每天都有直飞首尔的航班从我国北京、上海、青岛等城市的机场起飞。

### 从中国飞往首尔的航班

从中国大陆前往首尔，有多家航空公司可以选择，如中国国际航空、中国东方航空、中国南方航空、韩亚航空和大韩航空公司、山东航空等。下表列出其中几个主要的航空公司的航班信息。

| 中国飞往首尔的航班 | | | | |
|---|---|---|---|---|
| 航空公司 | 航空公司电话 | 城市 | 单程所需时间 | 出航信息 |
| 中国国际航空 www.airchina.com.cn | 中国客服电话 0086-95583 | 北京 | 直达约2小时 | 每天有多趟航班从北京首都机场的T3航站楼出发到达首尔，以到仁川机场的居多 |
| | | 青岛 | 直达约1小时 | 每天有多趟航班从青岛流亭机场T2航站楼出发到达仁川机场 |
| 中国南方航空 www.csair.com | 010-95539 | 深圳 | 约4小时 | 南航有从深圳宝安机场飞往仁川机场的航班 |
| | 021-95539 | 上海 | 直达约2小时 | 每天有多趟航班从上海浦东机场的T3航站楼出发到达仁川机场 |
| 大韩航空 www.koreanair.com | 010-84685288 | 北京 | 直达约2小时 | 每天有多趟航班从北京首都机场的T2航站楼出发到达首尔 |
| | 021-52082080 | 上海 | 直达约2小时 | 每天有许多趟航班从上海浦东机场和虹桥机场出发到达首尔 |
| | 020-38773878 | 广州 | 直达约3.5小时 | 每天有多趟航班从广州白云机场出发到达仁川机场 |
| | 0532-83880221 | 青岛 | 直达约1~1.5小时 | 每天有多趟航班从青岛流亭机场出发到达仁川机场 |

## Tips

　　怎样计算单程所需时间？什么样的机票既优惠又节省假期？涉及到请假具体天数的问题需要仔细考虑，在旅途中节约了交通时间，就能多出至少一天的游玩时间。

　　下面是中国国际航空公司提供的航班信息：

| 航班选择页 | | 查询的基本信息 |
| 广州白云机场（CAN）— 首尔金浦国际机场（GMP）· 2014年9月06日 星期六 | |

| 9月03日星期三 1,700 | 9月04日星期四 1,700 | 9月05日星期五 1,700 | 9月06日星期六 1,666 | 9月07日星期日 1,666 | 9月08日星期一 1,666 | 9月09日星期二 2,558 |

每位旅客不含税价格 CNY　　□直达航出　■图舱实际承运航班　■机上餐食　　　　　　头等/商务舱　经济舱 1,666

选择直达航班

| 航空 | 出发时间 | 到达时间 | 机场 | 机型 | 商务全价 | 意度知音 | 折扣经济 | 超值特价 |
|---|---|---|---|---|---|---|---|---|
| CA1310 | 08:30 | 11:30 | CAN-PEK | 333 | ○3,832 | ○2,303 | ○1,764 | ●1,666 |
| CA137 | 18:45 | 21:50 | PEK-GMP | 738 | | | | |
| CA1330 | 10:30 | 13:40 | CAN-PEK | 73K | ○3,832 | ○2,303 | ○1,764 | ○1,666 |
| CA137 | 18:45 | 21:50 | PEK-GMP | 738 | | | | |

航班信息，双行表示要中转，单行的一般是直达

　　从上面信息了解到，中国国航的CA1310航班8:30从广州白云机场出发，11:30到达北京首都机场，用时3小时；在北京首都机场等待7小时15分钟之后，18:45国航的CA137航班飞往首尔，在首尔当地时间21:50（北京时间20:50，计算单程所用时间时，最好统一用北京时间）到达首尔金浦国际机场，用时2小时5分钟。

　　三段时间相加一共12小时20分钟，加上从市区往返机场的时间，因此如果打算乘坐中国国航的飞机从广州到首尔，你需要给自己的行程安排约15小时到达的时间。

## 如何到市区

　　首尔有两个机场，分别是仁川国际机场（Incheon International Airport，ICN）和金浦机场（Gimpo Airport，GMP）。仁川国际机场主要负责国际航班，我国的大部分飞机都在这里停靠；金浦机场则多负责韩国的国内航班，也有部分国际航班在这里停靠。

　　如果你乘坐的飞机降落在仁川机场，那么你可以先去仁川玩两天（在抵达楼层乘坐306路座席巴士可达），再从仁川到首尔。由于首尔独特的旅游魅力，加之两地交通非常便利，人们通常直接从机场到达首尔。这里我们也先从首尔游起，主要介绍从机场到首尔市区的交通方式。

### 仁川国际机场候机楼

　　仁川国际机场是地下一层，地上四层的结构设计，每层都有不一样的功能，各楼层主要功能见下表。

| 仁川国际机场候机楼分布 | |
|---|---|
| 楼层 | 功能 |
| 地下一层 | 地下一层是餐厅和机场铁路，游客可以在这里直接乘坐机场铁路A'REX |
| 一层 | 一层是到达大厅，这里有机场大巴、韩国铁路通票领取处和韩国旅游咨询处等各种旅游服务柜台，还有餐厅和咖啡馆 |
| 二层 | 二层主要是机场铁路连接通道，游客可以在这里乘坐机场铁路，这里也是商务区，还有邮局服务 |
| 三层 | 三层是出发大厅，机场大巴也在这一层出入口的路边，这里还有寄存行李的服务 |
| 四层 | 四层是途经仁川机场前往其他国家的转机客专用柜台，在市区和免税店购买的东西也是在这里领取 |

## 仁川国际机场到市区交通

仁川国际机场坐落在仁川西部的永宗岛上，距离首尔市约52千米。从这里到首尔市中心的交通非常方便，可以选择机场快线、机场大巴、出租车等交通工具。

### 机场快线

乘坐机场快线（AREX：Airport Rail Road Express）是从仁川国际机场到首尔市区比较便捷的方式，乘坐一般列车到达首尔站所花时间在50分钟左右，直达列车则只需40分钟左右。机场快线的始发站在仁川国际机场的地下一层交通中心，行李沉重的游客或行动不便乘客，在7:00～19:00还可以免费使用机场电车到达这里。

### 机场巴士

从仁川国际机场出发的机场巴士线路很多，可以到达首尔的各个地方。机场巴士可以分为到达首尔主要酒店的高速巴士，以及到达首尔市各地的一般巴士，可以根据自己的住宿情况来选择巴士类型。机场一层的咨询处和机场巴士乘车券售票处可以询问并购买所需车票，从仁川机场到首尔市区，高速巴士的车票价格约为14000韩元，一般巴士则约为10000韩元。

### 出租车

如果对自己的目的地信息不太明确，可以选择乘坐出租车前往。仁川国际机场一层的4～8号门对面就是出租车的乘车点，这里有一般出租车、模范出租车、大型出租车和国际出租车等。其中的模范出租车申请资格很严格，价格较贵但是服务非常好，而且晚上不收深夜附加费。通常从仁川国际机场到首尔市中心打车需要6万～10万韩元，并且要支付高速公路的过路费。

## 从仁川国际机场到住宿区

到达首尔机场后，可以尽快去自己的住宿地方安顿下来。首尔观光协会认定的有资格接待游客的住宿区主要集中在江南地区，大众化的旅馆多在市中心的江东一带。

### 至江南地区

如果打算去首尔的江南地区住宿，住宿地主要集中在明洞、三星洞附近。可以选择乘坐地铁前往，直接在对应站台下车即可，非常方便。如果有详细的地址，也可以坐对应的公交车路线，夜晚的话坐出租车更加方便快捷。

### 至江东一带

从仁川国际机场到市中心的江东一带，可以先坐机场快线到达首尔站，然后从首尔站乘坐前往江东一带的地铁；也可以直接在仁川国际机场乘坐机场巴士，这种巴士可以到达首尔的各个地区。

## 金浦机场到首尔市区的交通工具

金浦机场距离首尔市区约17千米，距离仁川机场也不过20千米，金浦机场曾是东亚地区最繁忙的机场之一。自仁川机场落成之后，金浦机场就转变成为主要运营韩国国内航线的重要航空枢纽，不过也运营国际航线。

金浦机场前往首尔市内的交通非常便利，除了地铁5号、9号线外，还有到首尔酒店和主要景点的机场巴士、出租车以及市内公交。

### 地铁

地铁不仅价格便宜，而且不受交通状况的影响，外国游客乘坐起来也很方便，所以很受欢迎。从金浦机场搭乘5号线可以到达首尔市中心，而搭乘9号线可以到达江南区。两车在同一乘车点，从国际航站楼出来后可以直接到达，路上有很多指示牌，十分人性化。

### 公交车

从金浦机场前往首尔市内也可以选择乘坐高速巴士、普通巴士和市内公交车。金浦机场的各个出口均有前往首尔各处的机场巴士、市外巴士和市内巴士，从航站楼1楼出来就是巴士乘车点；开往贸易中心、蚕室、明洞、光化门等主要地区的巴士可在8号出站口门前的3、4、5号站点乘坐。从金浦机场前往首尔市区的费用为4000～7000韩元。

### 出租车

与仁川机场相比，金浦机场离首尔市内更近，所以打车也相对便宜些，如果觉得乘坐巴士和地铁太麻烦的话，可以在国内线航厦1号出租车乘车点乘坐普通出租车，到达首尔市中心的费用大约为1900韩元；模范出租车则要在2号乘坐点乘坐，费用为4500韩元左右。

# 首尔3日行程

    首尔是一个综合性的旅游城市，在这里可以游玩、购物、娱乐或者享用美食，这里我们主要以游玩为主线安排行程，中午或晚上会涉及购物、娱乐和美食。当然，你也可以根据自己的喜好进行灵活变动，关于其他项目的更多资讯可以参考"如果多待一天"。

## Day 1　德寿宫→明洞→南山→N首尔塔

    首尔最受游客喜爱的景点多集中在市中心一带，因此第一天的行程就安排在市中心。参观完德寿宫之后可以去明洞转转，顺便在那里吃个午餐，下午去南山附近游玩，到了晚上，还可以在南山N首尔塔上的旋转餐厅边用餐边欣赏首尔夜景。

| 首尔第1天行程 | | |
| --- | --- | --- |
| 时间 | 目的地 | 行程安排 |
| 9:00～11:30 | 德寿宫 | 德寿宫位于首尔最繁华的街道上，宫内保存着韩国最早的西洋式建筑风格的石造殿，古色古香的宽敞庭院更是别有一番情调，现在每天还可以看到守门卫兵换岗仪式 |
| 11:30～14:00 | 明洞地区午餐 | 明洞是首尔市中心的一个多元化的时尚区域。这条街道的两旁，各种品牌专卖店、百货店、免税商店和传统老店鳞次栉比，逛完之后你还可以在这里的人气餐厅享用午餐 |
| 14:00～19:00 | 南山 | 南山海拔200多米，曾是古代守卫王首都的要塞。这里有南山公园、N首尔塔、八角堂等景点，其中的N首尔塔是与生命大厦齐名的首尔地标 |
| 19:00～20:30 | N首尔塔 | 夜幕降临的时候，天色暗了下来，但是南山上的N首尔塔更加璀璨。塔上有旋转餐厅、展望台、数字望远镜和泰迪熊博物馆等可供游玩 |

TAEPYEONGNO
1(IL)-GA

JANGGYO-DONG
Euljiro 4-ga

Euljiro 3-ga

A 德寿宫
Deoksugung

Euljiro 1-ga

市政府站
City Hall

JEODONG
1(IL)-GA

AB约1千米,
步行约15分钟

MYEONGDONG
2(I)-GA

Chungmuro
忠武路

EUIJURO
2(I)-GA

Hoehyeon
金贤站

B

明洞
Myeongdong

BC约1千米,
步行约15分钟

BONCNAEDONG
2(I)-GA
Seoul

HOEHYEONDONG
1(IL)-GA

YEJANG-DONG

Namsan

DONGJAHDONG

C 南山
Namsan

Namsan
Park

▲ 首尔第1天行程路线示意图

# 德寿宫

德寿宫（Deoksugung，덕수궁）位于首尔最繁华的街道上，原是李朝成宗的哥哥月山大君的住宅，现在是首尔市民周末休闲的重要场所。德寿宫包括了中和殿、石造殿、大汉门等景点，具有浓厚的历史气息。

## 大汉门

大汉门（Dahanmun）原名大安门，是德寿宫的正门。门前的广场上经常举行阅兵和王宫守将换班仪式。在大汉门上还有一块悬匾。

## 石造殿

石造殿（Seokjojeon）位于德寿宫西侧，是韩国最早的西洋式建筑。这座宫殿全部由大理石建造，在众多的木造建筑中，它显得非常别致。这里原是接待外国使臣的地方，宫殿共有三层，内部是精致而华丽的洛可可装饰。现在石造殿的东殿是宫中文物展览馆，西殿则是德寿宫现代美术馆。

### 旅游资讯

地址：首尔市中区南大门路1街57号

交通：乘坐地铁1号线在市厅站下，从2号出口出可到；或乘地铁2号线在市厅站下，从12号出口出可到

网址：www.deoksugung.go.kr

票价：1000韩元

开放时间：9:00～21:00（每周一闭馆），节假日无中文导游

电话：02-7719951

德寿宫风景如画，尤其是樱花盛开的季节，落英缤纷，犹如下了一场樱花雨。这里的门卫换岗仪式作为韩国传统宫廷文化表演，宫中还经常举行各种传统的民族娱乐活动。在中秋节和春节，有游客可以参加的跳板等活动。在4月至10月，每月第三个星期日这里还会举行传统文化艺术节，届时在这里可观赏到优美的宫廷舞蹈。

## 中和殿

中和殿（Junghwajeon）是德寿宫的正殿，是古代朝廷举办大型活动的地方。殿内的屋顶上画着两条龙，充满了古色古香的韵味。参观时需要注意，殿内禁止拍照，也不允许携带食物入内。

## 昔御堂

昔御堂（Seogeodang）是德寿宫内唯一的两层殿阁，这是历代国王回议历史艰难、悼念先主的场所。原本的建筑在904年大火中被毁，现今所见的昔御堂建筑是大火后重建的。

# 明洞

## 旅游资讯

**地址：** 首尔市中区明洞
**交通：** 从德寿宫沿Sogong-ro街向东南方向步行约1千米可达；或乘坐地铁4号线，在明洞站下车，从5、6、7、8号出口出都可到达

明洞是一个集多种功能于一身的地方，在这里可以买到引领潮流的各种服装、鞋帽、饰品等，还能品尝到各种韩国特色小吃。如果逛累了，还能到安静的明洞圣堂里去看一看。

明洞（Myeongdong，명동）是首尔市中心一个多元化的时尚区域。明洞大街应该是指从地铁4号线的明洞站到乙支路、乐天百应该货店之间约1千米长的街道。这条街道的两旁有各种品牌专卖店、百货店、免税商店和传统老店。

## 明洞圣堂

明洞圣堂（Myeong-Dong Catholic Cathedral，명동성당）位于繁华的明洞地区，许多现代化的高楼大厦围绕在这座古典的教堂周围。这是韩国的第一座天主教教堂，主教馆用石砖建成，一座40多米高的尖塔耸入云端，在庄严的外表下透露出西洋古典而浪漫的风格。

地址：首尔市中区明洞2街1号
交通：乘坐首尔地铁2号线，在乙支路入口站下车，从5号口出可到；或乘坐地铁4号线，在明洞站下车，从8号口出也可到
网址：www.mdsd.or.kr
开放时间：9:00～21:00
电话：02-7741784

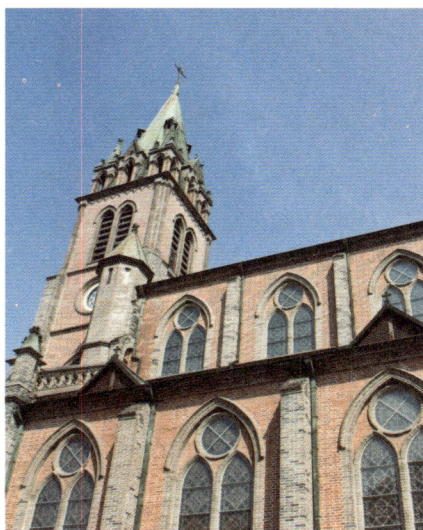

## Mulberry At Lotte Avenuel

Mulberry At Lotte Avenuel是乐天百货的名品馆，这里不仅聚集了LV、香奈儿、爱马仕等多个世界级的著名品牌，还有不少餐厅、咖啡馆等。其中，LV专柜在一层，设计得华丽而精致，十分吸引眼球。

地址：Mulberry At Lotte Avenuel，Seoul
网址：www.mulberry.com
电话：02-21186078

▲ 明洞景点分布示意图

## 中午在哪儿 吃

热闹而繁华的明洞既有许多购物的店铺，还有很多美食餐厅，其中的一些人气餐厅常常座无虚席。在首尔的第一顿午餐，不妨品尝一下明洞的美食。

## 1 凤雏酱鸡

凤雏酱鸡（봉추찜닭 명동점）是很著名的美食连锁店。店里用鲜嫩的鸡肉做材料，配上安东秘制的香辣酱料，再加上土豆、胡萝卜、粉条等一起煮，深受年轻人的喜爱。吃的时候要先吃粉条，若粉条吸收了汤汁就不筋道了。这道菜的味道有点辣，最后的酱汁可以用来拌饭。

地址：首尔市中区明洞2街33-9号
交通：乘坐地铁4号线在明洞站8号出口出，然后沿着单行道前行约150米即到
网址：www.bongchu.com
电话：02-3186981

## 2 明洞饺子店

明洞饺子店（Myeongdong Kyoja，명동교자 본점）也是当地非常受欢迎的美食餐厅，里面常常爆满。如果你想品尝那里的美食就要早点过去。店里最热门的美食是汤饺，然后配上汤面，分量十足，十分美味。此外，这里的蒸饺也值得品尝。

地址：首尔市中区明洞2街25-2
网址：www.mdkj.co.kr
营业时间：10:30～21:30
电话：02-7765348

## 南山

南山（Namsan，남산）是首尔市区内一座美丽的山峰，海拔200多米，曾是古代守卫首都的要塞。如今，南山有南山公园、N首尔塔、八角堂等景点，散步步道也非常漂亮，是人们到首尔的必游之地。

### 旅游资讯

地址：首尔市中区三一大路231
交通：从明洞向南步行约1千米可到；或乘地铁4号线在会贤站下车，从4号出口出也可到

### 旅友点赞

南山景色秀丽，一直是韩国情侣喜爱的浪漫之地，也是各大韩剧的外景拍摄地。在南山公园你还可以看到颜色、形状各异的锁，每一把锁都代表着一段浪漫的爱情故事。如果时间宽裕，还可以去南山北侧山麓的南山谷韩屋村体验一下韩国传统文化。

明洞
Myeong-dong

东国大学
Dongguk
University

Hoehyeondong
1(IL)-GA

南大门
Namdaemun

南山谷韩屋村
Namsangol
Hanokvillage

YEJANG-DONG

南山
Namsan

HUAM-DONG

YONGSAN
2(1)
GA-DONG

梨花洞壁画村
Pear Mural
Village

Beotigegae

N首尔塔
N Seoul
Tower

南山公园
Namsan Park

Sookmyung
Women's
University

FamilyMart

Hangangjin

▲ 南山景点分布示意图

## 南大门

　　南大门（Namdaemun）又叫崇礼门，是首尔诸多城门中规模最大的一座，十分气派。与别处不同的是，南大门的匾额上"崇礼门"三个字是竖着写的，既庄重又淡雅。到了晚上，城门下的水银灯将南大门照得通亮，耀眼璀璨。

地址：首尔中区南大门
网址：www.cha.go.kr
开放时间：10:00～17:00

## 南山公园

　　南山公园（Namsan Park）位于南山之上，是首尔最大的公园。公园内树木茂盛，一年四季呈现不同的景色。公园中的野生动物也非常多，在园内可以近距离观察到松鼠等小动物，其中纪念白凡金九先生的"白凡广场"、开往南山山顶的"南山缆车"以及地标性建筑"N首尔塔"等是园内看点。

地址：首尔市龙山区南山公园街3号
票价：公园免费，缆车往返需4000～6300韩元
开放时间：公园24小时开放，缆车10:00～23:00

## 晚上在哪儿 玩

在南山公园中散步，不知不觉中天色就暗了下来。美丽的风景并没因为缺少阳光而黯然失色，高高的N首尔塔反而在夜色中散发出更加迷人的魅力。

### N首尔塔

N首尔塔（N Seoul Tower）耸立在南山山顶上，是首尔的重要标志。N既是南山的第一个字母，也有"New"的含义。塔上有旋转餐厅、展望台、数字望远镜和泰迪熊博物馆等可供游玩。夜晚，N首尔塔最大的亮点就是梦幻般的灯光，塔上安装了很多"芦苇灯"，有风吹过的时候，灯光就会随风舞动。如果放入100韩元，淋浴喷头就会有光喷出，就像在沐浴一样。N首尔塔的夜晚比白天更加美丽，如果有两人以上同行，晚上来此更能体验到它的魅力。

地址：首尔市龙山区南山公园路105号
网址：www.nseoultower.co.kr
票价：展望台7000韩元，泰迪熊博物馆和展望台通票12000韩元
开放时间：每天9:00～23:00，缆车运行时间10:00～22:30
电话：02-34559277

## Day 2

### 景福宫→青瓦台→昌德宫→昌庆宫→宗庙→大学路

在首尔的第2天仍然在市中心游览，主要参观首尔古老的宫殿，另外还可以去看一下韩国的政治中心青瓦台。到了晚上，如果还不是太累，可以去热闹的大学路感受一下大学生的活力。

| 首尔第2天行程 | | |
| --- | --- | --- |
| 时间 | 目的地 | 行程安排 |
| 9:30～11:30 | 景福宫 | 景福宫是李氏王朝的正宫，也是首尔五大宫之首。它包含了300多栋建筑，其中比较重要建筑有勤政殿、思政殿、交泰殿等 |
| 11:30～12:00 | 青瓦台 | 青瓦台是韩国总统的官邸，是韩国政治中心。由于入内参观的手续比较麻烦，你可以在外面简单参观一下。如果想要入内参观，需要提前在网上申请 |
| 12:00～14:00 | 午餐 | 在青瓦台附近，有一处著名的美食地——三清洞。三清洞街道两旁是精致而文艺的小铺、咖啡馆和餐厅，你可以在餐厅里品尝到各式各样的美食 |
| 14:00～16:00 | 昌德宫 | 昌德宫原为景福宫的离宫，宫中的建筑各有特色：正门是韩国现存最古老的敦化门；仁政殿里有帝王坐过的宝座；帝王为了体验百姓生活所建的延庆堂非常简朴 |
| 16:00～18:00 | 昌庆宫 | 昌庆宫南邻宗庙，西邻昌德宫。它的前身是寿康宫，是供先王的妃子们居住的宫殿。经修缮后改名为昌庆宫，有明政殿、通明殿、文政殿和弘化门等建筑 |
| 18:00～19:00 | 宗庙 | 从昌庆宫过天桥，就到了宗庙，这是供奉李朝历代君王及王妃牌位，还举行祭祀。这里很好地保留了祭礼、祭礼乐等古老的传统及习俗，还会定期举行宗庙祭礼乐表演 |
| 19:00～21:00 | 大学路 | 晚上的时候，你可以从宗庙到附近的大学路逛逛，大学路是一个充满时尚和文艺气息的区域，这里坐落着多个话剧剧场，街道两旁也有深受年轻人喜爱的各种特色小店 |

青瓦台
Cheong Wa Dae

BC约0.6千米,
步行约9分钟

三清洞
Samcheongdong

MYEONGNYUN
3(SAM)GA

HYEHWA-DONG

MYEONGNYUN
2(I)GA

MYEONGNYUN 3
(SAM)GA-DONG

昌德宫
Changdeok
Palace

DE约0.3千米,
步行约4分钟

昌庆宫
Changgyeonggung
Palace

大学路
Dachangno

CD约1千米,
步行约13分钟

GYE-DONG

HWA-DONG

景福宫
Gyeongbok
gungPalace

AB约0.8千米,
步行约11分钟

JAE-DONG

安国站
Anguk

GYEONGUN-DONG

EF约0.3千米,
步行约4分钟

FG约0.8千米,
步行约11分钟

I KSEON-DONG

DORYEOM-DONG

JONGNO-GU
Gwanghwamun

NAKWON-DONG

宗庙
Jongmyo

▲ 首尔第2天行程路线示意图

# 景福宫

## 旅游资讯

地址：首尔市钟路区社稷路161

交通：乘坐地铁3号线在景福宫站下车可到

网址：www.royalpalace.go.kr

票价：成人3000韩元 儿童1500韩元

开放时间：9:00～18:00（每年11月至次年2月9:00～17:00，每年5～8月的周末9:00～19:00），周二休息

电话：02-37003900

　　景福宫（Gyeongbok gung palace，경복궁）是李氏王朝的正宫，也是首尔现存规模最大、最古老的宫殿之一，被称为首尔的"故宫"。它是一个规模庞大的古代宫殿建筑群，包含了300多栋建筑，其中比较重要的景点有勤政殿、庆会楼、香远亭等。

### 勤政殿

　　勤政殿是景福宫的正殿，是国王上朝、颁发政令和接待外国使臣的地方，也是王室举行登基仪式的场所。勤政殿设计简洁而又不失雄伟，国王的御座位于殿中心，御座后面立着象征国王威严的日月五峰图屏风，给人以威严之感。

## 庆会楼

庆会楼位于勤政殿的一侧，曾经印在韩国面值一万元旧币上，由此可见韩国民众对它的喜爱。庆会楼起于四方端正的莲花池中，三座石桥以它为中心与湖岸相连，呈辐射状。这座建筑风格简约又不失豪华，充分体现了韩国传统建筑的特征。

## 香远亭

香远亭位于宫殿北侧，是王室休闲娱乐的场所，在景福宫原后苑的基础上建成。香远亭意为"香气远播"，建在莲花池中间的人工岛上，连接小岛的木结构桥也有一个美丽的名字，叫作"醉香桥"。

## 光化门

光化门是景福宫正门，位于景福宫南侧。据记载，光化门由3个虹霓门组成，中间的虹霓门供国王通行，左右两边的虹霓门供大臣出入。光化门自建立后曾多次被毁，现在看到的建筑是重建后的样子。

# 青瓦台

青瓦台（Cheong Wa Dae，청와대）是韩国总统的官邸，是韩国政治中心，因为其青色的屋瓦而得名。青瓦台由中央的主楼、迎宾馆、绿地园、无穷花花园、七宫等组成，主楼右侧是春秋馆，用来召开记者会；主楼左侧是迎宾馆，用来接待外宾。

**Tips**

若要入内参观青瓦台，需要在网上申请，申请日期要比自己的参观日期至少提前10天。如果你熟悉韩语，可以直接在青瓦台官网上申请；如果你对韩语不熟悉，可以通过电子邮件递交申请，电子邮件以英文书写，具体要求参见官网。申请成功后会得到答复，答复会告知乘车地点以及参观时的注意事项等，最好打印出备用并牢记预约号。到了参观时需要至少提前20分钟到达集合地，那里会有工作人员进行审核。青瓦台内部并非所有地方都能拍照，只有在工作人员说明可以拍照的地方才可拍照，但是禁止录像。参观时最好着休闲舒适的服装和鞋子。

## 中午在哪儿 吃

在青瓦台附近，有一处著名的美食地——三清洞。三清洞是一条拥有浓厚的艺术气息的古街，街道两旁树木参天，优雅而浪漫。街道两旁是精致而文艺的小铺、咖啡馆和餐厅，在这里的餐厅里你能品尝到各式各样的美食。

### 1 三清洞面疙瘩

三清洞面疙瘩（Samcheongdong Sujebi）是三清洞最有名气的餐馆之一，这里常常有人在排队等候就餐。店里最经典的美食是以鱼汤打底，放入面疙瘩和蛤蜊、土豆、洋葱等制作的面疙瘩，味道清淡，鲜美无比。

地址：102 Samcheong-dong, Jongno-gu, Seoul
交通：从青瓦台向东南步行约600米可到
网址：www.sujaebi.kr
电话：02-7352965

### 2 Mukshidonna

Mukshidonna是一家很受欢迎的连锁店，位于三清洞的总店更是经常爆满。这家店的辣炒年糕不使用辣椒酱而用辣椒作为底料，做出的美食口感独特，吸引了大批顾客。这家店门前有中文点单指南，菜单上也有中文对照，非常贴心。

地址：首尔市钟路区安国洞17-18
网址：www.먹쉬돈나.com
电话：02-7238089

## 昌德宫

昌德宫（Changdeok Palace，창덕궁）原为景福宫的离宫，在壬辰之乱（1592年）后开始担负起了正宫的职责。昌德宫中的建筑各有特色：它的正门是韩国现存最古老的大门——敦化门；仁政殿是帝王实行统治国家的重要场所，在里面还能看到帝王坐过的宝座；延庆堂是帝王为了体验百姓生活所建，所以非常简朴。现在的昌德宫已经被收入世界文化遗产。

# 昌庆宫

昌庆宫（Changgyeonggung Palace，창경궁관리소）的前身是寿康宫，是供先王的妃子们居住的宫殿，经修缮后改名为昌庆宫。这是一座独立的宫殿，占地面积很大，环境优美，内部包括了明政殿、通明殿、文政殿和弘化门等建筑。

# 宗庙

　　宗庙（Jongmyo）是供奉李朝历代君王及王妃牌位、举行祭祀的地方，通过天桥与昌庆宫相连。这里很好地保留了庄严的祭礼、祭礼乐等古老的传统及习俗，被指定为世界文化遗产。除了王室，在正殿园内还有一排建筑，里面供奉的是历代功臣的牌位。

## 旅游资讯

地址：首尔市钟路区钟路157号
交通：从昌庆宫过天桥即是
网址：www.jm.cha.go.kr
票价：成人1000韩元，7~18岁未成年人500韩元
开放时间：3~10月9:00~18:00（周末延长至19:00）；11月至次年2月9:00~17:30；周二休息
电话：02-7650195

## 旅友点赞

　　宗庙在每周日15:00，会进行持续1个小时的宗庙祭礼乐表演，届时可欣赏到韩国古代的宫中音乐。在每年5月的第一个周日，在这里还会举行宗庙仪式，这是李氏朝鲜王朝祭礼中最高级的仪式。

晚上在哪儿 **玩**

　　首尔从来都不缺乏夜晚游玩的好去处，这里既有熙熙攘攘的美食街，也有时尚现代的购物街，还有古色古香的韩屋。为了交通便利，晚上就到聚集了很多年轻人的大学路去逛一逛。

## 大学路

　　大学路（Daehangno）是一个充满文艺气息的区域，有着悠久传统的青鸟剧场、学田小剧场等多个话剧剧场位于这里，还有一些带有现场表演的咖啡馆、气氛良好的电影院等。在街道两旁也有深受年轻人喜爱的各种特色小店，在这里可以买到个性十足的衣服、卡通文具、五花八门的盆栽以及种类繁多的DIY物品等。

地址：首尔市钟路区惠化洞
交通：从宗庙向东北步行约800米可到

# Day 3 奥林匹克公园→乐天世界

首尔不仅有历史悠久的传统建筑，还有充满现代气息的公园。在首尔的第3天，可以去远离市中心的奥林匹克公园和乐天世界游玩。

| 时间 | 目的地 | 行程安排 |
|---|---|---|
| 首尔第3天行程 | | |
| 10:00～16:00 | 奥林匹克公园 | 拥有第24届奥运会期间使用过的六大户外运动场地，有可以进行民俗表演的大草坪，草坪区陈列着200余件雕塑作品 |
| 12:00～14:00 | 吃午餐 | 中午可以在公园中享受一顿美味的午餐 |
| 16:00～21:00 | 乐天世界 | 乐天世界是韩国最大的室内主题乐园，有多款刺激的机动游戏，环境优美，主建筑为一座富有欧洲色彩的古堡，有童话的味道 |

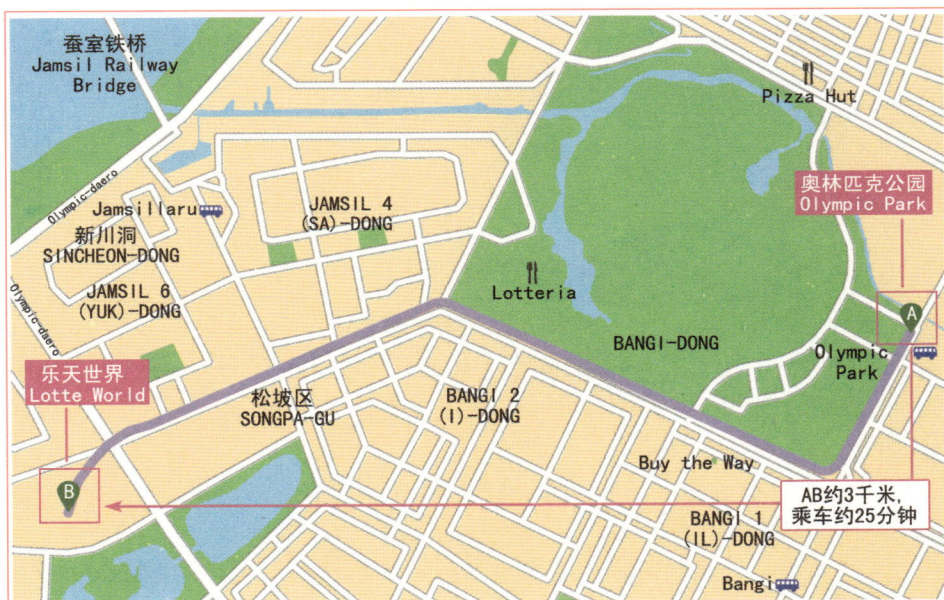

▲ 首尔第3天行程路线示意图

# 奥林匹克公园

　　奥林匹克公园（Olympic Park，올림픽공원）是为1988年首尔夏季奥运会而建，这是一个集娱乐、休闲、运动和教育等于一身的公园。园内有百济时代的遗址、现代化的体育场、森林、绿地以及文化艺术展览空间。

## 旅游资讯

地址：首尔市松坡区五轮土洞88号

交通：在地铁8号线的梦村土城站下车，从1号出口出来，沿世界和平之门左侧的路前行，步行2分钟即到；或乘坐地铁5号线在奥林匹克公园站下可到

网址：www.olympicpark.co.kr

开放时间：9:00～18:00（11月至次年2月至17:00，5～9月及节假日延长至22:00）

电话：02-4101114

## 旅友点赞

　　奥林匹克公园的绿地上有许多雕塑作品，是参加国际野外雕刻展览会的60多位艺术家为了纪念第24届奥运会而赠予公园的。法国雕塑家塞以加乐的《拇指》、比利时雕塑家比欧利的《流动的喷泉》等均值得一看。

## 中午在哪儿 吃

　　在占地面积极大的奥林匹克公园里面，既有咖啡馆，也有面包店。你可以在面包店里买一些可口的面包，然后在绿树环绕的氛围中享受一顿美食。

## Tous Les Jours

　　Tous Les Jours遍布于首尔市区，其中在奥林匹克公园里就有一家。这里有各种各样的面包、三明治等烘焙食品，既美味又方便快速。

地址：奥林匹克公园里面

# 乐天世界

乐天世界（Lotte World，|롯데월드|）和美国迪士尼乐园一样都是世界级的主题公园，它以"冒险与神秘"为主题，主要分为室内的探险世界和室外的魔幻岛。园内拥有惊险刺激的娱乐设施、巨大的溜冰场、可以体验民族风情的民俗馆以及百货商店、餐厅、免税店、大型商场等。

## 旅游资讯

**地址：** 40-1 Jamsil-dong，Songpa-gu（首尔市松坡区蚕室洞40-1号）

**交通：** 在奥林匹克公园门口乘坐30-5路公交车到잠실역8번출구站下车即到

**网址：** www.lotteworld.com

**票价：** 景区有多个时段的入场券，如16:00进场、19:00进场的一日通票等。如果选择16:00进场的入场券：成人24000韩元，青少年21000韩元，儿童18000韩元

**电话：** 02-4112000

## ★★★ 旅友点赞

乐天世界有信息服务台、婴儿车租借处、育婴室、护理室、ATM、客户咨询服务中心和储物柜等。来这里游玩的人特别多，所以每个项目都需要排队，因此尽量避免周末过去。进入游乐园之后，记得在旋转木马前面索取地图指南，根据指南可以找到自己想玩的项目和最近的步行方式。

## 晚上在哪儿 玩

乐天世界是个巨大的游乐园，里面的娱乐设施众多，所以晚上的时候可以继续在乐天世界游玩。太阳下山之后，天气凉爽起来，这时不妨多在乐天世界的室外玩一会儿。晚上可以在园内乘坐热气球，在上空俯瞰整个游乐园，别有一番景致。

# 如果多待一天

如果时间不那么紧张，有足够的时间可以自由支配，可以在首尔多待一天。

**多待一天的游玩**

对于首尔这个热门旅游城市来说，即使3天的时间也不能玩遍这里所有的景点，如果有机会多待一天，那就继续逛一逛其他景点吧。

## 1 庆熙宫

庆熙宫（Gyeonghuigung）位于首尔市五大宫殿西侧，曾与德寿宫有虹桥相连，也是李氏朝鲜时代的宫殿。如今这座宫殿中保留有兴化门、禁川桥、崇政门、资政门、泰宁门等建筑。现在的庆熙宫作为首尔市立美术馆的分馆使用，首尔历史博物馆也在宫内。

地址：首尔市钟路区新门路2街1号
交通：乘坐地铁5号线在光化门站下，从7号出口出可到
网址：www.cgcm.go.kr
开放时间：周二至周六9:00～18:00，周日和节假日10:00～18:00，周一休息
电话：02-7240274

## 2 汝矣岛

汝矣岛（Yeouido，여의도）是韩国汉江中的一个小岛，这里是韩国地价最高的地方之一，韩国文化广播公司（MBC）和韩国广播公司（KBS）的总部位于该岛，享有盛名的大韩生命63大厦也在岛上。

地址：首尔特别市永登浦区汝矣岛
交通：乘地铁5号线在汝矣岛站下可到

### 63大厦

63大厦（63 Building，63빌딩）全称"大韩生命63大厦"，它有地上60层、地下3层，高260多米，是首尔一大标志性建筑。大厦中有很高的展望台、电影院、水族馆和餐厅等。从外面看，阳光照耀着大厦的双重反射玻璃，光线被反射到周围，发出耀眼的光芒，让人觉得像是一座黄金宝塔。

地址：首尔市永登浦区汝矣岛洞63大韩生命大厦
交通：乘坐地铁1号线至大方站（대방역）下车后，换乘免费循环巴士或62路巴士可到；或乘坐地铁5号线至汝矣渡口站（여의나루역）下车，在汝矣渡口站1号出口乘坐7611路巴士可到
网址：www.63.co.kr
票价：成人22000韩元，儿童18000韩元
开放时间：天空艺术、海洋世界、蜡像馆10:00～22:00；IMAX电影院10:00～18:25；63艺术厅20:00～21:00

## 南山谷韩屋村

南山谷韩屋村（Namsangol Hanok）位于南山北侧山麓，因有青鹤常年栖息而得名"青鹤洞"。为了让游客领略韩屋昔日的风采，在这里建造了五处韩国传统建筑——韩屋。在韩屋村，平民家庭的生活方式尽现眼前，在这里可以全方位体验韩国传统文化。

地址：首尔市中区退溪路34街28
交通：乘地铁3号或4号线在忠武路站下，从3或4号出口出来走约5分钟即到；乘0211、104、105、400、604、7011等路公交车，在退溪三街极东大厦前下车可到
网址：www.hanokmaeul.seoul.go.kr
开放时间：3月9:00～18:00，4、5、9、10月9:00～19:00，6～8月9:00～20:00，11至次年2月9:00～17:00，周二休息
电话：02-22644412

## 云岘宫

云岘宫（Unhyeongung）原本只是一座府邸，经过改建之后有四座大门，其雄壮的气势不亚于宫殿。老乐堂是云岘宫中规模最大的房屋，这里曾是高宗和明成皇后举行宫廷婚礼的地方。

地址：首尔市钟路区云泥洞114-10号
网址：www.unhyeongung.or.kr
电话：02-7669090

## 多待一天的美食

首尔是韩国的首都，这里不仅聚集了泡菜、石锅拌饭、紫菜包饭、烤肉和韩定食等颇具代表性的美食，还有许多国际风味的餐厅。如果你想体验一下韩国风味，首尔有许多特色的美食街，那里的韩国美食非常地道；如果你突然想念家乡味道了，首尔也有高端的中国餐厅；如果你仅仅想吃一顿便餐，在首尔市内的许多小餐馆中花费5000韩元就能吃到可口的美食。

## 韩国之家

韩国之家（Korea Hous）是品尝和享受韩国高级宫廷料理的地方，这里环境优雅，有宫廷园林般的气氛，菜肴美味，制作考究。所以即使价格昂贵，但丝毫不减少人们对它的喜爱。到了韩国之家，一般会在"韶华堂"品尝饭菜，大厨们根据文献记载的饮食礼节、技法、烹饪用具、上菜方法、饭菜名称等内容完整再现了传统的韩国宫中饮食。

地址：首尔市中区笔洞2街80-2号
交通：地铁在忠武路站下车，从3号口出来步行可到
网址：www.koreahouse.or.kr
营业时间：12:00～14:00、17:30～19:00、19:20～20:50
电话：02-22669101

## ❷ 避马胡同小吃街

避马胡同小吃街是钟路附近小巷子的统称。这里有很多物美价廉的传统饮食店和民俗酒店，可以说是很平民化的小吃街。这里的一些餐馆会将牛肉、猪肉、鱼等放在木盘里，客人要什么就直接放在火上现烤。小吃街上的传统浊酒、烤鲭鱼和绿豆煎饼等都很有名气。

地址：首尔市钟路区
交通：乘坐地铁5号线在光化门站下车，从3号或者4号出口出去继续走，就能看到避马胡同的路牌

## ❸ 奖忠洞猪脚街

韩式卤猪脚是韩国的一道特色下酒菜，通常是将猪脚切片放凉，吃的时候可以蘸虾酱直接吃或用生菜、芝麻叶包起来吃。首尔做这种美食最地道的地方在奖忠洞猪脚街。这条街上的店铺大多历史悠久，因此，招牌上大多写着"元祖""老奶奶店"等字样。

地址：首尔市中区奖忠洞奖忠坛路 176（奖忠洞1街）
交通：乘坐地铁3号线至东大入口站，从3号出口出可到

## ❹ 新堂洞炒年糕街

炒年糕是韩国最普遍的国民小吃，首尔新堂洞炒年糕街是一条专卖辣炒年糕的小街。街道两旁都是炒年糕专卖店，一家接着一家。这里卖的炒年糕用纯米粉揉成细长条状，还会放洋葱、芝麻叶等新鲜蔬菜，还可以根据个人喜好加上黑轮、白煮蛋、炸过的水饺或方便面等，通常上菜时都是满满一锅，令人垂涎欲滴。

地址：首尔中区贞洞
交通：乘坐地铁2号线或6号线在新堂站下车，从4号口出去，往东大门运动场方向步行300米可到；或从8号出口出去，往前走看到消防队在转进去约100米可到

## ❺ 新林洞香米肠街

新林洞香米肠街正是各式各样的米肠店云集之处，这些店的菜量特别丰盛，价格也很便宜。香米肠是韩国的传统小吃之一，一般选用新鲜的猪肠或牛肠，再灌入猪血、蔬菜及粉丝等配料后蒸制而成。若想吃到原汁原味的米肠，最好到米肠专卖店去。

地址：首尔特别市冠岳区奉天6洞
交通：乘坐地铁2号线至新林洞站，3号出口出，直行100米后右转，然后走60米左右可到

## 6 百济参鸡汤

百济参鸡汤（Baekje Samgyetang）是首尔非常受欢迎的一家参鸡汤店，有着40多年的经营历史，人们常常慕名前来。参鸡汤是将小鸡的肚子洗干净后，放进人参、大枣、黏米等，然后放到水里煮熟的健康美食。

地址：首尔市中区明洞2街50-11
交通：乘坐地铁4号线在明洞站下车，向高丽剧场方向走，约5分钟可到
电话：02-7762851

## 7 土俗村参鸡汤

青瓦台附近有一家非常著名的参鸡汤店——土俗村参鸡汤。这里的参鸡汤非常注重营养，汤里放有30多种韩药材，再加上店里的秘制调料，味道非常美味。在店内喝汤，还会送一杯人参酒，这酒可以直接喝，也可以倒在汤内喝。

地址：85-1, Chebu-dong, Jongno-gu（首尔市钟路区体府洞85-1号）
交通：乘坐地铁3号线在景福宫站下，从2号口出，然后步行10分钟可到
电话：02-7377444

## 8 春川辣炒鸡排

春川辣炒鸡排（춘천집닭갈비）是韩国最著名的小吃餐馆之一，这里最受欢迎的菜是芝士辣炒鸡排，辣炒鸡排配上火腿、白菜、面条、年糕等食材，最后淋上浓浓的芝士，美味十足。

地址：57-8 Changcheon-dong, Seodaemun-gu, Seoul（首尔市西大门区沧川洞57-8号）
电话：02-3252361

## 多待一天的购物

在许多人的眼中，韩国就是购物者的天堂。来到韩国的首都首尔，自然要购物。首尔有许多极具特色的购物大街，在这里可以买到种类繁多的奢侈品、化妆品、服装和韩国工艺品等。

## 1 东大门

首尔的东大门是亚洲最大规模的批发市场之一，在韩国和中国都享有很高的知名度。据说这里有3万多个商店。东大门的装饰品、玩具、首饰、人参、器皿、服饰等应有尽有，而且价格通常比其他地方要便宜。所以这里聚集了大量的零售商和游客，尤其到了晚上更加热闹。

地址：首尔市钟路区钟路266号
交通：乘坐地铁1、4号线在东大门站下车可到

## 4 仁寺洞街

　　仁寺洞街（Insadong-gil）是首尔市钟路区一条古老的街道，仁寺洞街有着众多的画廊、美术馆、古董店以及工艺品商店，是韩国文化艺术氛围浓厚的地方。许多游客会专门到这里来购买具有韩国传统特色的纪念品。

地址：首尔市钟路区仁寺洞街
交通：乘坐地铁1号线在钟阁或钟路3街下，步行5分钟可到；或乘地铁3号线在安国站下，步行5分钟可到

## 2 南大门

　　南大门有韩国最大的综合性市场，这里既有韩国的土特产，也有进口商品。外国游客可以到这里来买一些紫菜、泡菜、人参、服装和日用杂货等，感受一下老市场的气氛。

地址：首尔市中区南大门市场4街21
网址：www.namdaemunmarket.co.kr

## 3 乐天免税总店

　　乐天免税总店位于乐天百货店内，主要经营化妆品、香水、时尚用品以及电子产品、酒类等商品，品种繁多，琳琅满目。在购物前，可以去导购台索要含有优惠活动信息的外国语小册子，以方便购物。购物后可以持发票前往赠品台，可根据购买金额得到相应赠品。

地址：首尔市中区小公洞1号
交通：乘坐地铁2号线从乙支路入口站7号或8号口出来即是

## 5 正官庄专卖店

　　正官庄是高丽参的著名品牌，它不仅推出了极受人们欢迎的原味红参，还推出了许多红参的副产品，如高丽参精华浓缩液、高丽参粉、高丽参茶、高丽参精丸等。正官庄在首尔市内有许多直营店。

地址：首尔中区南大门路3街90号
交通：乘地铁到会贤站从5号口出来即是
营业时间：9:00～20:00

## 多待一天的娱乐

首尔不仅拥有种类繁多的购物地、令人眼花缭乱的美食餐厅，还有各种各样的娱乐场所。除了让人流连忘返的大型游乐场——乐天世界，这里还有最具韩国特色的乱打秀、远近闻名的汗蒸房以及设施高档的剧院等。

### 1 乱打秀

乱打秀是一个集哑剧、杂技、魔术、武术、民族舞蹈、现代舞、滑稽剧表演于一体的新型舞台剧。在舞台上，演员们用各种厨房用品，如铝锅、平底锅、碟子等作为打击器物敲打，利用传统打击乐的特别节奏，表演出一个个令人啼笑皆非的故事。

地址：首尔市麻浦区西桥洞357-4综合文化空间地下2楼及地下3楼
交通：乘坐地铁6号线到上水站下，步行10分钟即到；乘地铁2号线到弘大入口站下，从9号口出，步行5分钟即到
票价：VIP席6万韩元/人；S席5万韩元/人；A席4万韩元/人

### 2 龙SPA汗蒸房

龙SPA是首尔最知名的大众汗蒸房之一，在日本、中国也小有名气。汗蒸房中有光盐房、黄土松木蒸拿房、传统炭窑和冰天雪地的石冰库等，都装饰得大气端庄。为了方便外国游客，龙SPA在入口处还专门设立了咨询台，提供中、日、英的翻译服务。

地址：首尔地铁龙山站附近
交通：乘坐地铁到龙山站下，从2号口出来下电梯进入铁道广场，沿右手方向直走200米即到

### 3 榕树温泉世界

榕树温泉世界（Banyan Tree Spa）是亚洲最豪华、顶级的SPA天堂之一，从东方的治疗方法中获得灵感而发明按摩和理疗方法。体用在温暖的芝麻油中浸泡过的香草袋进行按摩可以增加肌肉力量、提高皮肤的润泽度。在这里可以参观并体验到60多个国家在温泉方面的体验项目。

地址：首尔中区奖忠洞2街山5-5
交通：乘坐地铁3号线在东大入口站下车，从6号出口出，换乘02、05路南山循环班车到国立剧场前下车可到
营业时间：10:00~23:00

### 4 国立剧场

国立剧场是亚洲地区第一座国立剧场，也是韩国最具代表性的剧场。国立剧场下设国立剧团、国立唱剧团、国立舞蹈团、国立国乐管弦乐团等专业演出团体，长年上演具有浓郁当地特色的节目。剧场位于南山脚下，周围环境优美，空气清新，很受欢迎。

地址：首尔中区奖忠洞2街山14-67
交通：乘坐地铁2号线从东大门历史文化公园驿站8号口出来后，乘420路公交在国立剧场站下车可到
开放时间：11:00至次日1:00

# 首尔住行攻略

　　首尔的住宿价格有些贵，如果预算较紧张，可以选择民宿。首尔的大部分民宿提供全中文服务，价格亲民，一些民宿距离地铁站、机场巴士站比较近，出行很方便。另外，民宿周围有很多美食场所。

　　在首尔出行，对于游客而言，地铁是最方便快捷的交通工具，出行前尽量先熟悉一下首尔的地铁线路，这样就能乘坐地铁游遍全市了。

## 在首尔住宿

　　首尔既有豪华的五星级酒店，也有经济的商务酒店，还有古色古香的韩屋住宿，以及经济实惠的青年旅舍。如果想住设施完备的酒店，可以到江南区看看；如果想要住得方便一些，可以选择住在景点附近。当然，受旅游淡旺季的影响，同一酒店在不同的季节价格也是不同的。高级酒店双人间的价格为20万～30万韩元，经济型酒店为5万～15万韩元。

### ① 南大门广场弗雷泽酒店

　　南大门广场弗雷泽酒店（Fraser Place Namdaemun）毗邻南大门广场，前往首尔的热门景点比较方便。酒店设有健身中心和免费桑拿室，各处均提供免费无线网络连接。客房配有高档家具，提供一台大屏幕平面电视、一台冰箱和一张写字台。部分客房设有一个私人小厨房和起居区。酒店内的餐厅每天供应欧陆式自助早餐，位于16楼的全景酒吧供应清凉饮品。

地址：58 Sejong-daero, Jung-gu, Seoul
网址：www.fpns.co.kr
参考价格：双人间14万韩元起
电话：02-22208000

### ② SP@梨泰院宾馆

　　SP@梨泰院宾馆（SP@ Itaewon Guesthouse）距离南山有7分钟车程，距离明洞购物区有17分钟车程，周围有许多小吃店。旅馆设有公共厨房，大堂可寄存行李，旅馆各处均覆盖免费无线网络连接。宿舍间和客房均配备了空调和共用浴室设施。

地址：112-11 Itaewon-Dong
参考价格：6人间14250韩元/人，4人间15200韩元/人，单人间31350韩元起
电话：02-7966990

## ③ 城市公园酒店

城市公园酒店（City Park Hotel）距离仁寺洞的文化中心和景福宫约700米，客人在酒店搭乘6011机场大巴。这家汽车旅馆提供带个人电脑、免费迷你吧和免费无线网络连接的空调客房，并配有净水器、沏茶/咖啡设施和吹风机。客人可以将行李寄存在前台。酒店可应要求提供干洗服务，也可提供传真和复印设施。

地址：24-1，Unni-dong, Jongno-gu, Seoul
参考价格：双人间6万韩元起
电话：02-7444197

## ④ 首尔钟路华美达酒店

首尔钟路华美达酒店（Ramada Seoul Jongno）是首尔市区一家四星级酒店，距离宗庙约500米，设有SPA和康体中心。酒店提供早餐服务和免费无线网络连接。客房中均设有平面电视、空调、迷你吧、带冰箱和电热水壶的用餐区、带淋浴和免费洗浴用品的私人浴室。

地址：Inui-dong, Jongno-gu, Seoul
网址：www.ramada.com
参考价格：双人间23万韩元起
电话：02-21746500

### 首尔其他住宿地推荐

| 名称 | 地址 | 电话 | 网址 | 参考价格 |
|---|---|---|---|---|
| Grammos Hotel | 6-5, Teheran-ro 33-gil, Gangnam-gu | 02-5692121 | www.grammos.co.kr | 双人间15万韩元起 |
| Amare Hotel Jongno | 165, Nagwon-Dong, Jongno-Gu | 02-7470566 | www.amarehotel.co.kr | 双人间8万韩元起 |
| Tmark Hotel Myeongdong | 43, Chungmuro 3-ga, Jung-gu | 02-20982000 | www.tmarkhotel.com | 双人间17万韩元起 |
| Fraser Suites Insadong, Seoul | 272 Nakwon-Dong, Jongno-Gu | 02-62628888 | www.frasersuitesseoul.co.kr | 双人间23万韩元起 |
| The Plaza | 119, Sogong-Ro, Jung-Gu | 02-7712200 | www.hoteltheplaza.com | 双人间34万韩元起 |

## 在首尔出行

首尔市的交通十分便利，由地铁、公交车、出租车等构成的一套高效的城市交通网可以延伸到城市的各个角落。在首尔的车站上一般都有行车的时刻表和交通线路图表，在车站的咨询处可以免费领取专为游人准备的交通线路图册。

### 地铁

首尔的地铁系统非常发达，不仅延伸到首尔的各个角落，甚至附近的京畿道一带。地铁的每条线都有自己的代表性颜色，每条线路的车厢、路线图以及地铁站里的标示等几乎都用了统一的颜色。因此，在首尔出行乘坐地铁是非常方便的一种方式。

▼ 首尔地铁路线示意图

图例：
- ① 1号线
- ② 2号线
- ⑧ 8号线
- ⑨ 9号线
- Ⓢ 水仁线
- Ⓢ 新盆唐线

汶山 坡州 月笼 金村 金陵 云井 野岘 炭岘 一山

逍遥山 东豆川 保山 东豆川中央 纸杏 德亭

① 东豆川中央

枫山
白马

塔 松山 渔龙
石

大化 注叶 鼎钵山 马头 白石 谷山花井 元堂 元兴 三松 纸杻 旧把拨 延新内

③ 大谷

陵谷
辛信
江梅
花田
永色

独岩
龟山
鹰岩
赛折
绘山

佛光
驿村

母岳斋
碌磻 弘济 独立门

光化门
西大门
钟阁

数码媒体城
世界杯体育场
麻浦区厅
加佐
新村

市厅
乙支路入口

空港市场 新傍花

麻谷渡口
阳川乡校
望远
新村 梨大 阿坝 忠正路

会贤

⑤

松亭
麻谷
钵山
雨装山
禾谷
盐仓

加阳
曾米
登村新木洞
仙游岛

弘大入口
西江大
上水 广兴仓 大兴
孔德
儿岭

首尔站
南营

淑大入口
绿莎坪 梨泰院

⑨ Ⓐ

仁川国际机场
机场港货物厅舍
云西
永宗
青罗国际城
黔岩

堂山
国会议事堂
麻浦
孝昌公园
龙山
三角地 新龙山

桂阳

喜鹊山
新亭十字路口

新亭 木洞 梧木桥 杨坪
永登浦市场
汝矣渡口
汝矣岛
新吉 大方 鹭梁津

二村

橘岘
朴村
林鹤
桂山
京仁教大入口
鹊田
葛山

富川综合运动场
喜鹊郁
春衣 新中洞 富川市厅 上洞 三山体育馆 掘浦川

梧柳洞
开峰
九一

温水
天旺
素砂
富川
中洞
松内
富开

九老
南九老

永登浦区厅
文来
阳川区厅
道林川
新道林

② 大林
新丰
九老数码园区
新大方

波拉梅
三岔路口
新大方
长丞拜基
上道

崇实大入口
首尔大入口
奉天
新林

南城
大入口
落星岱

富平区厅

⑦ 富平
富平市场
白云
铜岩
间石
朱安
道禾
济物浦
桃源
东仁川

东树
光明十字路口
铁山
秃山
衿川区厅

加山数码园区

① 光明

石水
冠岳
安养
鸣鹤
山本
修理山

政府果川厅舍
仁德院
坪村
凡溪

果川
大公园
赛马公园
立岩

梅校
成均馆大
华西

军浦 堂井 义王

⑧ 水原
细柳

大夜味
半月
常绿树
汉大
中央
古栈

富平三岔路口
间石五岔路口
仁川市厅
艺术会馆
仁川客运站

南洞产业园
虎口浦 仁川论岘 苏莱浦口
知识信息园区

⑨ 仁川
松岛
延寿
源仁斋
新延寿
东村 东春 大学城 科技公园
文鹤体育场
仙鹤

① 仁川

086

## 图例

- ③ 3号线
- ④ 4号线
- ⑤ 5号线
- ⑥ 6号线
- ⑦ 7号线
- ① 仁川1号线
- Ｂ 盆唐线
- Ｋ 京义中央线
- Ａ 机场铁路AREX
- Ｃ 京春线
- Ｕ 议政府轻电铁
- Ｅ 龙仁轻电铁

德溪 杨州 绿杨 佳陵 议政府 回龙 钵谷 道峰山 长岩 ⑦

春川 南春川 金裕贞 江村 白杨里 屈峰山

虎谷 道峰 水落山 加平

昆弟 孝子 北京畿道厅 赛末 东中梧 中央 兴宣 市厅 议政府 放鹤 马洞 芦原 上溪 堂岭 ④ 上泉 清平

吉音 字弥路阿十 双门 鹿川 月川 下溪 光云大 孔陵 泰陵入口 ⑥ 花郎台 烽火山 大成里 磨石

诚信女大入口 安岩 高丽大 月谷 上月谷 多尔谷齐 石溪 新里门 墨谷 天摩山 坪内好坪

景福宫 汉城大入口 普门 祭基洞 外大 中和 新内 蔷梅 别内 退溪院 金谷

安国 惠化 昌信 上凤 忘忧 源 九里 养正 思陵 德沼

钟路3街 东大门 东庙 新设洞 清凉里 回基 中浪 面牧 九里 陶农 养正 陶深

东大门历史文化公园 上往十里 龙头 往十里 四佳亭 龙马山 八堂 云吉山

乙支路4街 新堂 杏堂 汉阳大 新踏 踏十里 长汉坪 中谷 两水

乙支路3街 明洞 忠武路 东大入口 新金湖 龙踏 马场 峨嵯山 广渡口 新院 菊秀

青丘 鹰峰 圣水 君子 儿童大公园 岩寺 高德 我新 梧滨

药水 金湖 首尔林 建大入口 九宜 江东区厅 上一洞 明逸 杨平 曲桥 元德

汉江镇 波堤岭 狎鸥亭罗德奥 清潭 江边 吉洞 迥村洞 龙门

西冰库 汉南 狎鸥亭 蚕室渡口 梦村土城 江东奥林匹克公园 ⑧

旧盘浦 新盘浦 新沙 蚕室 芳芙 ⑨

铜雀 蚕院 论岘 鹤洞 新川 石村 梧琴 Ｋ

高速路客运站 盘浦 宣靖陵 三成中央 奉恩寺 松坡 可乐市场 警察医院 开笼 巨余

总神大入口 内方 砂平 新论岘 宣陵 三成 文井 马川

教大 彦州 综合运动场 长旨 福井 山城 丹垈五岔路口 新兴 寿进

舍堂 方背 瑞草 江南 译三 汉堤 逸院 嘉谷 太平 南汉山城入口 牡丹

江南泰岭 南部客运站 梅峰 道谷 大峙 鹤潭 大厅 大母山入口 板桥 野塔 二梅

良才 九龙 开浦洞 水西 嘉嘉大 亭子 书岘 薮内

梅滩劝善 网浦 灵通 良才市民 清溪山入口 ⑤

水原市厅 清明 上葛 新葛 驹城 宝亭 竹田 梧里 美金 薮内

西东滩 ① 器兴 江南大

饼店 洗马 乌山大学 乌山 振威 松炭 西井里 芝制 平泽 支石 御井 东柏堂 草堂 三街 龙仁 市厅 明知大 金良场

草芝 安山 新昌温泉 正往 成欢 宝乐园 前媤爱 屯田温阳温泉 古陈 运动场松潭大 Ｅ

乌耳岛 稷山 斗井 天安 凤鸣 双龙 牙山 排芳 新昌 ①

月串 达月

仁川 中央公园 国际业务园区 ①

087

## 地铁运营时间及票价

　　首尔地铁运营时间，一般为5:00 ~ 24:00。如果你没有办理下文中提到的4种首尔交通卡，乘坐地铁时需要购买一次性的交通卡（票价+押金500韩元），在地铁刷卡口处的机器上可以买到，出站退卡时可退还500韩元押金。以下是首尔地铁的票价。

| 首尔地铁票价 | | |
|---|---|---|
| 对象 | T-money交通卡 | 车票 |
| 普通乘客（满19岁以上） | 1050韩元 | 1150韩元 |
| 青少年（满13岁~18岁） | 720韩元 | 1150韩元 |
| 儿童（满6岁~12岁） | 450韩元 | 500韩元 |

## 首尔交通卡

　　除了地铁使用的一次性交通卡，首尔还有几种针对不同人群使用的交通卡。这些交通卡在公交车、地铁上都可以使用，你可以根据自己的需要选择适合自己的交通卡。需要注意的是，这些公交卡在上下车时都需要刷卡。

### T-money

　　这是首尔最普遍的交通卡，可以在首尔市和京畿道地区的所有市内巴士和地铁上使用，有的出租车、便利店也可使用。这种卡使用时比现金更优惠，还可以减少每次换乘时买票的麻烦。这种卡可以在贴有T-money卡标志的便利店及地铁站内售票处买到。退卡时除去卡本身的价格和500韩元的手续费外，余额都会还给游客，使用起来很方便。

### T-Money M-Pass

　　这种卡是专为短期内在首尔旅行的外国游客准备的，1天内最多只能用20次，使用范围和办卡、退卡的地点也有些限制。

### Seoul City Pass

　　Seoul City Pass也是适用于游客的一种公交卡。不分距离和交通工具，持该卡在1天内可自由搭乘首尔地区的地铁和公共汽车，从00:00开始到24:00为止乘满20次。另外还可搭乘首尔城市观光巴士的宫殿路线及城市循环路线。

### Seoul City Pass Plus

　　Seoul City Pass Plus卡是将Seoul City Pass交通卡的部分功能进一步扩大的一种卡。持该卡可以自由乘坐公共交通工具，还可享受文化、旅游、观览设施、饮食店、眼镜店、美容等多家相关业体内不同程度的打折优惠。

▲ T-money卡

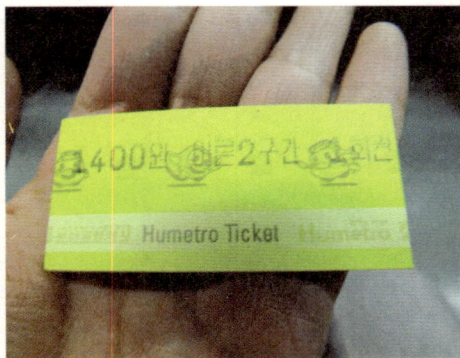

▲ 一次性交通卡

## 公交车

首尔市的公交车四通八达，而且公交费用便宜，与地铁形成了一个很好的互补体系。首尔不同路线的公交车用不同的颜色表示，便于区分。但是首尔公交车上的标牌都是韩文，对于我国游客来说难免有些不便。

### 首尔公交车种类及费用

首尔的公交车路线比较清晰，分黄、红、蓝、绿四种常见颜色，不同颜色的公交车运行的范围不同。就费用来说，首尔的公交车是按路程计价，10千米以内为基础费用，超出10千米之后每5千米追加100韩元。用T–Money卡会有一定的折扣，而且在5次换乘之内，每次换乘间隔不超过30分钟时免费。如果没有T–Money卡，可以使用现金。不换乘时，车费按以下标准收取。

| 首尔市内公交类型及费用（单位：韩元） | | | | | | | |
|---|---|---|---|---|---|---|---|
| 名称 | 介绍 | 计费方式 | 费用 | | | | |
| | | | 普通 | 12～17岁 | 5～11岁 | 5岁以下 | |
| 蓝色公交（干线公交） | 连接了首尔中心地区和郊外，公交线路为3位数，车体为蓝色 | 交通卡 | 1050 | 1000 | 450 | 免费 | |
| | | 现金 | 1150 | 1000 | 450 | 免费 | |
| 绿色公交车（支线公交） | 在首尔的1个区域内运行，与蓝色公交或地铁路线相连，可以方便换乘，公交线路为4位数，车体为绿色 | 交通卡 | 1050 | 1000 | 450 | 免费 | |
| | | 现金 | 1150 | 1000 | 450 | 免费 | |
| 小区巴士（支线公交） | 在有限范围内循环的小型公交车。车费比较便宜，公交线路为2位数，车体为绿色 | 交通卡 | 750 | 550 | 300 | 免费 | |
| | | 现金 | 850 | 550 | 300 | 免费 | |
| 黄色公交车（循环公交） | 在首尔中心地区有限范围内循环的公交车。公交线路为2位数，车体为黄色 | 交通卡 | 850 | 800 | 350 | 免费 | |
| | | 现金 | 950 | 800 | 350 | 免费 | |
| 红色公交（广域公交） | 连接首尔和首都圈地区的高速公交，沿途停车站较少，公交线路为4位数，车体为红色 | 交通卡 | 1850 | 1800 | 1200 | 免费 | |
| | | 现金 | 1950 | 1800 | 1200 | 免费 | |

### 乘坐公交车的注意事项

在首尔乘坐公交车时，在站牌、上车以及下车时都有一些注意事项。

| 在首尔乘坐公交注意事项 | | |
|---|---|---|
| **注意事项** | **具体信息** | **图例** |
| 在车站等车时 | 公交站牌全是韩文，建议咨询一下附近的乘客。（最好事先将目的地用韩文写下来）如果站牌处没有时刻表，一般而言车辆到站间隔都是5～15分钟。如果乘车时仍不确定，可以询问一下司机"XX 가요?（这是去XX的车吗?）" | |
| 支付车费时 | 首尔的公交都是前门上车、后门下车，上车时付费。如果使用T-money交通卡，上车时刷卡即可。如果没有T-money交通卡，最好准备1000韩元。在你上车后可以事先告诉司机"XX에서 내려주세요（请在XX停车）"，然后站在司机附近位置，一般到站之前司机会提前告知 | |
| 下车按钮 | 快到站时，要按下车按钮，提示司机停车。报站时会广播两个站名，分别为下一站和下下站。如果听起来有点费劲，可以向司机或者周围的乘客确认"XX 다음이에요?（请问下一站是XX吗?）" | |
| 下车 | 公交车关门速度很快，最好提前准备下车。如果下车前司机已经关门了，可以大声说"내려요!（有人要下车）"。使用T-money时下车记得刷卡 | |

## 出租车

在首尔乘坐出租车非常方便，既可以到出租车停靠点打车，也可以伸手拦车。首尔的出租车分为几种：最常见的是银色或白色的普通出租车，车顶有橙色的出租车标志；黑色的模范出租车车顶有金色的出租车标志，它的费用比普通出租车贵，但在安全性和服务上都比普通出租车要优秀；同伴较多时，可以选用大型出租车，这种车最多可以乘坐8个人；在首尔，还有一种为了方便外国游客而专设的国际出租车，车体橙色，还贴有首尔象征物"獬豸"的图标，这种出租车多实行预约制，可以提供英文或中文等外语服务。

### 首尔出租车费用

首尔市区中的出租车虽然有定额车费制，如到仁川机场的费用，但一般会按照里程收费。有的出租车可以用T-money交通卡和信用卡付款，这种车在车顶有相关标示。一般来说，在市区中行驶的出租车按照以下标准计费。

| 首尔出租车费用 | | |
|---|---|---|
| **类别** | **普通、国际出租车** | **模范、大型出租车** |
| 起步价 | 3000韩元/2千米 | 5000韩元/3千米 |
| 路程追加费用 | 100韩元/142米 | 200韩元/164米 |
| 时间追加费用 | 100韩元/35秒 | 200韩元/39秒 |
| 夜间费用 | 0点至次日4:00、增加20%夜补费用 | 无 |
| 市区外追加费用 | 有 | 无 |

## Tips

1.在首尔乘坐出租车时要注意，有一种叫Call Van的车原本是以携带货物的乘客为服务对象，乘客与司机会根据货物的尺寸、重量等来商议价格。但是有些司机会利用这种车去搭载无货物的乘客，有时会贴有类似出租车的标志，为避免不必要的麻烦，最好不要乘坐Call Van。区分Call Van与一般出租车时可以看车牌，一般出租车以3开头，但Call Van多以8开头，而且它的车体及车顶有"VAN""Call Van""용달화물""콜밴"等标示。

2.如果在搭乘出租车时遇到乱收费的情况，尽量保留付款收据，并将乘坐出租车的时间、地点、车牌号以及付款金额发送到首尔出租车乱收费投诉邮件：happyride@seoul.go.kr，或者致电韩国观光公社旅游投诉中心（02-7350101，02-1330）。

### 观光巴士

首尔的城市观光巴士循环行驶在首尔主要热门景点之间，购买一张车票便可于一天之内多次在各景点下车，游览结束后，重新乘坐观光巴士即可。观光巴士上配备了多语种语音讲解系统，戴上耳机选择希望调频就可以听到相应语种观光导览（韩、中、英、日四语）。每个巴士座位均配备LED显示屏，到达站点前显示屏开始自动播放景点介绍视频。每辆观光车上配有一名外语导游翻译。观光车上免费赠送首尔城市观光巴士运行路线及搭乘指南说明地图。

首尔城市观光巴士主要分为游览首尔市区热门景点的市区路线（市中心循环路线、全景路线、夜间路线）、参观首尔主要传统市场的传统文化路线和循环行驶于首尔江南区各大旅游景点的江南城市观光路线。

# 从首尔至仁川

### 乘地铁至仁川

从首尔到达仁川市区最便捷的方式是乘坐地铁，首尔的地铁1号线可以到达仁川，运行时间为1小时20分钟左右。

### 乘机场快线至仁川

还可以在首尔市区乘坐前往仁川机场的机场快线，在桂阳站换乘仁川地铁1号线可以直达仁川市区。

# 到达仁川

仁川，全名为仁川广域市（인천광역시），是首尔附近的一座港湾城市。由于距离首尔很近，市郊的仁川国际机场已然成为韩国与外国交通的重要门户，加上这里的摩尼山、唐人街、月尾岛、舞衣岛等观光胜地，所以每天都有大量的游客来往于首尔和仁川两地。第十七届亚洲运动会就是在这里举办的。

## 如何到市区

乘坐地铁前往仁川，可在仁川站或者东仁川站下车。这两个车站都在仁川市区，从仁川站出来后不久就能到达仁川中华街。

# 仁川2日行程

仁川的景点不是特别多，但是景点都比较大，而且比较分散。仁川也是本次行程中唯一的港湾城市，为了使行程不至于太过匆忙，所以在这里安排了两天的游玩时间。

## Day 4　自由公园→仁川中华街→月尾岛

到达仁川的第一天，可以在仁川文化的中心——仁川中区转转，这里的景点距离都比较近。上午可以在自由公园散步，然后去逛逛附近的仁川中华街，顺便在这里吃个午饭。下午的时候，可以到月尾岛上的游乐园玩惊险刺激的海盗船，也可以乘坐游船欣赏海上美景。

| 仁川第1天行程 | | |
|---|---|---|
| 时间 | 目的地 | 行程安排 |
| 10:00 ~ 11:00 | 自由公园 | 自由公园是韩国最早的西式公园。从这里能眺望到韩国西海的美景。春天的樱花最赞，吸引了无数的游人。 |
| 11:00 ~ 14:00 | 仁川中华街午餐 | 到仁川，必去仁川中华街。在这里你可以欣赏到"微缩"的中国传统景观，中午的时候，你可以在以红色为基调的中国传统餐馆饱餐一顿 |
| 14:00 ~ 19:00 | 月尾岛 | 月尾岛与仁川陆地连接，是非常方便的度假休闲地，这里有游乐场、咖啡厅、公园、文化街等场所，还有游船环游在岛周围，可以让你感受美丽的海上景色 |
| 19:00 ~ 20:30 | 月尾岛文化大街 | 当你在游船上欣赏了夕照的壮丽景色，傍晚时分，你可以回到岸上，在月尾岛文化大街上散散步，或者去街上的气氛温馨而浪漫的咖啡店里坐坐 |

仁川中华街
Incheon
Chinatown

自由公园
Jayu Park

月尾岛
Wolmido

SONGWOL-DONG
2(1)-GA

JEON-DONG

B

A

FamilyMart

BC约1千米，
步行约13分钟

AB约0.2千米，
步行约3分钟

우회고가교

Lotteria

BUKSEONG-DONG
1(IL)-GA

HAEANDONG
2(1)-GA

HAEANDONG
4(SA)-GA

▲仁川第1天行程路线示意图

# 自由公园

　　自由公园（Jayu Park）是韩国最早的西式公园，最初被叫作"万国公园"。后来，公园中树立起美国麦克阿瑟将军的铜像，所以公园改名为"自由公园"。这座公园周围有雄伟的应峰山，在这里还能眺望到韩国西海的美景。每到春天，这里的樱花盛放，吸引了无数游人。

## 旅游资讯

地址：仁川广域市中区松鹤洞1街11号
交通：乘地铁在仁川站或东仁川站下车，步行可到
电话：032-7607597

## 旅友点赞

　　自由公园历史悠久，园中有许多高大的树木，这里景色宜人，树荫浓密，一年四季呈现出不同的景致。春天樱花开的时节是自由公园最吸引人的时候，那时到处一片粉色的海洋，整个公园都沉浸在浪漫甜蜜的气氛中。

# 仁川中华街

**地址：** 仁川广域市中区善邻洞
**交通：** 坐Korail到仁川站下车，步行约2分钟可到

### 旅友点赞

仁川中华街形成于19世纪后期，到现在已经有100多年的历史了。所以现在这里的居民多是早期移民过来的第二代或第三代后裔。经过时间的流逝，中国的传统文化在他们身上的体现已经相对淡薄，不过美食依然非常正宗。

仁川中华街（Incheon Chinatown，차이나타운）是到达仁川必去的景点之一。在这里可以看到"微缩"的中国传统景观，街道矗立着许多中国传统的民居，以红色为基调的中国传统餐馆，还有一些中国味很浓的摆设。

**中午在哪儿吃**

仁川中华街上的餐馆鳞次栉比，尤其是中餐馆。如果你想念家乡的味道，可以来一碗地道的炸酱面；如果你想尝尝韩国料理，这里也有一些经营多种菜肴的餐厅。

## 2 泰临凤

泰临凤是仁川中华街上一个菜式比较丰富的餐馆，这里既有韩国料理，也有中国美食。店里的招牌菜是新鲜的海参和全家福。另外，在这里也能吃到中式炸酱面和辣汤面。

**地址：** 仁川中区中国城路59号街23（善邻洞）
**营业时间：** 10:00～22:00
**电话：** 032－7631688

## 1 万多福

万多福（Mandabok）位于仁川中华街上，古色古香的建筑，朱红色的外观，让人一眼就能看出这是一个传统的中餐馆。店里最出名的特色美食是中式炸酱面。

**地址：** 911,Bukseongdong2－ga,Jung－gu,Incheon
**电话：** 032－7733838

# 月尾岛

月尾岛（Wolmido）因该岛是半月尾的形状而得名。月尾岛与仁川陆地连接，是非常方便的旅游胜地，这里有游乐场、咖啡厅、公园、文化街等场所，其中文化街位于海边，每年都会举行"月尾庆典"活动。还有游船环游于岛的周围，可以让你感受美丽的海上景色。

## 月尾公园

月尾岛上的月尾公园是与自然共生息的仁川名地，每年夏季各方游客都会到这里避暑。园中韩国传统庭院地区是蕴藏着月尾岛历史的地方，昌德宫后院的芙蓉池、满开莲花的爱莲池以及韩国传统古建筑的养真堂等都是压卷之作。

## 游乐园

月尾岛上的游乐园是让人惊心动魄的场所，这里有让人感到

### 旅游资讯

地址：仁川市中区月尾路252号

交通：在仁川站出口前的停车站乘坐2、15、23、45路市内汽车，到月尾岛终点站下车，用时约5分钟

★★★
### 旅友点赞

除了在月尾公园漫步，还可以在游乐园乘坐海盗船，如果在月尾岛乘坐游船，最好能在船上观赏一下"火烧大海"的壮丽景象。气焰旺盛的太阳一旦沉入海中就会将海面、船、岛以及游客的脸庞都染成绚烂的红色。

兴奋的激情音乐，还有惊险刺激的海盗船，每个游戏器具还有外貌和口才兼备的DJ助兴，到处充满着生机勃勃的活力。

### Tips

月尾岛有环岛游览的游船供游客乘坐，每天的12:00、14:00、16:00、18:00各有一班发出，环岛一周所用时间约为1小时20分钟，费用约为15000韩元。

## 晚上在哪儿 玩

在游船上欣赏夕照月尾岛的壮丽景色，傍晚时分可以回到岸上，在月尾岛文化大街上散散步，或者去街上温馨而浪漫的咖啡店坐坐。

## 月尾岛文化大街

月尾岛文化大街宽约20米、长约770米，怀抱大海。每到夜晚，街上的"灯火的列柱"会将海洋和天空照射得无比辉煌，这些灯光与

地址：月尾岛上

远处仁川国际机场管制塔的灯光遥遥相望，好像通宵达旦地进行着灯光的对话。街上林立的咖啡店视野开阔，窗外是一望无际的大海，店里浓郁的咖啡香则使浪漫温馨的气氛达到高潮。

# Day 5 摩尼山→传灯寺

仁川第2天的行程主要以江华岛为主，首先要去的是江华岛上的摩尼山，如果去得早，还可以在那里看到西海的日出美景。下午的时候可以去摩尼山附近的传灯寺看看。

| 仁川第2天行程 | | |
|---|---|---|
| 时间 | 目的地 | 行程安排 |
| 9:00～12:00 | 摩尼山 | 摩尼山是江原道地区最高的山峰。站在山顶上，东面是净水寺，在这里的大雄殿可以看到西海的日出美景，不过如果要看日出的话要去得很早 |
| 12:00～14:00 | 吃午餐 | 摩尼山附近比较荒芜，就近没有什么吃饭的地方。所以最好能够提前准备一些方便的食品。不过如果想吃一顿安稳的午饭，可以去山下找一找 |
| 14:00～19:00 | 传灯寺 | 如果你赶不上在摩尼山上看日出，可以到传灯寺欣赏日落。传灯寺位于江华岛的鼎足山上，历史非常悠久。寺周围风景无限，尤其是日落景色非常美丽 |
| 19:00～20:30 | 新浦文化街 | 从传灯寺下来之后，你可以先乘坐公交车回到仁川中区。如果不是太累，还可以逛逛这里的新浦文化街，这里的服装店、饰品店以及餐馆、杂货店等应有尽有 |

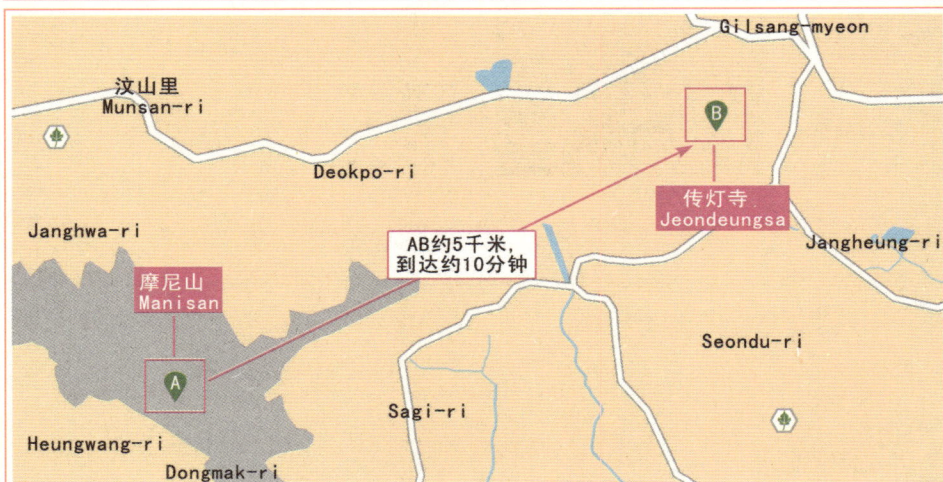

▲ 仁川第2天行程路线示意图

# 摩尼山

摩尼山（Manisan）位于仁川市西北的江华岛上，是江原道地区最高的山峰。站在山顶上，可以将仁川和西海的美景尽收眼底。山的东面是净水寺，这是一座坐落在丛林中的一座精致建筑，在这里的大雄殿可以看到西海的日出美景。山顶上是檀君向上天祈祷的堑星坛，每年的开天节，这里还会举行纪念仪式。

## 旅游资讯

地址：仁川江华郡华道面兴旺里

交通：乘坐从仁川去往江华的700路公交车（需50分钟左右），到江华郡后乘坐去华道面的公交车，在华道汽车客运站下车（需30分钟），下车后步行约5分钟可达

开放时间：日出至日落

★★★
## 旅友点赞

站在摩尼山上，周围没什么障碍，视野开阔，可以看到远处的风景。这里的空气非常清新，很多人一大早起来到这里看日出。如果你要来看日出的话，尽量早点过来，这样能找个比较好的位置。

## 中午在哪儿吃

中午可以前往摩尼山下寻找美味的午餐地，在这里饱餐一顿，休息好之后为下午的行程做好准备。

## 토가

토가是位于摩尼山下的一个韩国料理店，有着各种各样的泡菜。这里主要的特色美食是豆腐，店里的豆腐鲜嫩爽滑，美味可口，实在不容错过。

地址：仁川江华摩尼山脚下
电话：032-9374482

# 传灯寺

**地址：** 仁川市江华郡吉祥面温水里635号
**交通：** 在江华汽车总站乘坐开往传灯寺的公交，在温水里站下车可达（乘坐出租车约20分钟）
**票价：** 免费

★★★ 旅友点赞

在日落之前，可以细细欣赏这座精美的建筑。这座建筑跟中国的寺庙有很多相似之处，如大雄宝殿、药师殿等。寺庙的院子中还有一座中国宋朝的梵钟，高约1.6米，形态非常优雅。

传灯寺（Jeondeungsa）位于江华岛的鼎足山上，相传是高句丽时期的阿道和尚所建，历史非常悠久。据说高丽忠烈王的贞和王妃曾在此向佛捐献玉灯，之后改称传灯寺。寺周围风景无限，这里的日落景色非常美丽。

### Tips

值得一提的是，大殿的柱子上雕刻着一些裸女像，这在寺庙中很少见到。关于这些裸女像还有这样的传说：据说建造这座大殿的时候，有一个工匠和一个姑娘坠入了爱河，工匠全心全意爱着这个姑娘，把所有的工钱都给了她，最后这个姑娘却抛弃了他。这个工匠因此大病了一场，后来他就把这个姑娘刻在大殿的柱子上，让她背负着屋檐作为惩罚。

## 晚上在哪儿 玩

从传灯寺下来之后，可以先乘坐公交车回到仁川中区。如果不是很累，还可以逛逛这里的新浦文化街，这里的服装店、饰品店、餐馆、杂货店等应有尽有。

### 新浦文化街

新浦文化街（Sinpo Cultrual Street）是仁川中区一处非常热闹的商业街。在时装大街上不仅有各种服装店、体育用品店，还有宝石和眼镜店等，简直是一个时装天堂。这里的新浦市场由来已久，"炸鸡肉果子"是这里的名品，慕名前来的顾客络绎不绝。

**地址：** 仁川广域市中区新浦洞
**交通：** 乘坐地铁1号线在东仁川站下车可到，或乘坐2、15、23、45路公交也可

# 如果多待一天

仁川的景点分布比较分散，即使花费两天的时间也不能将这里各个值得游玩的地方一一游遍。所以，如果时间不是那么紧张，可以在仁川多安排一天。

**多待一天的游玩**

仁川陆地上景点众多，周边各个小岛也各有千秋。利用多出的一天时间可以乘坐小船到周边的小岛上，体验与陆地不一样的风情。

## 1 白翎岛

白翎岛（Baengnyeongdo，백령도）位于西海最北端，"白翎"即鹤的白色翅膀。据说一名青年得相思病而亡后，很多白鹤飞来落在他的身体上，小岛因此而得名。这座小岛的环境非常优越，岛上有着著名的Sagot海水浴场、美丽的碧海绿松以及千奇百怪的岩石，非常适合喜欢清幽环境的游客。

地址：仁川瓮津郡白翎面
交通：从东仁川站乘坐12、24、28路公交车到延安客轮码头（用时约30分钟），然后码头乘坐到白翎岛的客轮（用时约4小时，每天7:10，8:00以及旺季时13:00发船）

## 2 永宗岛

永宗岛因仁川国际机场而为人所知。其实除了机场，岛上还有海拔150多米的白云山，山上的龙宫寺和药水岩非常有名。这里还有深受游客喜爱的射箭场。另外，乙旺里海水浴场也吸引了很多游人来到这里，或在清凉的海水中嬉戏，或在柔软的沙滩上惬意地晒太阳。

地址：仁川月尾岛西北方向约2.5千米处
交通：从月尾岛乘坐客船可到（费用600韩元～1500韩元）

## 3 舞衣岛

舞衣岛（Muuido，무의도）位于仁川市西北，是座美丽的岛屿。"舞衣岛"的意思是"舞姬的衣裙"，形容岛上的风景像少女一样婀娜多姿。这座岛上既有欢乐的海水浴场，也有虎龙谷山、国思峰等山峰。在舞衣岛上除了可以欣赏至美风光，还可以享受钓鱼，捡贝壳的乐趣。

地址：Muuido,Incheon
交通：8:30从仁川码头乘坐"波拉达义斯号"可到达舞衣岛，用时约1小时

仁川既有韩式风味美食，也有其他国家的风味美食，仁川的中国餐厅非常多。仁川的韩式风味美食以烧烤类、炖汤类和面食为主，凭借靠海的地理优势，这里的海鲜美食也很受欢迎；仁川最著名的中餐就是炸酱面了，可以去仁川中华街和新浦市场去品尝这种美食。

## 多待一天的美食

### 1 鳗鱼名家

鳗鱼名家是当地非常受欢迎的一家韩式餐厅，店里的特色菜肴为韩国木炭盐烤鳗鱼，这道菜鲜嫩多汁，美味无比。从外面看，这座餐厅时尚而美观，走进去之后，给人一种舒适而温馨的感觉。

地址：南洞区间石4洞617-20号
交通：乘地铁1号线在间石站下车可到
网址：www.jjanga.co.kr
营业时间：11:30～23:30

### 2 紫金城

紫金城是仁川中华街上的一个中餐馆，在这里可以找到韩剧中诱人的元祖炸酱面。这里的炸酱面更贴近韩国人的口味，与中国国内的炸酱面有所不同。一般的炸酱面约4000韩元一碗。

地址：仁川唐人街炸酱面街

| 仁川其他餐厅推荐 | | | |
|---|---|---|---|
| 名称 | 地址 | 电话 | 特色 |
| 五福庄 | 中区善邻洞12 | 032-7631291 | 海鲜锅巴汤 |
| 本土 | 中区善邻洞5 | 032-7774888 | 中式炸酱面、辣汤面 |
| 元宝 | 中区北城洞3街5-3 | 032-7725118 | 中式川味海鲜 |
| 共和春 | 中区北城洞3街5-6 | 032-7655600 | 炸酱面、三鲜辣汤面 |
| 太和园 | 中区善邻洞22 | 032-7667688 | 中式套餐 |
| 加德岛 | 中区港洞7街87-3 | 032-8828505 | 辣味鲜鱼汤 |
| 拉帕奇亚 | 中区北城洞3街8-3 | 032-7633335 | 焗肉酱芝士通心粉比萨 |
| 敦彦嘎 | 中区松鹤洞3街7-46 | 032-7667004 | 炸猪排、乌冬面 |
| 索连托 | 中区内洞155-1 | 032-7635125 | 海鲜奶油意大利面 |
| 日出津 | 中区北城洞1街104-14 | 032-8897777 | 生鱼片 |
| 荷兰 | 中区北城洞1街98-281 | 032-7624554 | 特殊套餐 |

## 多待一天的购物

在仁川旅游，购物是不可或缺的一个环节。如果想买当地土特产或者小的工艺品，可以去当地的市场上转转，说不定能够收获一些惊喜。如果想要购买化妆品、服饰、高丽参等，可以去这里的免税店或者百货商店，不仅质量能够得到保障，还能免去不少税。

### 1 韩国观光公社仁川机场免税店

韩国观光公社仁川机场免税店是一个一站式的购物空间。这里不仅有太阳镜、电子产品、健康食品等韩国热门商品和Chanel、Burberry等国际著名品牌，还有代表了韩国传统文化的韩国传统美食、工艺品等多种多样的商品。

地址：仁川中区云西洞2580号
网址：www.dutyfreekorea.co.kr
营业时间：7:00~21:30

### 2 新世界百货公司仁川店

新世界百货公司仁川店是超大型的综合性购物商场，这里的商品应有尽有，有服装、包包、鞋子、化妆品以及日用品等。商场一楼设有名牌专柜，里面有很多世界顶级的名牌商品。

地址：仁川市南区Yeonnam路35号
交通：乘坐仁川地铁1号线在仁川客运站下步行可到
网址：department.shinsegae.com
营业时间：10:30~20:00

### 3 乐天仁川机场免税店

乐天免税店是韩国最受欢迎的全国性连锁店之一。在乐天仁川机场免税店中可以买到化妆品、香水、服装、手表、首饰和各种韩国特色的纪念品等。

地址：仁川中区云西洞2851号仁川国际机场免税店
营业时间：7:00~21:30（部分卖场24小时营业）

### 4 新浦市场

新浦市场是一处历史悠久的市场，这里的货物包罗万象，有各种各样新鲜的海产品、蔬菜以及琳琅满目的服装、饰品和日用百货等。韩国有句民间谚语"新浦市场上没有的东西，在韩国哪里都不会有"，可见这个市场的商品比较齐全。

地址：仁川中区新浦洞7号
交通：乘坐地铁1号线在东仁川站下车，沿新浦洞方向步行约100米可到；或乘坐3、6、32、46、107路等市内公交车，在新浦市场前下车即到
营业时间：9:00~22:30，每月第二个星期日休息

## 多待一天的娱乐

独特的地理条件赋予了仁川独特的娱乐方式。在仁川，可以去酒吧等地消遣娱乐；还可以去海水浴场洗个健康的"咸水浴"；也可以乘坐游船泛舟海上，感受与陆地不一样的风情；或者去渔场进行天然的海上钓鱼体验。

### 海水浴池

海水浴池是颇具仁川特色的休闲娱乐场所。这些浴池多建在海边，直接抽取地下的海水用作澡堂用水。这种海水具有吸除体内废物的作用，可帮助新陈代谢，对神经痛、关节炎、皮肤病等都有疗效。海水浴池周边聚集了鱼市、海鲜馆、海边散步路等，是与家人一起享受洗浴、吃海鲜的好去处。以下是仁川的一些海水浴池：

| 仁川海水浴池推荐 | | | | |
|---|---|---|---|---|
| 名称 | 所在地 | 营业时间 | 电话 | 休息时间 |
| 高丽超级村 | 沿岸码头 | 5:30-22:00 | 032-8818211 | 每月第二、第四个星期五 |
| 南海海水浴池 | | 5:30-18:00 | 032-8840008 | 每周二 |
| 西海海水浴池 | | 5:00-18:00 | 032-8833029 | 每周二 |
| 柳林海水浴池 | | 6:00-20:00 | 032-8822161 | 每周二 |
| 海林海水浴池 | 永宗岛 | 6:00-20:00 | 032-7526000 | 无 |

### 1 乘船游览

在岸上看海是一种激昂壮阔的感觉，在海上看岸上就是另一种独特的感觉。在仁川你可以乘坐游船去欣赏仁川的另一面。仁川的游览船主要有三条路线：从月尾岛出发的波斯菊号游船经过永宗岛、芍药岛、永宗大桥、火力发电站，然后返程；另有一条经过月尾岛、永宗岛、芍药岛、仁川大桥，然后在沿岸码头重新回程；口琴号船则是从沿岸码头出发，经仁川闸门、仁川大桥、永宗岛、松岛新城市然后回程，运行时间约1小时20分钟。

地址：中区北城洞，月尾岛
交通：在仁川站出口前的停车站乘坐2、15、23、45路市内汽车，到月尾岛终点站下车，用时约5分钟
网址：www.cosmoscruise.co.kr
营业时间：032-7641171

### 2 大众渔村体验村

在景色秀丽的舞衣岛上，有一座可同时享受登山和游海乐趣的魅力之村——大众渔村体验村，在这里可以进行渔场体验、海上钓鱼体验、火把捉蟹子体验等渔村体验，还可观察水产生物。若时间富裕，可以参加摔跤、踢足球等泥滩体验活动。

地址：舞衣岛上
交通：在东仁川站乘坐306路公交车到达潜津岛乘船场，然后乘坐开往舞衣岛的渡轮（需要10分钟）到达舞衣岛
网址：keunmuri.seantour.org
电话：032-7528666

# 仁川住行攻略

在仁川选择住宿地，应从多方面进行考虑，如价格、位置、设施、星级等，根据个人情况选择合适的住宿地。

在仁川，火车、长途汽车、出租车、地铁、公交车都是出行的不错选择。如果要从仁川前往首尔，地铁是最佳选择。

## 在仁川住宿

在仁川中区及其周边的小岛上，可以找到各种档次的住宿地。仁川机场附近多是中级酒店，方便转机等在此短暂停留的游客；而在松岛和月尾岛周边价格低廉的汽车旅馆和小旅馆比较多；若想要奢侈而尊贵的享受，这里也有很多可以欣赏到美丽海景的高级酒店。

### 1 福克斯汽车旅馆

福克斯汽车旅馆（Fox Motel）位于仁川市中心，坐落于Juan地铁站（1号线）前面。酒店设有提供行李寄存处的前台，提供洗衣服务，各处覆盖免费无线网络，客房内配有供暖设施。酒店客房设有休息区、沏茶/咖啡设施和平面电视。

地址：91，Juan-ro，Nam-gu，Incheon
参考价格：双人间4万韩元起
电话：032-8664477

### 2 海港公园酒店

海港公园酒店（Harbor Park Hotel）距离繁华的仁川中华街仅4分钟车程。酒店的24小时前台可提供行李寄存服务，客人还可以使用酒店的会议设施及商务中心。客房可俯瞰海景，并配有空调、客厅角、暖气设施、卫星电视和免费无线网路，连接浴室提供免费洗浴用品和吹风机。

地址：217 jemill yang-ro,jung-qu,Incheon
网址：www.harborparkhotel.com
参考价格：双人间9.6万韩元起
电话：032-7709500

| 仁川其他住宿地推荐 | | | | |
|---|---|---|---|---|
| 名称 | 地址 | 电话 | 网址 | 参考价格 |
| Lazy Bird Guesthouse | 2665-2,Unseo-dong,Jung-gu | 070-42062157 | — | 4床女性宿舍间的1张床位2.2万韩元 |
| Incheon Airport Oceanside Hotel | 40，Masian-ro，Jung-Gu | 032-7460072 | www.oceanside.co.kr | 双人间5万韩元起 |
| Egarak Residence | Unseo-dong，Jung-gu，Incheon | 032-7439882 | — | 双人间7.5万韩元起 |
| Grand Hyatt Incheon | 208,Yeongjong Haeannam-ro 321beon-gil，Jung-Gu | 032-7451234 | www.incheon.grand.hyatt.com | 双人间29万韩元起 |

## 在仁川出行

在仁川出行，如果距离较远的话，可以乘坐地铁；如果只是观光，也可以乘坐仁川专门的观光巴士；如果想要领略海上风光，仁川也有客船往来于各小岛和陆地之间。

### 地铁

目前仁川市内运行的地铁主要是仁川地铁1号线和首尔地铁1号线。其中，仁川地铁1号线是从仁川北的桂阳站开往南部的国际业务园区站，全程约需1小时。首尔地铁1号线连接了首尔和仁川，终点站是仁川站，游客常到的东仁川站也在首尔地铁1号线上。富平站是仁川地铁1号线和首尔地铁1号线的换乘车站。首尔的T-money卡也可以在仁川使用，你也可以购买一次性交通卡。在10千米内如果使用一次性交通卡票价为1150韩元，如果使用T-money交通卡则是1050韩元；10～40千米每5千米多加100韩元；超过40千米每10千米追加100韩元。

### 公交车

仁川虽然也有公交车，但是选择乘坐地铁的人比较多，所以在这里只是简要介绍一下仁川的公交。仁川的公交总站隶属于Shinsegae百货商场，这里有前往韩国各主要城市的长途汽车。短途的公交车站常常跟地铁站在一起，从仁川国际机场到达仁川市区可以乘坐公交车。

### 观光巴士

为方便游客出行，仁川开通了观光巴士。目前仁川主要有市内路线（主题行）、江华观光路线（主题行）两种。车票可在仁川站前综合旅游指南处现场购买，可刷卡结算，具体信息参照下表，更多详细信息可咨询仁川市区游032-7724000（韩语）或者1330旅游咨询热线02-1330（韩、英、日、中文）。

| 仁川观光巴士信息 | | | | | |
|---|---|---|---|---|---|
| 线路名称 | | 运行线路 | 出发时间（周一休息） | 运行时间 | 费用 |
| 市内路线（主题行） | | 仁川站→韩国移民史博物馆→仁川港闸门→仁川Compaq智能城市→仁川大桥→乙旺里海水浴场→京仁运河→仁川站 | 11:00 | 4小时40分 | 成人1万韩元，儿童8000韩元 |
| | | 仁川站→仁川港闸门→仁川大桥→乙旺里海水浴场→仁川大桥纪念馆→京仁运河→仁川站 | 12:00 | 4小时40分 | 成人1万韩元，儿童8000韩元 |
| | | 仁川站→仁川港闸门→苏来历史馆→仁川登陆战纪念馆→仁川站 | 13:30 | 3小时20分 | 成人7000韩元，儿童5000韩元 |
| | | 仁川站→仁川港闸门→仁川大桥→仁川大桥纪念馆→京仁运河→仁川站 | 14:30 | 3小时 | 成人1万韩元，儿童8000韩元 |
| 市内路线（主题行） | A路线 | 仁川站→高丽宫址→龙兴宫→江华和平展望台→江华富近里支石墓→江华人参中心→仁川站 | 10:00（每周六、周日，4月～10月运营） | 7小时 | 成人1万韩元，儿童8000韩元 |
| | B路线 | 仁川站→草芝镇→广城堡→传灯寺→江华郡农耕文化馆→江华人参中心→仁川站 | 10:00（每周六、周日，4月～10月运营） | 7小时 | 成人1万韩元，儿童8000韩元 |

## 游船

仁川的客船串联了仁川的陆地和各个小岛,这里最常用的码头是仁川陆地的沿岸码头。从沿岸码头开往白翎的客船,每天7:10、7:40各一班,用时4小时可达;从沿岸码头开往舞衣岛的客船每天8:30一班,用时1小时可达;另外还有从沿岸码头开往陆岛、丰岛、大兰芝等地的客船。船舶运行根据天气情况可能会有变更,所以最好事先寻问。

各个小岛之间也有客船往来,各主要岛屿之间的客船信息可参考下表。

| 仁川各主要岛屿之间的客船信息 | | | |
|---|---|---|---|
| **分类** | **出发时间** | | **费用** |
| | **首班** | **末班** | **乘客** | **车辆** |
| 月尾岛出发 | 7:00 | 21:00 | 600~1500韩元 | 轿车6000韩元 |
| 永宗岛出发 | 7:00 | 21:00 | 600~1500韩元 | 大型客车1万韩元 |
| 蚕津岛→舞衣岛 | 7:00 | 21:00 | 700~1000韩元 | 轿车1万韩元 |
| 舞衣岛→蚕津岛 | 7:00 | 21:00 | 700~1000韩元 | 3.5万韩元 |

备注:往来于月尾岛和永宗岛的客船随时运行。而蚕津岛和舞衣岛之间客船间隔1小时发出(根据情况有可能停运)

# 从仁川至京畿道

仁川之后的下一站是京畿道的水原,从仁川到水原可以选择乘坐长途汽车直达,也可以乘坐地铁。

## 长途汽车

从仁川到京畿道的水原,可以在仁川国际机场乘坐机场大巴。每天7:30、22:30有从机场发往灵通的班车经过西水原客运站、水原站和水原长途客运站,费用为1.2万韩元另外,每天5:30、22:40也有从机场直达水原的班车,用时约0.5小时,费用为1.2万韩元,该班车可到达水原的城堡饭店。

## 地铁

首尔地铁1号线可到仁川、水原。可以在仁川站或者东仁川站乘坐首尔地铁1号线,抵达九老站时,换乘去往饼店、新昌方向的1号线,运行时间大约为2小时30分钟。

**Tips**

如果先去仁川,再去首尔,从首尔到京畿道的水原,可以在首尔市内直接乘坐去往饼店、新昌方向的地铁1号线。

## 到达京畿道

京畿道（Gyeonggi-do，경기도）是一片广阔的区域，环抱着首尔和仁川。这里的旅游资源十分丰富，包括世界上独一无二的南北分立实地现场DMZ（非军事地带）、联合国世界文化遗产朝鲜王陵、展现正祖一片孝心的水原华城、各种主题公园、陶瓷器的故乡等。

### 如何到市区

西水原巴士客运站位于京畿道水原市劝善区九云洞925号，从这里可以乘坐11、5-1、82-2、15、39、92、92-1路公交车到达水原站。如果在水原站下车，可以乘坐7770、3000、700-2、66等公交车到达著名的水原华城。

# 京畿道1日行程

京畿道下有很多市、区，面积很大，景点分布没有那么集中。因为时间的关系，最后1天的行程可安排在京畿道的首府水原市（수원시）及其附近的龙仁市（용인시）。京畿道其他旅游景点在"如果多待一天"版块有详细介绍。

## Day 6　水原华城→韩国民俗村

水原最有名的景点就是古老的水原华城，所以在这里安排了一上午的时间。下午可以去龙仁市的韩国民俗村，体验韩国各地居民的传统生活。

| 京畿道1日行程 | | |
|---|---|---|
| 时间 | 目的地 | 行程安排 |
| 10:00～12:00 | 水原华城 | 水原华城环绕水原市区而建，是朝鲜时期的城郭。有八达门、空心墩等建筑及军事设施，在这里还能体验到很多韩国传统的活动 |
| 12:00～14:30 | 午餐 | 水原华城周边有许多大大小小的餐馆。在水原华城玩累了，可以到这里来吃个午饭，顺便休息一下。或者可以先乘坐12:30的班车，到达韩国民俗村之后再吃午饭 |
| 14:30～19:00 | 韩国民俗村 | 14:30到达地铁1号线水原站5号出口，在水原站综合旅游咨询处可乘坐免费班车到达韩国民俗村，民俗村内部景点较多，可以根据自己的爱好进行游览 |
| 19:00～20:30 | Caffe Bene Suwoncheon Cheoncheon Store | 在外面逛了一整天，到了晚上也许会感觉有些累了。这时不妨找个安静的咖啡馆，在浓郁的咖啡香气中回味这次美好的旅程 |

▲京畿道第1天行程路线示意图

# 水原华城

水原华城（Suwon Hwaseong）环绕水原市区而建，城墙全长约5.7千米、高6米，是韩国18世纪最具代表性的文化遗产之一。水原华城包括了4座城门与50多座建筑，这些建筑设计巧妙，形态各异，具有很高的艺术价值。在这里可以体验到许多韩国传统的活动。

### 华城列车

在水原华城，可以乘坐复古的华城列车。列车整体呈现出让人眼前一亮的鲜红色，车头为威武的龙头形状，车厢仿造的是正祖大王乘坐过的轿子，颇具特色。列车的行车路线从八达山延伸至练武台，全程约3.2千米。

票价：成人1500韩元，青少年 1100韩元，儿童700韩元，老年人 750韩元
营业时间：10:00～17:50（11月至次年2月开放至17:00），雨雪天暂停。单程30分钟
电话：031-2284683-6

## 旅游资讯

地址：京畿道水原市八达区行宫路185

交通：在水原站下车，从4号出口出，在附近乘坐11、13、36、39路巴士在华城行宫站下车即可

票价：成人1000韩元，青少年700韩元，儿童500韩元；通票（水原华城+华城行宫+水原华城博物馆+水原博物馆）成人3500韩元，青少年2000韩元，儿童600韩元

开放时间：9:00～18:00 （11月至次年2月开放至17:00）

电话：031-2284678

### 国弓体验

在水原华城，还有一个比较受欢迎的活动——国弓体验。可以在练武台穿着韩国传统服饰，体验搭弓射箭的豪迈感觉。

票价：1次10发，2000韩元
营业时间：9:30～17:30（11月至次年2月至16:30），每30分钟1场，12:30～13:30休息
电话：031-2284683-6

## 华城行宫

华城行宫是国王出行时的临时住所，在韩国的诸多行宫中，华城行宫可以说是规模较大、外观较美的一座。华城行宫也是经典韩剧《大长今》的主要拍摄场地。在行宫中可以体验传统民俗游戏，也可以制作汉字贴纸和盖章等纪念品，还可以观看行宫中的表演活动。

地址：水原市八达区行宫路11号

网址：www.swcf.or.kr

票价：成人1500韩元，青少年1000韩元，儿童700韩元

## 华城行宫道

华城行宫道是由各种艺术工房和美味餐馆组成的街道，街道上最具特色的是形式多样的店家招牌和美丽的壁画。在这里有许多精美的手工制品，这些手工制品不仅可以参观购买，还可以亲手制作。

票价：免费

电话：031-2282472-3

### ★★★ 旅友点赞

水原华城的外观雄壮威武，集东西方军事理论之大成，防御功能非常突出。不仅如此，水原华城还是表达孝心而建造的"孝之城"，体现出了东方传统思想的精髓。如今，城中增加了很多体验活动，在七宝工房中制作七宝瓷砖，用它给行宫路上的壁画做装饰这项体验成为很受欢迎的活动之一。

### 中午在哪儿 吃

被水原华城繁荣的旅游业带动，这周边有许多大大小小的餐馆。当在水原华城玩累了，可以在特色餐馆吃个午饭，顺便休息一下。或者可以先乘坐12:30的班车到达韩国民俗村，之后再吃午饭。

### 1 연포갈비

연포갈비餐厅距离水原华城非常近，出门步行约2分钟就可以到达。这里的菜式非常丰富，有各种面食、蔬菜、烤肉等，该店的主打菜菜是水原特色排骨。

地址：25-4 Buksu-dong, Paldal-gu, Suwon-si, Gyeonggi-do
网址：biz.welltizen.com
营业时间：10:00～22:00
电话：031-2455900

### 2 보영만두

보영만두是水原华城附近的一家饺子店，这家店的生意比较火爆，顾客经常在店外排起长队。这里的饺子（确切地说应该是小一点的包子）非常精致，看起来让人食欲大增。

地址：282-2, Yeonghwa-dong, Jangan-gu, Suwon-si, Gyeonggi-do
网址：www.bo0mandu.co.kr
电话：031-2429076

## 韩国民俗村民俗集市

在民俗村的民俗集市，可以品尝到集市汤饭、雪浓汤、海鲜葱饼等风味小吃。这些美食遵循古法，以天然调味料烹制而成，有益于身体健康。如果打算喝点酒，推荐品尝被列为京畿道无形文化遗产第2号的民俗酒"糯米咚咚酒（浮蚁酒）"。

> 地址：韩国民俗村中
> 参考价格：集市汤饭8000韩元，烤肉拌饭9000韩元，喜面5500韩元，泡菜饼8000韩元，糯米冬冬酒8000～1.5万韩元

# 韩国民俗村

### 旅游资讯

地址：京畿道龙仁市器兴区民俗村路90
交通：14:30可在水原站5号出口水原站综合旅游咨询处乘坐免费班车到达韩国民俗村；或在水原华城附近乘坐66、58路公交车也可
网址：www.koreanfolk.co.kr
票价：成人1.5万韩元，青少年1.2万韩元，儿童、老年人1万韩元
开放时间：9:00～18:00（冬季至17:30）
电话：031-2880000

韩国民俗村（Korean Folk Village）是一座大型露天民俗博物馆，生动再现了韩国各地居民的传统生活面貌。村内建有贵族的豪宅、村舍、韩药房、集市等原貌建筑，还设有美术馆、博物馆、世界民俗馆和青年旅舍等。民俗村的整个环境与大自然浑然天成，清新美丽，独具风采，深受国内外游客的喜爱。

### 民俗村

根据北部、中部、南部和岛屿等各个地区的特点，民俗村中的建筑生动再现了百姓和两班贵族的住宅、作为地方行政机构的官衙、作为教育机构的书院和书堂、作为医疗机构的韩药房以及民间宗教建筑寺院、山神堂和占卜屋等。人们可以在村中体验传统房屋、民俗信仰、岁时风俗，还可以试玩各种民俗游戏。

### 展示村

展示村中包括了特别展示馆、野花公园、雕刻公园、传统美术馆、世界民俗馆、美术馆和古装片放映馆等设施。在野花公园，人们可以欣赏到山茶、芍药、木槿和杜鹃等各季花朵。雕刻公园中展示着

各种雕刻精品，由来自不同国家的艺术家们以"传统+现代=交汇"为主题创作而成。在世界民俗馆的8个展厅中，分类陈列着来自世界各地的3000余件文化遗产。在古装片放映馆，可以了解过去30年间在韩国民俗村拍摄过的古装片，令人大饱眼福。

### 游乐村

韩国民俗村中还有一个面积约1万平方米的游乐村。这里有海盗船、碰碰车、旋转木马及3D立体影院等游乐设施。如果喜欢刺激，还可以去鬼怪洞穴，奇妙的道具与音效可以让你体验到前所未有的惊悚与刺激。

### 旅友点赞

在韩国民俗村，除了游乐村和展示村，这里还有农乐、走绳、传统婚礼和马术等常设表演，人们可以近距离地体验各种韩国传统文化。另外，还有许多韩国古装剧都曾在这里取景拍摄。运气好的话，不仅有机会亲眼目睹古装剧的拍摄现场，说不定还能见到自己喜爱的韩国明星。

**晚上在哪儿 玩**

经过1天的游玩会感到很疲惫，那么晚上不妨到水原的咖啡厅坐一会儿。

## 1 Caffe Bene Suwoncheon Cheoncheon Store

Caffe Bene Suwoncheon Cheoncheon Store咖啡厅位于水原市区，这是一家气氛非常优雅的咖啡厅，原木的装饰加上木制的桌椅，给人一种很静谧的感觉。

地址：528-1, Cheoncheon-dong, Suwon, Gyeonggi-do
交通：从水原华城乘坐62-1路公交车到장안등기소.성우아파트站下，步行可到

# 如果多待一天

京畿道有着众多景点，1天的行程安排未免有些紧张，如果时间富裕的话，尽可能在这里多待1天。

**多待一天的游玩**

在京畿道这片广阔的土地上，散布着许多景色秀丽、趣味十足的景点。在多出来的1天时间里，可以根据自己的喜好选择感兴趣的地方游玩。

## 2 神勒寺

神勒寺（Silleuksa，신륵사）是一座坐落在汉江边上的古老寺庙，"骊州八景"中最著名的"神勒暮钟"就在这里。寺庙中有许多保存完好的历史遗迹，如祖师堂、多层砖塔、高丽末期的大藏阁记碑等。神勒寺周围的景色十分美丽，从寺庙中央的极乐殿望去，周围被婆娑的绿树环绕。若站在江边绝壁上的江月轩向外望去，可以看到南汉江的秀丽景色。

地址：京畿道北内面天松里282号
交通：在骊州高速汽车站前乘坐开往杨平内面的汽车至神勒寺下（需10分钟左右），再步行至神勒寺入口（需10分钟左右）
网址：silleuksa.org
电话：031-8852505

## 1 爱宝乐园

爱宝乐园（Everland）是世界四大主题公园之一，这里最具代表性的设施有高倾斜度的木制过山车和世界上唯一的草、肉食动物共同居住生活的野生动物园，以及世界级规模的星光巡游表演和多媒体镭射焰火表演等。

地址：京畿道龙仁市处仁区蒲谷邑爱宝乐园路199号
网址：www.everland.com
票价：成人4.4万韩元，青少年3.7万韩元，儿童3.4万韩元
开放时间：9:30～22:00，每天开放时间可能不同，最好提前参考官方网站

111

### 3 小法兰西

　　法国风情主题公园"小法兰西（Petite France）"是京畿道加平郡的一大名胜。小法兰西坐落于清平湖畔，是一座小村庄由地中海风格的圆形白色房屋和古雅的欧式建筑组成，村内到处都是《小王子》中出现过的场景和人物。到了秋高气爽的秋天，村庄的异国风情更加浓郁，一座座白墙红顶的房屋让人恍惚自己正置身于法国田园。

地址：京畿道加平郡清平面高城里616号
网址：www.pfcamp.com
票价：成人8000韩元，青少年6000韩元，儿童5000韩元
开放时间：9:00～18:00（全年无休）
电话：031-5848200

## 多待一天 的美食

　　京畿道内包含了众多的市、郡，这里的饮食也由于地区的不同形成了不同的特色，比如在水原最具特色的美食是王排骨，而利川大米则是远近闻名的美食。总之，当地的特色美食可以让人大饱口福。

### 1 佳宝亭排骨

　　这是一家以水原当地特色菜——王排骨为主打的餐厅。这里的王排骨是将优质韩牛肉切成小块，放入盐、梨、大蒜等配成的调料中腌制，放到炭火上烤，清淡可口，富有嚼劲。这里还有生拌白菜、炖鳀鱼、南瓜煎饼等小菜，精致整洁。

地址：京畿道水原市八达区长桥路281
参考价格：韩牛鲜牛排5.3万韩元，韩牛调味牛排4.2万韩元，午餐套餐2.2万韩元
营业时间：11:30～22:00
电话：031-2382218

### 2 本水原排骨

　　本水原排骨店是一家保留水原排骨传统味道的排骨专营店，装修时尚简洁，引人注目。店里不添加化学调味料的调味牛排肥瘦均匀，配以在炭火上烤制的独头蒜更是美味。这里用韩国产大豆腌制的大酱放入排骨熬成的大酱汤也风味十足。

地址：京畿道水原市八达区中部大路223号路41
参考价格：鲜牛排3.8万韩元，调味牛排3.5万韩元，排骨汤1万韩元
营业时间：11:30～22:00
电话：031-2118434

### 3 故居

　　故居餐厅选用购自江原道洪川的优质韩牛肋眼肉，肉汁丰富，肥瘦均匀，熟成后放到炭火上烤，味道可谓一绝。配上自己种植的蔬菜制作的小菜更添美味。到了秋天，在暖炉里烤制的烤地瓜也别有情趣。

地址：京畿道龙仁市处仁区慕贤面陵院路132号路9
参考价格：肋眼肉（韩国产）4.2万韩元，干明太鱼饺子火锅3.8万韩元
营业时间：10:00～22:00
电话：031-3396630

## 4 青龙

筋道爽口的甲鱼菜肴是一种男女老少皆宜的滋补食品。青龙是一家甲鱼菜肴专营店，精选自有养殖场中生长1年～1年半的土种甲鱼。点韩方炖甲鱼的话，可品尝到甲鱼血、甲鱼蛋、炖甲鱼、火锅等菜品，有助于恢复元气。

> 地址：京畿道龙仁市处仁区远三面宝盖远三路1624
> 参考价格：清炖甲鱼（2人份）1.4万韩元，甲鱼套餐菜肴7.8万韩元
> 营业时间：9:00～20:30
> 电话：031-3349258

## 5 关村嫩豆腐

这里的牡蛎嫩豆腐锅采用利川种植的贡米精心煮成的铁锅饭、用西海盐田卤水自制的嫩豆腐、在猪骨熬制的肉汤中加入方块豆腐、猪键肉、蘑菇等烹饪而成，精致而可口。

> 地址：京畿道利川市京忠大路2934
> 参考价格：嫩豆腐套餐8000韩元，黄豆渣套餐8000韩元，酱汤9000韩元
> 营业时间：9:00～21:30
> 电话：031-6356561

### 多待一天的购物

虽然京畿道的大型商场、免税店不如首尔的多，但这里的购物街或百货商场都是购物的好去处。如果你已经在首尔购买了足够多的衣服、饰品和化妆品，到了京畿道，可以选购这里的特产。

## 1 书岘洞Rodeo大街

城南市盆唐区的书岘站Rodeo大街是一条气氛非常好的购物大街，街道两侧的露天咖啡屋、书吧、漫画屋、各种小吃店和餐厅鳞次栉比。这条街上有一流的中餐厅和米线店、充满异国风情的意大利餐厅和桌面游戏吧等。在这里既可购物，又可休闲娱乐。光顾街边商店和大型购物中心，可以购买不同品牌的服装和首饰。

> 地址：京畿道城南市盆唐区
> 交通：从书岘地铁站5、6号出口出来即是

## 2 Galleria百货公司水原店

Galleria百货公司是韩国的高级百货公司，其在水原的分店非常受欢迎，可以说是水原购物文化的领导者。这里的日用百货、国际大牌商品应有尽有。

> 地址：京畿道水原市八达区仁溪洞1125-1号
> 营业时间：10:30～20:00，周五、周六至20:30
> 电话：031-2297114

## 3 Western Dorn

Western Dorn是高阳市的超大型综合商城，它采用了不受天气影响的环保型穹隆顶，各层空气都很新鲜，白天明亮又舒适，夜晚则会形成绚丽多彩的夜景。你可以按照时间和主题在100多个主题销售台上享受愉快的购物，同时还可以体验到西方购物中心的时尚和韩国传统市场的活力。

> 地址：京畿道高阳市一山东区獐项洞867号
> 电话：031-9328400

## 多待一天的娱乐

京畿道的娱乐活动非常丰富。除了体验各地活力四射的主题公园，你也可以去滑雪场去感受一下滑雪的速度与激情；或者到温泉乐园中放松、嬉戏；还可以去利川世界陶瓷中心亲自做一个陶器，随着泥土渐渐成形，心灵也会慢慢归于平静。

### 1 阳智松林滑雪谷

韩国的冬天最吸引人的莫过于铺天盖地的雪景，滑雪场则是最能体现韩国冬雪魅力的地方。阳智松林滑雪谷位于阳智松林度假村中，总面积达30多万平方米，设有多条坡度不同的滑雪道、最新的造雪设施和缆车，所有滑雪道均设置了夜晚照明设施，可以不分昼夜地享受滑雪乐趣。

地址：京畿道处仁区阳智面南谷里34-1
电话：031-3382001

### 2 利川Termeden温泉乐园

利川Termeden温泉乐园是以水疗为理念的韩国式海水温泉主题公园。全年都可以在这里的室外温泉池中游泳、泡温泉或戏水。这里使用的是从地下1000多米处的盐碱性温泉水，有益于人体的健康。露天区内的大米池、牛奶池、蜂蜜池和草莓池等添加了食物洗浴剂的温泉池有助于皮肤美容。而利用松枝产生森林浴效果的汗蒸幕则非常有助于缓解压力。

地址：京畿道利川市
网址：www.termeden.com
参考价格：水疗池3.2万韩元，儿童2.4万韩元，温泉桑拿1.2万韩元，儿童8000韩元
营业时间：9:00～20:00（各设施、各季节、不同日期时间有所不同，详情请参见官方网站）
电话：031-6452000

### 3 利川世界陶瓷中心

利川世界陶瓷中心（Icheon Cerapia）是陶瓷的天堂，这里的湖水、展馆、游戏场以及洗手间等所有设施都是用陶瓷做成的。其原料来自于陶艺家的过季作品或有瑕疵的处理品，将这些废弃的陶瓷再利用，打造出了这座世界上独一无二的陶瓷主题公园。在这里除了欣赏各种陶瓷作品外，你还可以亲自动手制作陶瓷。

地址：京畿道利川市
参考价格：成人3000韩元，青少年及儿童2000韩元，7岁以下婴幼儿免费
营业时间：9:30～18:00（1月1日和每周一休息）
电话：031-6316501

# 京畿道住行攻略

京畿道的面积比较大，旅游城市分布比较分散，京畿道主要的旅游城市水原、龙仁、利川等都有不同档次的住宿地以供选择，所以住宿是很方便的。在当地出行可以乘坐地铁、市内巴士或者出租车，这些交通方式都十分方便。

## 在京畿道住宿

京畿道各个城市都有满足观光游客需求的住宿地，主要有一般的酒店、别致的旅游度假公寓、充满复古气息的韩屋住宿设施等几种类型。其中度假公寓多位于度假村中，如龙仁的阳智松树度假村和蒲川的熊城度假村等都有数量众多的度假公寓。而一般的连锁酒店则属京畿道的首府水原市最多。

### 1. 城堡酒店

城堡酒店（Hotel Castle）位于水原市，距离水原华城约2.5千米。酒店提供健身中心、餐厅以及免费无线网络连接。客房中配有平面电视、冰箱和沏茶/咖啡设施，连接浴室配有淋浴设施和吹风机。24小时前台的工作人员可以协助提供行李寄存、洗衣和熨烫等服务。

地址：144-4, Uman-dong, Paldal-gu, Suwon-si, Gyeonggi-do
网址：www.hcastle.co.kr
参考价格：双人间13万韩元起
电话：031-2116666

### 2. 露西汽车旅馆

露西汽车旅馆（Lucy Motel）是位于水原市中心的一家现代化汽车旅馆，在水原市政厅附近。汽车旅馆提供洗衣和干洗服务，设有24小时前台，还有免费停车场。客房中配备了个人电脑、免费有线网络连接、平面电视和沏茶/咖啡设备。连接浴室设有淋浴或浴缸。

地址：1017-1, Gwonseon-dong, Gwonseon-gu, Suwon-si, Gyeonggi-do
网址：www.ggmobile.kr
参考价格：双人间1万韩元起
电话：031-2370989

### 3. 加利福尼亚酒店

加利福尼亚酒店（California Hotel）位于龙仁市的中心地带，距离龙仁市汽车站和Songdamdae地铁站都非常近。酒店没有餐厅，但周边有许多餐饮场所，而且酒店内各处均有免费无线网络覆盖。酒店的空调客房铺有木地板，设有私人电脑、平面电视和迷你吧。连接浴室配有热水淋浴。

地址：87-1 Gimnyangjang-Dong, Cheoin-Gu
参考价格：双人间8万韩元起
电话：031-3389401

| 京畿道其他住宿地推荐 | | | | | |
|---|---|---|---|---|---|
| 地区 | 名称 | 地址 | 电话 | 网址 | 参考价格 |
| 水原市 | Ramada Plaza Suwon Hotel | 940, Ingye-dong, Paldal-gu | 031-2300001 | ramadaplazasuwon.com | 双人间20万韩元起 |
| | Hotel ibis Suwon Ambassador | 1132-12, Ingye-Dong, Paldal-Gu | 031-2521101 | — | 双人间15万韩元起 |
| 龙仁市 | Q Hotel Yongin | 355-15, Jeondae-Ri, Pogok-Eup, Cheoin-Gu | 031-3398881 | — | 双人间9万韩元起 |
| | Hotel Cinema | 63-10 Gimnyangjang-Dong, Cheoin-Gu | 031-3355454 | — | 双人间6万韩元起 |
| 利川市 | Hotel Miranda Ichon | 408-1 Anheung-dong, Icheon-si, Gyeonggi-do | 031-6395000 | mirandahotel.com | 双人间15万韩元起 |

## 在京畿道出行

京畿道的公共交通非常发达，长途汽车和地铁连接各个城市和小镇，在市区则可以方便地换乘市内大巴或中巴的多条线路。而且使用交通卡支付车费比用现金更加方便，且可享受很多优惠。

### 交通卡

在京畿道地区可以使用的交通卡种类有cash bee卡、T-money卡、U-PASS卡等，其中应用最广泛的是T-money卡。这些卡可在车站附近的交通卡销售点及便利店买到，手续费2.5万韩元，市内巴士、首都圈地铁和京畿道长途汽车上都可以使用。

### 市内巴士

京畿道的巴士包括大巴和社区中巴。大巴分为一般大巴、广域大巴、直达大巴和外线循环大巴，其中一般大巴10千米内收基本费用，10~40千米每5千米加收100韩元；广域、直达、外线循环大巴30千米内收基本费用，30~40千米每5千米加收100韩元。以下是各种巴士的收费情况：

| 京畿道巴士收费情况（单位：韩元） | | | | | | |
|---|---|---|---|---|---|---|
| 分类 | 成人 | | 青少年 | | 儿童 | |
| | 现金 | 交通卡 | 现金 | 交通卡 | 现金 | 交通卡 |
| 一般大巴 | 1200 | 1100 | 1000 | 880 | 600 | 550 |
| 广域大巴 | 1900 | 1800 | 1900 | 1560 | 1200 | 1200 |
| 直达大巴 | 2100 | 2000 | 2100 | 1600 | 1400 | 1400 |
| 外线循环大巴 | 2300 | 2200 | 2300 | 1750 | 1600 | 1550 |
| 社区中巴 | 视路线而定 | 900~1000 | 视路线而定 | 720~800 | 视路线而定 | 450~500 |

## 地铁

与这里的大巴类似，地铁也是在10千米内收取基本费用，10～40千米每5千米需要追加100韩元。在地铁上不能使用现金，如果没有交通卡，可以购买一次性交通卡（预付500韩元押金，下车后可在地铁站内的押金返还机上得到返还）。京畿道面积比较大，经过这里的地铁线路也比较多。

| 京畿道地铁线路信息 | | |
|---|---|---|
| 线路 | | 经过城市 |
| 1号线 | 天安方向 | 军浦市（衿井→军浦）、 水原市（成均馆大学→细柳）、 安养市（石水→鸣鹤）、乌山市（乌山）、 义王市（义王）、 平泽市（松炭→平泽）、 华城市（饼店） |
| | 仁川方向 | 富川市（驿谷→松内） |
| | 议政府方向 | 议政府市（望月寺→议政府） |
| 3号线 | 一山方向 | 高阳市（大化→纸杻） |
| 4号线 | 乌耳岛方向 | 果川市（禅岩→政府厅舍）、军浦市（衿井→修理山）、始兴市（正往→乌耳岛）、 安山市（大夜味→新吉温川）、安养市（仁德院→凡溪） |
| 7号线 | 城南市（山城→牡丹） | |
| 8号线 | 城南市（嘉泉大学→网浦） | |
| 盆唐线 | 城南市（板桥→亭子） | |
| 新盆唐线 | 高阳市（花田→炭岘）、坡州市（云井→汶山） | |
| 京议线 | 九里市（葛梅）、南杨州市（别内→磨石）、加平郡（大成里→加平） | |
| 京春线 | 九里市（九里）、南杨州市（陶农→云吉山）、杨平郡（两水→龙门） | |
| 中央线 | 始兴市（乌耳岛→月串） | |
| 水仁线 | 连接从首尔站到京畿道汶山站的路线。有从汶山站出发到都罗山站方向的列车，方便了去DMZ（非军事区）旅游的游客 | |

## 出租车

京畿道的出租车分为一般出租车、模范出租车和大型出租车，其中模范出租车费用比普通出租车高一些，但安全性和服务都比普通出租车好。京畿道的大型出租车最多可以乘坐9人，适合同行人数较多或者行李较多的情况。如果遇到司机拒载或乱收费的情况，可拨打电话031-120进行举报。

| 京畿道出租车情况 | | |
|---|---|---|
| 分类 | 起步价（韩元） | 备注 |
| 一般出租车 | 3000 | 24:00至次日4:00加价20% |
| 模范出租车 | 5000 | 提供汽车电话服务、收据及实时翻译服务（必备服务） |
| 大型出租车 | 5000 | 提供汽车电话服务、收据及实时翻译服务（必备服务）；无夜间加价 |

# 时间改变

去**江陵**
玩1天

## 时间延长

如果有更长的时间待在韩国，结束京畿道之旅之后，可以在去江原道的江陵玩1天。江陵市（강릉，Gangneung）是韩国东部海岸的一座古城，这里以其灿烂的文化和悠久的历史而享有盛名。江陵至今还保存着古老的江陵乡校、客舍门、乌竹轩等遗迹，加之这里与首尔之间方便的交通，所以每年都吸引了大量的游客。

## 船桥庄

船桥庄（Seongyojang Folklore Materials Pavilion）是上流社会高级住宅的代表，这里的传统房屋样式保存得非常完好。船桥庄有内房、厢房、活来亭和悦话堂等精美的建筑，尽显传统家屋建筑之美。

### 旅友点赞

船桥庄的一年四季都非常美丽，春天可以过来欣赏庭院中古树抽出的嫩芽，夏天可以到满是荷花的池塘边乘凉，秋天可以在落满了金黄树叶的小路上漫步，冬天可以在屋里看外满纷纷扬扬的雪花。

### 旅游资讯

地址：江陵市云亭洞431号

交通：可从江陵高速巴士总站搭乘202路公交车前往，约需15分钟，若从江陵火车站、江陵高速巴士总站搭乘计程车前往，约需10分钟

开放时间：3~10月9:00~18:00，11月至次年2月9:00~17:00

# 乌竹轩

## 旅游资讯

**地址**：江陵市乌竹洞201号

**交通**：在江陵市内乘坐202、300、302、303路公交车在乌竹轩前下

**开放时间**：夏季8:00～18:00，冬季8:00～17:00

乌竹轩（Ojukheon）是韩国历史上有名的儒学家栗谷李珥先生的出生地，这里四周遍植竹子，因而得名"乌竹轩"。轩内有梦龙室、文成祠、御制阁和栗谷纪念馆等建筑。这座著名的建筑作为韩国的标志性建筑被印在韩元5000元纸币上。

## 旅友点赞

乌竹轩是韩国历史悠久的木制房屋，非常有代表性。除了周围深色的竹子，到了乌竹轩不得不看的还有院子里的一棵紫薇树。据说这个紫薇树很"怕痒"，当人触摸它的时候，树梢就会微微颤动，就像被人挠痒之后咯咯笑一样。

# 镜浦台

镜浦台（Gyeongpodae）是位于镜浦湖畔山坡上的一座小亭子，历史悠久，亭内可以看到许多古人的题字。凉亭屋顶采用韩屋中最常见的"八作"式样，正面有6间屋，侧面5间。每到元宵节的时候，许多人都会到这里来赏月。樱花盛开的季节，这一带还会举行美丽樱花大庆典。

## 旅游资讯

**地址**：江陵市乌竹洞94号一带

**交通**：乘坐往镜浦台方向202、312、313路公交车在江陵综合巴士客运站下车可到

**门票**：免费

## 旅友点赞

镜浦台以元宵节观月而闻名，到了正月十五，这里就聚集了各地专程前来赏月的人。据说，人们可以在这里看能够到5个月亮。镜浦台附近还遍植樱花，到了樱花盛开的时候，这一带会举办以镜浦台为中心的美丽樱花大庆典，到时候这里又成了一片花的海洋。

# 正东津海滨

韩国有一部曾经万人空巷的经典电视剧——《沙漏》。正是这部韩剧，让正东津（Jeongdongjin）为世人所知。正东津海滨有洁白柔软的沙滩、澄澈碧蓝的海水以及明媚灿烂的阳光。正东津火车站也是当地的特色景点，它距离海滩非常近，从车站就能看到窗外一望无际的海洋。

## 旅游资讯

**地址：** 江陵市江东面正东津里

**交通：** 乘坐111、112路市内巴士，109路长途汽车在正东津下或乘坐日出观光列车在正东津驿站下可到

## ★★★ 旅友点赞

到达正东津的火车站之后，你能看到这是一座古朴的小小站台，椅子等各种用具都显示出岁月的痕迹。到了正东津海滨，在正东津站前的海域、沙漏公园前的海域以及正东津防波堤所在的海域都可以尽享海水浴。

# 雪岳山国立公园

## 旅游资讯

**地址：** 江原道束草市雪岳洞山41

**网址：** seorak.knps.or.kr

**电话：** 033-6367700

## ★★★ 旅友点赞

雪岳山地跨江原道束草市、麟蹄郡、高城郡、襄阳郡4个市、郡，其中最高大的山峰是大青峰。在这里你能近距离地接触到很多壮丽的自然景观。

雪岳山国立公园（Seoraksan National Park，설악산국립공원）位于占地面积巨大的雪岳山上，里面有许多溪谷、瀑布等自然景观。其中著名的千佛洞溪谷是从大青峰流下的泉水向北流入物淄时而形成，它与卧仙、飞仙台、五连瀑布、天堂瀑布等组成了雪岳山最具代表性的美景。

**时间缩短**

若时间比较紧，无法保证能在韩国待6天，只能待5天或者更少，那么你可以不去京畿道；如果你更喜欢亲近大自然，可以不去仁川，而去自然风光秀丽的春川玩1天。

去**春川**玩**1天**

# 南怡岛

## 旅友点赞

相信看过韩剧《冬季恋歌》的人都不会忘记男女主人公相遇的浪漫场景，他们相遇的地方就是南怡岛。作为广为人知的《冬季恋歌》的拍摄地，这里的美景总能为年轻人留下浪漫，为恋人们留下美好回忆，不仅韩国本国游客，许多东南亚地区的游客也慕名前来。

南怡岛（Namisum）上有占地广阔的草地和种植了栗子树、白桦、银杏树、枫树和松树等的树林，建有各种完善的娱乐设施、住宿设施、动物园、植物园乃至游船，一年四季都拥有天然美景和雅韵，是深受喜爱的旅游胜地。

## 旅游资讯

地址：江原道春川市南山面
电话：031-5822181

# 清平寺

清平寺（Cheongpyeongsa）建在幽静的山上，周围古树参天，流水潺潺。清平寺中藏有2个书法著作。一个是真乐公李资玄刻在石头上的字迹，另一个是李岩雕刻的清平寺文殊院记碑，都是韩国著名的书法艺品。

## 旅游资讯

地址：江原道春川市北山面
交通：乘坐地铁到春川站，在对面换乘12-1路或150路公交车到邵阳湖水库站下（约40分钟），然后在邵阳湖码头乘坐游船到清平寺（整点和半点发船，往返票价6000韩元）

## 旅友点赞

前往清平寺的途中会路过美丽的溪谷，这里是观光客休息的好去处。顺着溪谷向上走会看到著名的九声瀑布，这座7米高的瀑布能发出9种声音。过了瀑布，就是影池，池中堆放着三块巨石，叫做三层石塔，石间种着芦苇。过了影池之后，才真正抵达清平寺。

122-183

Part 2

韩国东南部
一周游

# Part 2 韩国东南部一周游

## 韩国东南部印象

### ★★★ 历史悠久的城市

悠悠的岁月在釜山、庆州和大邱这三座城市中都留下了深深的印记。在釜山藏品丰富的博物馆中，在庆州远近闻名的佛国寺内，在大邱飘着韩药芳香的药令市中，你能感受到这些城市所经历的历史的变迁。

### ★★★ 令人沉醉的风景

在韩国的东南部地区，可以欣赏到令人怦然心动的风景。这里有蓊蓊郁郁的冬柏公园、景色秀丽的太宗台、藏于深山的龙渊寺……这些地方不管是自然风光，还是人文建筑，总是让人沉醉，流连忘返。

### ★★★ 轻松愉悦的氛围

虽然韩国东南部地区历史悠久，但并不意味着这里只有一些古老的建筑和残留的遗迹，走进这些城市你会发现，这一地区有着轻松而愉悦的氛围，你可以在海云台的沙滩上悠闲晒太阳，也可以到东莱地区泡个舒舒服服的温泉，甚至到大邱的药令市场，你也可以享受自制天然化妆品的乐趣。

### ★★★ 营养美味的食物

韩国各个地方都有自己富有特色的美食，而东南地区的美食似乎更注意营养与美味并重。庆州的香辣牛肉汤中精选各种山野食材，香甜的皇南饼中的豆沙馅料也是甜而不腻，庆州的东仁洞炖排骨更是营养丰富，味道上乘。

# 推荐行程

**A** 釜山　约60千米　**B** 庆州　约80千米　**C** 大邱

地图标注：
- 大邱 Daegu（C）
- 庆山 Gyeongsan
- 庆州 Gyeongju（B）
- 庆州国家公园 Gyeongju National Park
- 清道 Cheongdo
- 昌宁 Changnyeong
- 密阳 Miryang
- 蔚山 Ulsan
- 宜宁 Uiryeong
- 哈曼 Haman
- 昌原 Changwon
- 金海 Gimhae
- 梁山市 Yangsan
- 釜山 Busan（A）
- BC约80千米
- AB约60千米

## 交通方式对比

| 路线 | 交通方式 | 优点 | 缺点 | 运行时间 | 单程费用 |
|---|---|---|---|---|---|
| 釜山—庆州 | 豪华巴士 | 车次多 | 晚上无班次 | 约50分钟 | 约4500韩元 |
| | 夜间巴士 | 夜间行驶 | 不如白天安全 | 约50分钟 | 约4500韩元 |
| 庆州—大邱 | 火车 | 快速 | 车次较少、费用高 | 约17分钟 | 约8000韩元 |
| | 长途汽车 | 车次多、费用低 | 速度慢 | 约50分钟 | 约4500韩元 |

# 最佳季节

韩国的东南部临海地区气候受海洋的影响比较大，呈现出海洋性气候，靠近内陆的地方偏大陆性气候。总体来说，这里四季分明，春夏秋的风景都比较美丽。如果想去海边，可以选择夏季，如果在内陆待的时间比较久，可以选择春季或秋季。

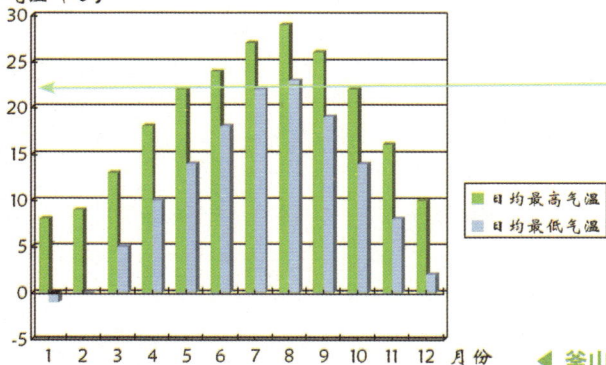

人体最适合温度22℃

◀ 釜山全年日均气温变化示意图

## 最佳季节所需衣物

在韩国东南部游玩，如果打算去海边，一定要携带防晒霜、草帽等，还要带上在海滩上畅享日光浴的物品，比如好看的沙滩服、离开海滩后备用的衣物、防水的沙滩鞋等。如果不会游泳，还要记得带上可充气式泳圈。最好准备防水包，把怕湿的物品装好。除了必备物品，建议不要携带太多其他物品。这一地区有许多风景优美的山，如果打算爬山注意穿一双舒适的鞋子，可带一个保温杯。

| 韩国东南部最佳季节所需衣物 | | | | | | |
|---|---|---|---|---|---|---|
| 衣物种类 | 5月 | 6月 | 7月 | 8月 | 9月 | 10月 |
| 风衣 | √ | — | — | — | — | √ |
| 薄外套 | √ | √ | √ | √ | √ | √ |
| 厚外套 | √ | — | — | — | √ | √ |
| 牛仔衫裤 | √ | √ | √ | √ | √ | √ |
| T恤裙装 | — | √ | √ | √ | √ | — |
| 泳装墨镜 | √ | √ | √ | √ | √ | √ |

# 东南部路线：釜山—庆州—大邱6天6夜游

| 6天6夜的东南部路线 | | | |
|---|---|---|---|
| 城市 | 日期 | 时间 | 每日安排 |
| 釜山 | Day 1 | 上午 | 海云台 |
| | | 下午 | 冬柏公园 |
| | Day 2 | 上午 | 釜山博物馆 |
| | | 下午 | 龙头山公园→太宗台 |
| | Day 3 | 上午 | 金井山 |
| | | 下午 | 梵鱼寺→东莱温泉场 |
| 庆州 | Day 4 | 上午 | 佛国寺 |
| | | 下午 | 石窟庵→新罗千禧公园 |
| | Day 5 | 上午 | 大陵苑→瞻星台 |
| | | 下午 | 雁鸭池→石冰库→国立庆州博物馆 |
| 大邱 | Day 6 | 上午 | 大邱药令市场 |
| | | 下午 | 国立大邱博物馆 |

127

## 到达釜山

釜山（Busan）广域市是韩国的第二大城市，也是一座繁华的国际化大都市。釜山东南部临海，西北部多山，西邻洛东江，有山、有海、有江的多种地形造就了这里景色旖旎的风光。

### 通航城市

作为韩国第二大城市，釜山的航空业十分发达，与我国的航空往来也十分密切。中国的北京、上海、广州等地每天都有航班飞往釜山。

### 从中国飞往釜山的航班

中国东方航空公司、大韩航空、韩亚航空以及中国国际航空公司都有往返于中国和釜山的航班，这些航班多在北京、上海、广州、青岛等地起飞，如果从国内其他城市前往釜山可以在就近的城市转机。下表列出其中几个航空公司的航班信息。

| 中国飞往釜山的航班 | | | | |
|---|---|---|---|---|
| 航空公司 | 航空公司电话 | 城市 | 单程所需时间 | 出航信息 |
| 中国国际航空 www.airchina.com.cn | 中国客服电话 0086-95583 | 北京 | 直达约2小时20分钟 | 每天的8:25、10:55、16:50有航班从首都国际机场T3航站楼出发飞往釜山机场 |
| 中国东方航空 www.ceair.com | 上海客服电话 021-95530 | 上海 | 直达约1.5小时 | 每天的14:20、9:10、11:10有航班从浦东机场T1航站楼出发飞往釜山机场 |
| 大韩航空 www.koreanair.com | 010-84685288 | 北京 | 直达约2.5小时 | 每天2:50、18:35有航班从首都国际机场T2航站楼出发飞往釜山机场 |
| | 021-52082080 | 上海 | 直达约1小时50分钟 | 每天14:20、11:10有航班从浦东机场T1航站楼出发飞往釜山机场 |
| | 0532-83880221 | 青岛 | 直达约1小时45分钟 | 每天13:10有航班从青岛流亭机场出发飞往釜山机场 |
| 韩亚航空 cn.flyasiana.com | 中国境内拨打 400-6508000 中国境外拨打 010-84510101 | 北京 | 直达约2小时15分钟 | 每天10:55、16:50有航班从首都国际机场T3航站楼出发飞往釜山机场 |
| | | 广州 | 直达约2小时50分钟 | 每天13:30有航班从新白云国际机场出发飞往釜山机场 |
| | | 青岛 | 直达约1小时40分钟 | 每天12:35有航班从青岛流亭机场出发飞往釜山机场 |

# 如何到市区

从国内起飞的飞机到达釜山的金海国际机场（Busan Gimhae International Airport）。金海国际机场是韩国南部的空中枢纽，不仅与韩国境内的各主要城市有频繁的航班往来，还开通了前往亚洲其他国家、欧洲、北美洲等地的国际航线。

## 金海国际机场

金海国际机场（三字代码：PUS；四字代码：RKPK）位于釜山广域市江西区大渚2洞，分为国际和国内两个航站楼。它的国际航线航站楼共有3层：1楼到达厅，有货币兑换处、快餐店以及手机租赁处；2楼出发厅，是离开韩国时的必经之地，提供货币兑换、手机服务与旅客的休息空间；3楼休闲室，有咖啡厅、韩式餐厅以及免费上网的空间，可供休息及其他休闲活动。

◀ 金海国际机场国际航线航站楼1层平面图

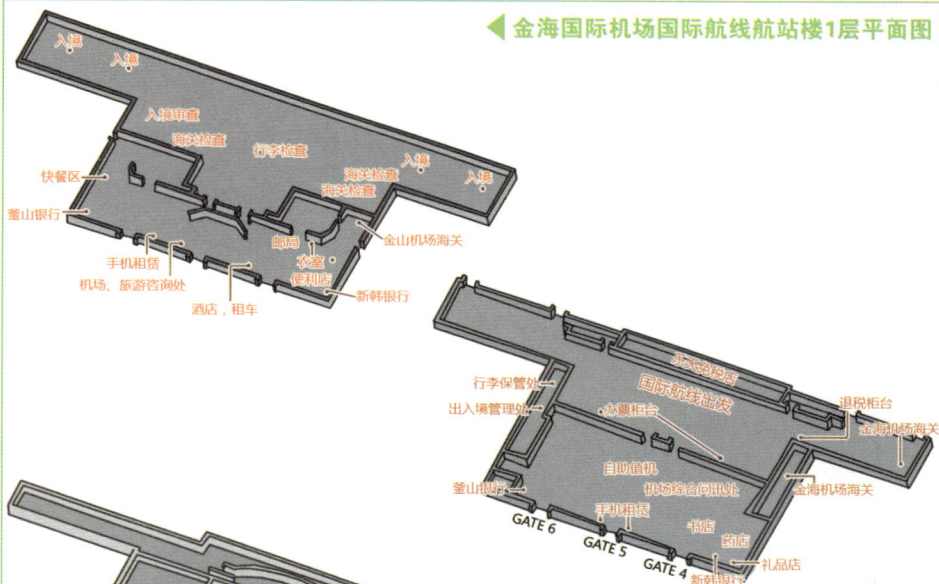

入境 入境 入海审查 海关检查 行李检查 海关检查 入境 入境 快餐区 釜山银行 邮局 金山机场海关 手机租赁 洗手间 机场、旅游咨询处 便利店 酒店、租车 新韩银行

▲ 釜山机场国际航线航站楼2层平面图

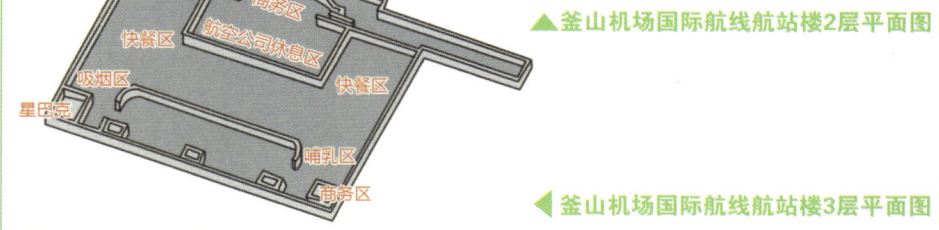

行李保管处 天空免税店 退税柜台 出入境管理处 国际航线出发 金海机场海关 办票柜台 釜山银行 自助值机 金海机场海关 GATE 6 机场综合问讯处 手机租赁 GATE 5 书店 GATE 4 药店 礼品店 新韩银行

◀ 釜山机场国际航线航站楼3层平面图

商务区 快餐区 航空公司休息区 吸烟区 快餐区 星巴克 哺乳区 商务区

## 金海国际机场到市区的交通

从釜山金海国际机场到釜山市区的交通非常方便，最常用的交通方式有机场巴士和城铁。

### 机场巴士

机场巴士停靠在国际航线航站楼外，可以分为城际豪华巴士、城市豪华大巴、城市公交车和循环巴士。如果你要去往市区，出机场大厅之后，可以乘坐201、300、307路（一般巴士，发车间隔20分钟）或者3-1（循环巴士）到达市区。各种巴士停靠点分布如下页图。

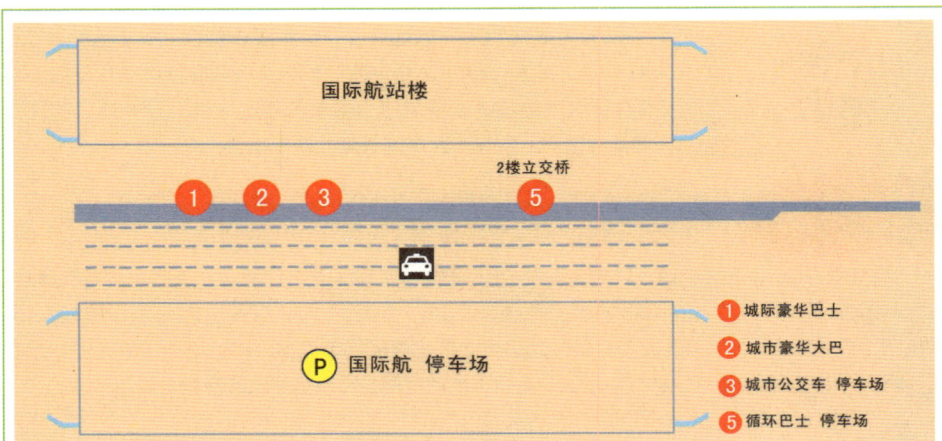

▲金海国际机场巴士站点分布示意图

### 轻轨

釜山目前已开通经过金海国际机场的轻轨。在车站乘坐轻轨后，可在大渚站换乘城铁3号线，或在沙上站换乘城铁2号线前往市区。

# 釜山3日行程

釜山是韩国有名的旅游城市，除了美丽的自然风光，泡温泉也是这里必不可少的娱乐活动。为了充分感知这个城市的魅力，因此安排了3天时间在这里。

## Day 1 海云台→冬柏公园

釜山最著名的游览胜地之一就是海云台，这里有各种各样的娱乐休闲设施，而且附近还有不少其他景点，第1天的行程就从海云台开始。

| 釜山第1天行程 | | |
|---|---|---|
| 时间 | 目的地 | 行程安排 |
| 10:00～12:00 | 海云台 | 海云台是釜山著名的景点，绵延的海滩上铺满厚厚的细沙，踩上去绵柔如玉。夜幕降临时的海云台在釜山温馨的黄色灯光之下，显得更为漂亮 |
| 12:00～14:00 | 午餐 | 海云台不仅有美丽的风景，还有美味的食品。在海边游玩嬉戏之后，你可以在附近的美食街上大快朵颐一番 |
| 14:00～19:00 | 冬柏公园 | 冬柏公园就在海云台附近，位于风景迷人的冬柏岛上，这里有葱葱郁郁的山茶树、茂密的松树林，一座小巧而精致的白塔矗立在蓝天碧海间 |
| 19:00～20:30 | 海云台市场 海鳗胡同 | 傍晚的时候，你可以沿着海滩慢慢散步回到海云台，你会发现这时的海云台呈现出另一番热闹的景象。走得累了，你可以去海云台市场的海鳗胡同吃一份香喷喷的烤海鳗 |

茯山站

中洞站
Jung-dong Station

海云台站
Haeundae Station

海云台
Haeundae

牛肉汤饭街

冬柏站
Dongbeak Station

Fuzzy Navel

A

Maktum
Paradise户外温泉

釜山水族馆
Busan Aquarivm

釜山Paradise赌场

尾浦生鱼片街

IBK JUMP 釜山专用剧场
ELUNE

冬柏公园
Dongbeak
Park

小吃车海洋村

海云台尾浦驳岸

AB约0.2千米,
步行约2分钟

海云台海水浴场
Baeundae Beach

海月亭

釜山饭店

B

APEC世峰楼

▲釜山第1天行程路线示意图

# 海云台

　　海云台（Haeundae，해운대）是釜山的著名旅游胜地，被誉为韩国八景之一。这里最吸引人的是蜿蜒曲折的白沙滩，长约2千米，沙质松软，洁净如玉。这里的海水浴场、釜山水族馆每年都吸引大量世界各地的游客前来。

## 旅游资讯

地址：釜山市海云台区海云台海边路264号

## 旅友点赞

　　海云台是韩国非常热门的旅游景点，尤其到了夏天，整个海边到处都是人，人们在海滩上嬉戏、游泳，热闹无比。晚上的时候，这里会支起许多路边小摊，吹着凉爽的海风，吃着美味的小吃，真是一大享受。

▲ 海云台及其周边景点分布示意图

## Tips

海云台是著名的旅游胜地，所以从各处到达这里都非常方便。

| 起点/交通工具 | 交通信息 |
|---|---|
| 金海国际机场 | 乘坐机场豪华巴士（南川洞/海云台行）→NovotelAmbassador酒店下车 |
| 釜山铁路站 | 城铁1号线西面站换乘→2号线海云台站下车（3、5号出口出） |
| 釜山综合巴士客运站 | 铁路1号线莲山站换乘→3号线水营站换乘→2号线海云台站下车（3、5号出口出） |
| 地铁 | 2号线海云台站下车（3、5号出口出）→向海云台海边路方向走约600米 |
| 自驾 | 京釜高速公路→城市高速公路→院洞IC→海云台站→海云台海水浴场 |

**到达海云台交通信息（以海云台海水浴场为目的地）**

## 釜山水族馆

釜山水族馆（Busan Aquarium，부산아쿠아리움）是韩国最大的海底主题水族馆，位于海云台海水浴场入口处。全馆共有4层，地上的1层是露天公园和停车场；地下第1层是海洋模拟馆、休息室和纪念品商店；第2、3层是各类水族馆。这里的水族馆类型多样，还有可直接触摸的触摸池等可尽情体验水中生态界的设施。

地址：釜山广域市海云台区中洞1411-4
交通：乘坐城铁2号线海云台站下（5号出口出），然后朝海云台海水浴场方向步行约500米可到
网址：www.busanaquarium.com/ch
电话：051-7401700

## 海云台海水浴场

海云台海水浴场是釜山具有代表性的海水浴场。这里有祖母绿色的大海、柔软的沙流，而管理状态极佳的美丽白沙滩更为其增添了许多魅力。另外，这里还有四季温泉设施与多种娱乐设施，每年夏天这里就成了欢乐的海洋。

地址：海云台中洞
交通：乘城铁2号线海云台站下（3、5号出口出），沿海云台海边路方向步行约600米可到
网址：sunnfun.haeundae.go.kr

## 中午在哪儿 吃

海云台不仅有美丽的风景，还有美味的食品。在海边游玩嬉戏之后，可以在附近的美食街上大快朵颐一番。

### 1 小吃车海洋村

小吃车海洋村沿着海云台海水浴场列队而成，在这里可以直接眼观挑选各种海产品，价格表上用韩、英、日、中四国语言标识，经济实惠，新鲜美味，很受外国游客的欢迎。

地　址：松林公园入口
交　通：从海云台海水浴场向松林公园方向步行即到

### 2 牛肉汤饭街

这里有地道而正宗的牛肉汤饭与牛血汤。清香可口的豆芽，香辣味美的肉汤，厚实饱满的肉块足以让人沉静在享用美食的快乐中。

地　址：海云台31路公交车终点站附近（Riviera宾馆对面）
交　通：从海云台站1号出口出来之后，沿海云台海水浴场方向200米前行后左转即是

## 冬柏公园

冬柏公园位于风景迷人的冬柏岛上，这里有葱葱郁郁的山茶树、茂密的松树林，一座小巧而精致的白塔矗立在蓝天碧海间。岛上还有古代学者崔致远先生的铜像与石碑，在岛上的核心位置是举办过APEC首脑会谈的会址——APEC世峰楼。

### 旅游资讯

地　址：**海云台区佑洞冬柏岛**

交　通：从海云台沿海滩向西步行可到；或乘坐城铁2号线在冬柏站下（1号出口），向前走到釜山The Westin Chosun酒店，即可看到冬柏岛入口

### ★★★ 旅友点赞

在这座岛上，有一个2米多高的人鱼雕像，关于这个雕像有一个美丽的传说。据说人鱼国的黄玉公主嫁给了海云台龙宫的恩惠王，但是公主思念故乡，于是每到十五的月圆之夜，公主都会到海边，看着黄玉中映照的故乡，以排解思乡之愁。

### APEC 世峰楼

APEC世峰楼是专为2005年APEC会议而建，当时被称为"最美丽的会场"。这座高大的建筑主要用透明玻璃和钢化支架建成。站在这里，背倚灯塔，可将海云台海水浴场与广安大桥的秀美景观同时收入眼底。

地　址：釜山广域市海云台区佑洞714-1
电　话：051-7443140

晚上在哪儿
玩

傍晚的时候，可以沿着海滩慢慢散步回到海云台，你会发现这时的海云台出现了众多小摊，呈现出另一番热闹的景象。走得累了，你可以去海云台市场的海鳗胡同吃一份香喷喷的烤海鳗。

### 海云台市场海鳗胡同

地址：海云台市场内
交通：从海云台站出来后向前步行约400米即到

　　走进海云台市场的海鳗胡同，你会看到涂抹了调料的海鳗在暗红的炭火上慢慢被烤熟，香味扑鼻，让人不由自主地流口水。

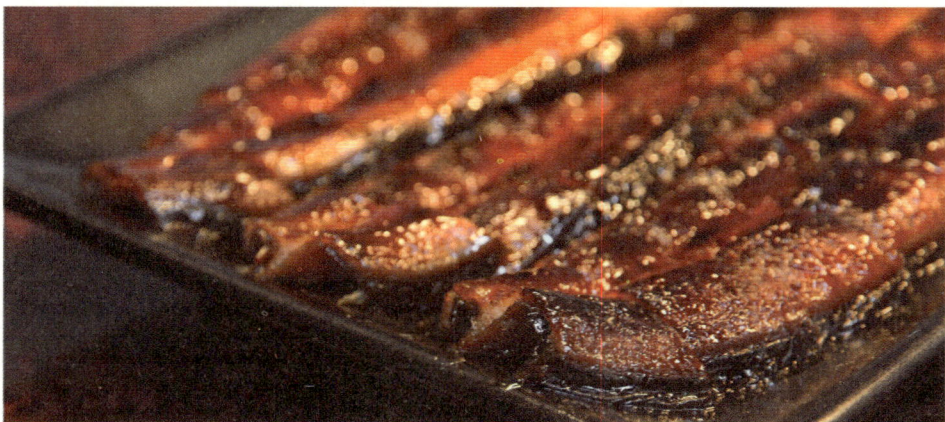

## Day 2　釜山博物馆→龙头山公园→太宗台

　　除了海云台，釜山还有一处美丽的风景，那就是太宗台，太宗台是影岛上最受游客关注的旅游胜地之一。第二天的行程从藏品丰富的釜山博物馆开始，转一转龙头山公园，最后登上影岛去游览一下太宗台。这一天的景点之间距离较远，最好选择乘车前往。

| 釜山第2天行程 | | |
| --- | --- | --- |
| 时间 | 目的地 | 行程安排 |
| 10:00～12:00 | 釜山博物馆 | 同其他韩国的公立博物馆相比，釜山博物馆有着有着更加悠久的历史，展示和收藏的文物，其年代覆盖了史前时代到现代 |
| 12:00～14:00 | 午餐 | 看完釜山博物馆中数量繁多的展品，天色已近中午。下午要去的龙头山公园距离这里比较远，你不妨在这里吃过午餐之后再乘车前往 |
| 14:00～15:00 | 龙头山公园 | 龙头山公园是俯瞰釜山全景和海洋风光的好地方，晴天时，甚至可瞭望到远方的对马岛。如果观看夜景和夕阳，则更有情调 |
| 15:00～18:00 | 太宗台 | 太宗台与五六岛一起都属于代表釜山的岩石海岸，灯塔是不能不参观的地方，附近的松林、山茶树茂盛，春天的时候很美 |
| 18:00～20:00 | 甘池卵石庭院 | 逛完太宗台内的景点之后，天色也快要黑了。不过太宗台开放到24:00，所以你可以不必急着回去，景区里面有一些海产品小吃车，你可以在这里品尝一下新鲜美味的海产品 |

AB约7千米，乘车约12分钟

Eomgwangsan

Uam1 (i) -dong

龙塘洞 Yongdang-dong

Gamman-dong

Yongho 3 (sam) -dong

龙湖洞 Yongho-dong

A

釜山博物馆 Busan Museum

龙头山公园 Yongdusan Park

B

Seo-gu Chojang-dong

Nambumin 2 (i) -dong

影岛区 Yeongdo-gu

Bongnaesan

Oryukdo

BC约7千米，乘车约12分钟

东三洞 Dongsam 2 (i) -dong

C

太宗台 Taejongdae

▲釜山第2天行程路线示意图

# 釜山博物馆

## 旅游资讯

地址：釜山市南区大渊4洞948-1

交通：乘坐城铁2号线在大渊站下，从3、5号出口出，沿UN参战纪念塔方向步行约600米可到

网址：museum.busan.kr

开放时间：9:00～18:00，每年1月1日以及每周周一闭馆

电话：051-6107111

## 旅友点赞

这是一座藏品极其丰富的博物馆，除了常设展馆，还有临时展示馆、户外展示场地等。其中最受游客欢迎的是文化体验馆，在那里你可以试穿龙袍、翼善冠、阔衣、圆衫等服装，也可以体验韩式茶道、拓本及印刷过程，都是十分有趣的。不过如果你想参加这些活动记得预约。

釜山博物馆（Busan Museum，부산 박물관）是釜山最为重要的博物馆之一。博物馆中有多个常设展馆，其中最吸引人的是第一展馆和第二展馆。在第一展馆中可一览各时代的文化状态，而在第二展馆中可以详细地了解釜山的近代史。

中午在哪儿 **吃**

看完釜山博物馆中数量繁多的展品，天色已近中午。下午要去的龙头山公园距离这里比较远，所以不妨在解决午餐之后再乘车前往。

## Paris Baguette

在韩国许多城市都能看到Paris Baguette的店铺，这是一家面包店，里面有美味的法棍面包以及各种蛋糕等。

地址：127-1 Seokpo-ro（1086-12 Daeyeon-dong）Nam-gu, Busan
交通：从釜山博物馆西南方向步行约200米可到

# 龙头山公园

龙头山公园（Yongdusan Park，용두산공원）位于釜山市区的龙头山上，与市区的繁华和热闹相比，这里有一份恬淡而宁静的美丽。在这座公园里，可以看到林林总总的植物，让人目不暇接。公园中的釜山塔是釜山的标志性建筑。

### 釜山塔

釜山塔（Busan Tower，부산 탑）位于釜山公园中，这是一座优雅而柔美的建筑。这座塔高约120米，整体呈灯塔状，外观是简约而典雅的白色，将韩国民族的古典美与现代美表现得淋漓尽致。付费之后你可以登上釜山塔，在塔上的展望台上可以看到远处的风景。

### 旅游资讯

地址：釜山广域市中区龙头街37-55
交通：乘坐城铁1号线在南浦洞站下，从1号出口处，向光复路时装街方向步行约200米可到
网址：www.yongdusanpark.or.kr
开放时间：4~10月8:30~22:00，10月至次年3月9:00~22:00
电话：051-8607820

### 旅友点赞

龙头山公园是城市中的休息空间，如果你不想爬山，还可以在光复路上搭乘自动扶梯直接到公园内。山上令人印象最深就是釜山塔，尤其是到了晚上，夜幕中蓝色的照明灯不仅将塔体装扮得异常迷人，也给釜山的夜景增添了几分迷幻的色彩。

# 太宗台

　　太宗台（Taejongdae，태 종대）位于玄海滩突出的岬岛——影岛上，是岛上最受游客关注的旅游胜地之一。新罗时代太宗武烈王深爱此处秀丽的海岸佳景而常来此处，因此被称为"太宗台"。这里的苍翠的松林矗立在悬崖峭壁间，气势磅礴的大海与秀气的山茶树相依相伴，在这里你能领略到不同别处的自然景观。

## 旅游资讯

地址：釜山市影岛区东三洞山29-1

交通：可乘坐8、30、66、88等路公交车在太宗台下车即是

网址：www.taejongdae.or.kr

开放时间：4:00～24:00

电话：051-4052004

## ★★★ 旅友点赞

　　太宗台的瞭望台所在地因可远眺五六岛与对马岛的秀丽风景而闻名。眺望台前雕有象征母爱温情的母子像。另外，景区为了保护太宗台的美丽自然景观，也为了保证游客安全的步行环境而管制车辆的进入，景区内运营着Danubi观光车。你可以乘坐观光车前往各处。

### 晚上在哪儿 玩

　　逛完太宗台内的景点之后，天色也快要黑了。不过太宗台开放到24:00，所以这时你可以不必急着回去，太宗台景区里面有一些海产品小吃车，可以在这里品尝一下美味的海产品。

## 甘池卵石庭院

　　太宗台有三处卵石庭院，分别为灯台卵石庭院、太原卵石庭院和甘池卵石庭院。其中甘池卵石庭院内有海产品小吃车，你可以在这里品尝美味的海产品。这里的海鲜种类非常丰富，有海参、长蛸、单环刺等，从海里打捞出的新鲜贝类烧烤味道极佳。

地址：Joongri, Dongsam-dong, Yeongdo-gu

交通：乘坐太宗台游园地内Danubi观光车可到

电话：051-4194061

# Day 3

## 金井山→梵鱼寺→ 东莱温泉场

在远离市区的地方，还有一个非常值得一去的景点，那就是集自然景观和人文景观于一身的金井山。从山上下来之后，还可以去附近泡一泡享有盛名的东莱温泉。

| 釜山第3天行程 | | |
|---|---|---|
| 时间 | 目的地 | 行程安排 |
| 10:00~12:00 | 金井山 | 金井山是釜山风景最优美、最壮观的名山，山上有金井山城，还有屏风岩、岩壁、大陆峰岩等有名的岩壁 |
| 12:00~14:00 | 午餐 | 登上金井山之后，山上的餐厅可能没有那么多，到了午饭时间你可以先到梵鱼寺附近找个餐厅。芦苇屋就是梵鱼寺附近的一家传统韩式风味餐厅 |
| 14:00~18:00 | 梵鱼寺 | 梵鱼寺位于金井山的东北部，寺内有建于9世纪左右的三层石塔和由四根柱子支撑的一柱门，风景优美、空气清新 |
| 18:00~20:00 | 东莱温泉场 | 这一天的行程都在户外奔走，到了晚上难免有些疲惫。这时，泡一泡温泉可以赶走一身的疲惫，也算是对自己一整天辛苦的犒劳 |

▲ 釜山第3天行程路线示意图

# 金井山

　　金井山上有郁郁葱葱的丛林与清澈见底的河流，再加上花岗岩的奇岩绝壁之貌，可谓山势如画。历史悠久的金井山城是韩国规模最大的山城，四大城门瞭望楼十分壮观，已经成为登山人的休息之所。

## 金刚公园

　　在金井山山脚下有一个金刚公园，它是釜山市民喜欢的公园之一。公园里有不少文化遗迹，还有动植物园和游乐场。这座公园是免费的，不过如果你乘坐公园里通往山顶的缆车，则需要交纳一些费用。

地址：釜山广域市东莱区温泉1洞山27-9
交通：乘坐釜山城铁1号线在温泉场站下，出城铁在巴士站SK허브스카이乘坐公交车80、131、100-1到동래구7即可到达；或乘坐121、80、77、131、110-1、46、110、100-1等路公交车到동래구7下车即到
票价：免费（缆车乘坐6000韩元/人）
开放时间：6:00～18:00
电话：051-8607880

## 旅游资讯

地址：釜山广域市金井区长箭洞山30
交通：乘坐釜山城铁一号线在温泉场站下，出城铁在巴士站SK허브스카이乘坐巴士203在동문站下可到
网址：www.kumjungsansung.com

## ★★★ 旅友点赞

　　也许是因为树木茂盛的缘故，金井山中的空气非常湿润，沿途的风光也十分秀美。这里的一切都那么自然，时常可以听到鸟儿欢快的鸣叫，有时还能看到鸟儿悠闲地觅食。山上的泉眼几乎随处可见，汩汩的山泉使得整座山峰都变得清凉起来。

**中午在哪儿吃**

登上金井山之后，山上的餐厅可能没有那么多，到了午饭时间你可以先到梵鱼寺附近找个餐厅。在风光旖旎的风景区用餐，就算最普通的午餐也变得无比美味。

## 芦苇屋

芦苇屋（대밭집）位于梵鱼寺附近，这是一家传统的韩式风味餐厅，泡菜是其中必不可少的菜式，另外还有营养丰富的鸡汤。

> 地址：519 Cheongnyong–dongGeumjeong–gu, Busan
> 交通：从梵鱼寺向东南方向步行约600米可到
> 电话：051–5083839

# 梵鱼寺

梵鱼寺（Beomeosa）是位于金井山麓的一座古老佛寺，由新罗时期的义湘大师建成，被称为是釜山第一古庙，是韩国一座很有代表性的佛寺。梵鱼寺曾在壬辰倭乱时被毁，现在的建筑是1717年重建的。寺庙与周围宁静的环境融为一体，静谧得让人的心情也平静下来。

### 旅游资讯

地址：釜山金井区青龙洞546号
交通：乘坐城铁1号线在梵鱼寺站下，从5号或7号出口出，沿两个出口之间的道路步行5分钟到三辰交通汽车站，在那里乘坐90路汽车可至梵鱼寺售票处；乘坐37、47、48、49–1、50、147、247等路公交车，在终点下车后换乘90路汽车可到
开放时间：8:30～17:30

### 旅友点赞

梵鱼寺作为釜山第一古庙，寺内至今还保留着殿阁、阁楼、巨门、进修庵及最初建造的三层石塔等众多历史古迹。其中华丽而庄严的大雄殿和历史悠久的三层石塔已被列为韩国的国宝。

## 晚上在哪儿 玩

这一天的行程都在户外奔走，到了晚上难免有些疲惫。这时，泡一泡温泉可以赶走一身的疲惫，也算是对自己一整天辛苦的犒劳。

### 东莱温泉场

东莱自新罗时代起就是温泉休闲地，如今仍然是传统温泉的宝地。在东莱的温泉场不仅有被称为"亚洲第一大温泉"的虚心厅，还有几家可免费享用的露天足浴池，这些露天足浴池有40℃以上的温泉水喷涌而出，可促进血液循环，对预防关节炎与高血压有很好的效果。

地址：釜山广域市东莱区温泉洞
交通：乘坐100、80-1、51-1路公交车在温泉场站下；或搭乘城铁1号线温泉场站下车可到

# 如果多待一天

如果可支配的时间比较长，或者对釜山这座城市意犹未尽，可以在这里再安排1天。可以充分利用这个1天的时间，去游览一下那些没来得及去看的景点；品尝一下这里的美食；去购买当地的特色商品；去尽情娱乐一番。

## 多待一天的游玩

如果能在釜山多玩1天，还想转一转这里的景点，那么你可以去神秘的五六岛看一下涨潮退潮，或者去充满欢乐气氛的广安里海滩晒晒太阳，也可以到静谧的通度寺参观一下。

### 1 五六岛

五六岛（Oryukdo Island，오륙도）位于釜山南区，这片海岛以其神秘的气息而闻名。这里每天随潮水涨退情况不同而会露出五个或六个小岛，因此才得名五六岛。其实是其中两岛的下部相连，上部一分为二，所以涨潮时看起来是两个岛，退潮时就成为一个岛。

地址：南区龙湖洞936（防牌岛）~941（灯台岛）
交通：乘坐城铁2号线在庆星大釜庆大站下车，从3、5号出口出，然后换乘22路公交车在五六岛SK view后门下车可到
电话：051-6074062

### 2 通度寺

通度寺（Tongdosa）是韩国的三大名刹之一，位于环境清幽的鹫栖山中。这里尽管有着各式各样的弘鼓、云版、木鱼、梵钟等古老文物，但这里并没有供奉佛像，而是以供奉释迦牟尼佛舍利子而闻名。

地址：庆尚南道梁山市下北面通度寺路108号
交通：由釜山东部巴士站出发需30分钟可到
网址：www.shop.tongdosa.or.kr
开放时间：3~10月8:00~18:30，11月至次年2月8:00~17:30

### 3 广安里海滩

广安里海滩（Gwangalli Beach）被称为釜山的Waikiki海滩，这里的沙滩既宽阔又绵长，而且水质洁净，水深适中，是一处非常难得的都市中心海水浴场。来自各地的人们在这里游泳、晒日光浴，尽情享受大自然的馈赠。

地址：釜山市水营区广安2洞
交通：可乘坐KAL机场大巴在广安站下车；从釜山站乘坐城铁1号线在西面站换乘2号线，到广安站下车，步行约5分钟可到；或乘坐42、140、239、240、139路公交车在广安里入口下车可到

#### 广安大桥

广安大桥（Gwangan Bridge，광안대교）连接釜山海云台区和水营区，是韩国著名的跨海大桥。也是釜山的地标之一。

广安大桥桥身造型优美，已经成为广安里海滩的一大景观。

地址：釜山广域市水营区广安洞

# 多待一天的美食

釜山是一个美丽的港口城市，靠海吃海，这里最有名的特色美食当然是海鲜。在海云台和广安里海滩附近就有许多很受欢迎的海鲜餐厅。而在以温泉著称的东莱，也有一种特色美食——海鲜葱饼，那里几乎每个餐厅都提供这种鲜美可口的食品。不过，釜山的菜肴口味比较重，若喜欢吃清淡的食物记得在点餐时提前告知服务员。

## 1 元祖老奶奶河豚汤

元祖老奶奶河豚汤位于海云台海边深处的尾浦，店里的河豚肉以肉嫩鲜美著称，因此这里经常门庭若市。店里以上等河豚为原料精制而成的白煮河豚与清新爽口的河豚清汤颇受顾客青睐。

地址：海云台区迎月路62号街
交通：乘坐城铁2号线在中洞站下，从7号出口出，步行约700米可到
营业时间：6:00～23:00
电话：051-7422790

## 2 大长今

大长今是位于海云台的传统韩定食套餐专卖店。店里韩国传统风味的菜肴用扶安特产熊渊鱼酱与产于智异山咸阳的酱料精制而成。这里及其宽敞，装饰得极具传统美，适合与贵宾、家人在此聚会就餐。

地址：海云台区佐洞路14号街32
交通：乘坐城铁2号线在中洞站下，从4号出口出，步行约300米可到
营业时间：12:00～22:00
电话：051-7475570

## 3 海云四季

在屋顶宅地栽种的各种有机蔬菜是海云四季引以为豪的特色菜肴。店里有自己的烹饪秘诀，精心烹制每一道菜，并将其盛放在铜碗之中。用高贵的韩纸与绚丽的照明营造的经典氛围总是给人留下深刻的印象。

地址：海云台区龟南路8号街71（海边加油站新路右侧）
交通：乘坐城铁2号线在海云台站下，从7号出口出，步行约400米可到
营业时间：7:00～22:00
电话：051-7310041

143

## 4 龟船生鱼片店

龟船生鱼片店位于海云台的迎月路，若在这里就餐，可以在波涛声与海洋气息中享用美味菜肴。这里以直接从产地运来的新鲜鱼类为原料，再加上店里自制的辣椒酱等各种调味酱，制作出余味无穷的美食。

地址：海云台区迎月路62号街69号
交通：乘坐城铁2号线在中洞站下，从7号出口出，步行约1.4千米可到
营业时间：11:00～23:00
电话：051-7418850-1

## 5 母牛排骨店

母牛排骨店自1964年开业以来已传承了两代，店里选用上等的母韩牛为原料，微烤之后沾上店里特制的酱料，经久不变的美味一直颇受顾客欢迎。店里的装饰也颇有特色，古香古色的瓦屋顶与碎石小院营造着传统古宅的别样氛围。

地址：海云台区中洞2路10号街
交通：乘坐城铁2号线在海云台站下可到
营业时间：11:00～22:00
电话：051-7460033

## 多待一天 的购物

在釜山购物，若要买各种服装、饰品、电子产品等，可以去新世界百货商店Centum City店和光复路文化时尚街区，那里不光有各种各样的商品，还有许多供顾客休闲娱乐的场所，可以带给顾客舒适的购物体验。如果不错的选择想买到最新鲜的海产品，著名的札嘎其市场是。

## 1 新世界百货商店Centum City店

新世界百货商店Centum City店是规模非常庞大的综合性购物商场，这里服装卖场、食品馆、室内溜冰场、室内高尔夫练习场、CGV影院、温泉浴场等可四季享用的各种设施十分齐全，可带给你舒适的购物体验。

地址：35, Centum nam-daero, Haeundae-gu
交通：乘坐城铁2号线在Centum City站下，从12号出口出后步行可到
电话：01-15881234

## 2 光复路文化时尚街区

光复路文化时尚街区（광복로문화패션거리）是购物的好去处，从登头龙山公园电梯入口处一直延伸到国际市场中间。在这里有许多著名的服装店，还有很多出售贵重金属、相机、民俗工艺品等的店铺。平时在这里购物可享受20%～30%的折扣，如果碰上举办活动，可得到更多优惠。

地址：釜山中区光复洞、新昌洞
交通：乘坐城铁1号线从南浦洞站的1号出口出后步行可到；也可乘坐8、15、26、35、302等路公交车到达

## 03 西面1号街

西面1号街是西面最繁华的地方之一，这里有许多店铺，与乐天酒店、乐天百货商店也相通，春秋两季还会特设舞台，举行各种表演活动。这里总是聚满了国内外的游客。

> 地址：釜山西面区
> 交通：乘坐城铁1、2号线在西面站下车，从1号出口出，前行约300米经过金刚制靴后右转

## 04 札嘎其市场

札嘎其市场（자갈치시장）是韩国一个历史悠久的大型水产市场，指的是从影岛大桥底下的干鱼市场至忠武洞早市区一带。在这里可以买到最新鲜的海鲜产品，还可以吃到现做现卖的生鱼片。每年10月这里还会举行札嘎其文化观光节。

> 地址：釜山中区札嘎其海岸路52号（南浦洞）
> 交通：乘坐城铁，在札嘎其站下车即可到达

## 多待一天的娱乐

釜山的夜生活是丰富多彩的。奔波了一天之后，可以和绵延的海滩与大海来个亲密接触，聆听一下海浪拍打海岸的声音；在东莱，可以在温泉场泡一泡温泉；在国立釜山国乐院，可以欣赏到釜山岭南地区的传统艺术；在每年9～10月份的釜山电影节期间还可以欣赏到来自世界各地的最新电影。

## 1 BIFF广场

BIFF广场是南浦洞四家电影院汇集的大街，这里是看电影、购物、娱乐相融合的综合性空间，在这里可以切身感受电影之都的魅力。这里是釜山国际电影节的主要舞台场地，圆形舞台与广场地面上刻有国际电影界著名人士的手印。

> 地址：釜山中区南浦洞5街
> 交通：乘坐城铁1号线在札嘎其站下，从7号出口出，走到南浦十字路口然后向国际市场方向步行约100米可到

## 2 国立釜山国乐院

国立釜山国乐院是釜山的国家文化艺术机构，是为继承和发展釜山岭南地区的传统演出艺术而设立的，在这里你可以欣赏到韩国传统的礼乐演奏。

> 地址：釜山广域市釜山镇区国乐路2（莲池洞）
> 交通：乘坐开往草邑、儿童大公园方向的33、63、83-1路公交车在天鹅（白鸟）公寓站下车可到
> 电话：051-8110040

## 03 鹿泉汤

鹿泉汤是东莱的一个老字号温泉了，很多到附近游玩的人都习惯到这里来。如果正赶上周末，这里还可能排起长队。

> 交通：乘坐城铁1号线在温泉场站下，从1号出口处，步行约10分钟可到
> 门票：4000韩元（不包括搓澡、按摩费用）

# 釜山住行攻略

    釜山是热门的旅游城市，所以这里有各种类型的住宿地以满足来自世界各地的游客，无论是高档酒店还是经济旅馆，在这里都可以找得到。在交通方面，对于距离较近的景点可以选择步行；距离较远的景点有城铁、公交、出租车等多种方式可以选择；如果想要节省时间，可以乘坐观光巴士和游船。

## 在釜山住宿

    作为韩国的第二大城市，釜山的住宿类型非常多。按照等级，釜山的酒店可以分为特1级、特2级、1级、2级、3级酒店。比较高档的酒店多集中在市中心和海云台附近，在一些景区还有环境优雅的度假村公寓。

### 1. 日落商务酒店

    日落商务酒店（Sunset Business Hotel）位于海云台海滩沿岸，提供免费网络、免费停车场和传统泰式按摩，8岁以下的儿童可免费入住。酒店客房中配有空调、平面电视、迷你吧和浴袍。酒店3间酒吧均供应鸡尾酒。

地址：46，Gunam-ro，Haeundae-gu
参考价格：双人间14万韩元起
电话：051-7309994

### 2. 海云台大酒店

    海云台大酒店（Haeundae Grand Hotel）是豪华的五星级大酒店，被海云台海滩和松林公园所环绕，酒店提供大型室内游泳池、健身中心、桑拿浴室和免费无线网络连接。在客房内可以欣赏海景或者城市景观，内有平面电视、迷你吧、沏茶/咖啡设备以及带免费洗浴用品和浴缸的连接浴室。

地址：217，Haeundaehaebyeon-ro，Haeundae-gu
网址：www.haeundaegrandhotel.com
参考价格：双人间22万韩元起
电话：051-7400114

| 釜山其他住宿地推荐 | | | | |
| --- | --- | --- | --- | --- |
| 名称 | 地址 | 电话 | 网址 | 参考价格 |
| Park Hyatt Busan | 51 Marine city 1-ro,Haeundae-gu | 051-9901234 | busan.park.hyatt.com | 双人间28万韩元起 |
| Busan Sukbak Dot Com Guesthouse | Choryang-dong,Dong-gu | 070-46514112 | busanyado.com | 6人宿舍间床位1.5万韩元/人 |
| Hotel Novotel Busan Ambassador | 292,Haeundaehaebyeon-ro,Haeundae-gu | 051-7431234 | accorhotels.com | 双人间18万韩元起 |
| Haeundae Wa Motel | 46 Gunam-ro 12beon-gil, Haeundae-gu | 051-7435761 | wahotel.alltheway.kr | 双人间8万韩元起 |

## 在釜山出行

釜山政府鼓励人们选择公共交通工具出行，并出台了相应的换乘优惠政策。在釜山，城铁、公交车以及出租车是主要的交通工具。对于游客而言，若前往距离比较近的景点还可选择步行。另外，乘坐游船或观光巴士游览釜山各大景点也是不错的选择。

### 公共交通换乘优惠制度

釜山的公共交通换乘优惠范围包括公交车、城铁和社区公交。对于使用交通卡的乘客，在下车后30分钟以内（候车时间超过30分钟的路线，须在下车后60分钟以内换乘）换乘以上交通工具的，给予优惠，换乘次数限两次。收费时以各种交通工具中最高车费为收费标准，其中公交车之间和社区公交之间可免费换乘，除此之外的则可优惠换乘（起步车费+换乘优惠费）。

### 城铁

釜山城铁（Metro）连接了主要政府机关、文化财团、购物中心、候车站、客车站等场所，可以同时用韩语、英语、汉语、日语提供向导服务，而且不同路线使用不同颜色。城铁1、2、3、4号线在介绍换乘车站时播放混合国乐后，用韩语、英语、汉语、日语提供向导服务，提醒乘客到站。

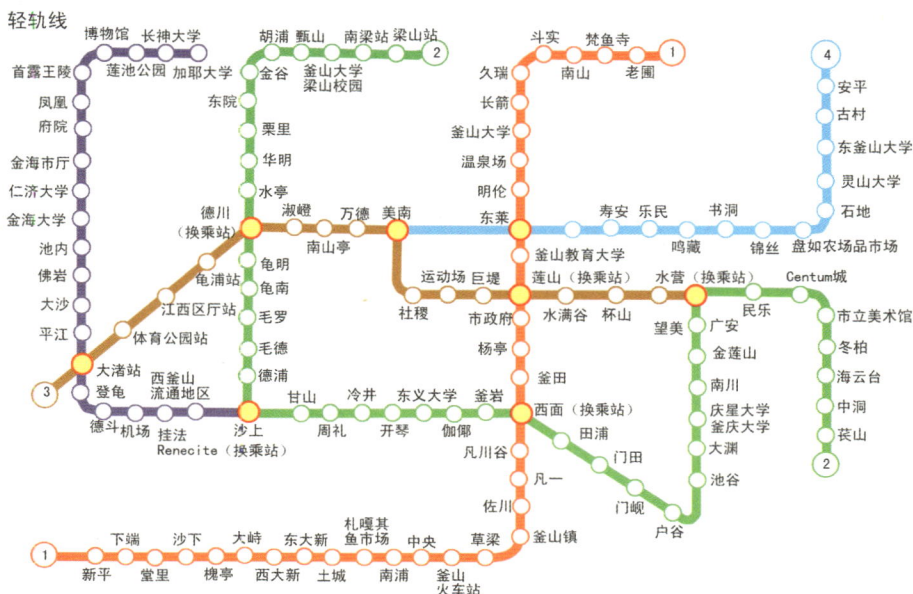

▲ 釜山地铁线路示意图

　　图中橙色、绿色、棕色和蓝色分别表示1、2、3、4号城铁线路，紫色的为釜山—金海轻轨。釜山城铁按里程分区间计价，距始发站不超过10千米的地方成为1区间，距始发站超过10千米的地方称为2区间。以下是利用交通卡和1次性票时的乘车费用。

| 釜山城铁费用明细（单位：韩元） | | | | | |
|---|---|---|---|---|---|
| 乘车区间 | 交通卡 | | | | 交通卡 |
| | 区分 | 成人 | 青少年 | 儿童 | |
| 1区间 | 1次性票 | 1300 | 1050 | 650 | 1200 |
| 2区间 | 1次性票 | 1500 | 1200 | 750 | 1400 |

## 公交车

　　釜山市内客车分为普通客车、座席客车、区内客车等。通常在前门上车，上车后通过侧面的收款箱或读卡机付费。使用现金时如果面值较大，不容易收回余钱，因此最好准备小额纸币或硬币。汽车上会有报站机实时通告公共汽车位置及到达汽车站的预计时间。下车前按墙上的响铃按钮，待客车在停车站开门后从后门下车。不过，对于座席客车一类只有单扇门的客车，上下车均用前门。以下是各种客车的收费标准，更多信息可访问bus.busan.go.kr。

| 釜山公交车收费标准 | | | | | | | | | |
|---|---|---|---|---|---|---|---|---|---|
| 票价 | 普通 | | | 座席 | | | 特级/夜间 | | |
| | 成人 | 中学生 | 小学生 | 成人 | 中学生 | 小学生 | 成人 | 中学生 | 小学生 |
| 现金 | 1300 | 900 | 400 | 1800 | 1700 | 1300 | 2200 | 1900 | 1500 |
| 交通卡（Myb卡） | 1200 | 800 | 350 | 1700 | 1350 | 1200 | 2100 | 1550 | 1400 |

## 出租车

　　釜山有普通、模范、品牌、大型4种出租车。

| 釜山出租车信息 | | |
|---|---|---|
| 出租车类型 | 详细信息 | 收费标准 |
| 普通出租车 | 主要在出租车站等候乘客，车内无客时显示红色"空车待租"字样，并点亮车顶灯标 | 起步价（2千米）2800韩元，按距离加收费用，夜间费用较高 |
| 模范出租车 | 车身为黑色，灯标为黄色，主要在外国人经常出入的机场、饭店、旅游景点等候乘客，提供免费车载电话、信用卡结账、发票等服务 | 起步价（3千米）4500韩元，按距离加收费用 |
| 品牌出租车 | 灯塔（DeungDae Call）出租车由个体出租车组成，车身标志为橙色环带和灯标，乘客接通呼叫中心后（051-6001000），仅需3～5分钟出租车即可到达，还可提供翻译服务 | 与普通出租车相同 |
| | 由企业出租车组成的釜山出租车（Busan Call），车身标志为蓝色环带和灯标，车上配有GPS呼叫系统，司机采用"两班倒工作制"，24小时运行 | |
| 大型出租车 | 车身黑色，灯标黄色，可容5～10名乘客，适合搭乘人员或行李较多时使用 | 与模范出租车相同 |

## 观光巴士

釜山的公共交通换乘优惠范围包括了公交车、城铁和社区公交。对于使用交通卡的乘客，在下车后30分钟以内（候车时间超过30分钟的路线，须在下车后60分钟以内换乘）换乘以上交通工具的，给予优惠，换乘次数限两次。收费时以各种交通工具中最高车费为收费标准，其中公交车之间和社区公交之间可免费换乘，除此之外的则可优惠换乘（起步车费+换乘优惠费）。

## 海上游轮

对大海情有独钟的游客可以选择乘坐游轮进行观光。目前在釜山运行的游轮有Pan Star Cruise（www.panstarcruise.co.kr）、Tiffany21号（coveacruise.com）、NURIMARU号（www.tezroc–busan.com）、冬柏号（coveacruise.com）和太宗台游轮（www.taejongdae.or.kr），具体线路和运行时间可登录相关网站查询。

# 从釜山至庆州

从釜山到庆州最便捷的方式是乘坐长途汽车。可以在釜山的综合巴士客运站（부산종합버스터미널，釜山城铁1号线老圃洞站3号出口旁）乘坐前往庆州的长途汽车。

## 乘坐巴士前往庆州

釜山综合巴士客运站有豪华巴士和夜间巴士前往庆州。豪华巴士的首班车为8:30，末班车为20:30，一天有13个班次，用时约50分钟可到庆州，费用在4500韩元左右。晚上的22:30和23:30，还有两班夜间巴士前往庆州，用时约50分钟。

## 到达庆州

庆州（경주시）位于韩国庆尚北道，这里曾是新罗王朝的首都，也是具有灿烂文化和悠久历史的民族文化的发源地。庆州市内许多年代久远的古老建筑，再加上东海的清净海域和海岸线上秀丽自然风光，使得庆州成为热门的旅游度假城市。

### 如何到市区

从釜山来的长途汽车到达庆州高速巴士客运站（경주고속터미널），该站位于庆州市路西洞243-5号（网址：www.toursilla.co.kr），附近有庆州旅游咨询处和庆州市外巴士客运站。这里有10、11、200、600路巴士可前往庆州各处。

# 庆州2日行程

庆州著名的景点佛国寺是游览的好去处。而作为新罗时代的古都，庆州其他新罗时期的建筑也值得一看。因此在庆州的2日行程中，第1天主要围绕佛国寺游览，第2天在城中看看大陵苑、瞻星台等其他景点。

## Day 4  佛国寺→石窟庵→新罗千禧公园

佛国寺位于庆州吐含山脚下，附近景点有同时期的建筑石窟庵，参观完这两处景点之后，可以去富有特色的新罗千禧公园体验一下新罗的历史。

| 庆州第1天行程 | | |
|---|---|---|
| 时间 | 目的地 | 行程安排 |
| 10:00~12:00 | 佛国寺 | 佛国寺以建造精美的新罗时期建筑和许多珍贵的佛教宝物而闻名于世，有大雄殿、多宝塔、释迦塔等重要的文化遗产 |
| 12:00~14:00 | 午餐 | 参观整个佛国寺可能要花费整个上午的时间，逛完之后，你可以在附近找个餐厅吃个午饭，休息一下之后再前往石窟庵 |
| 14:00~15:00 | 石窟庵 | 石窟庵在佛国寺不远处，以本尊佛为中心，四周雕刻着天部像、菩萨像、罗汉像、居士像、四天王像、仁王像、八部神众像等 |
| 15:00~19:00 | 新罗千禧公园 | 新罗千禧公园再现了新罗时代的村庄"千年古都"、Emile塔、Baghdad等，有木工艺工坊、玻璃工坊、染色工坊，所以更加直观地了解韩国的文化，还有多种表演可以欣赏 |
| 19:00~20:00 | 看演出 | 这一天的行程需要走很多路，如果感觉有些疲惫，不想去离住的地方太远的地方玩。可以在新罗千禧公园中观看一场夜间大型演出为这一天的欢乐时光画一个圆满的句号 |

▲ 庆州第1天行程路线示意图

新罗千禧公园
신라밀레
네엄파크 C

DEOK-DONG

HWANGYONG-DONG

BC约10千米,
乘车约15分钟

石窟庵
Seokguram
Grotto

哈洞
HA-DONG

B

佛国寺
Bulguk-sa

A

AB约1.5千米,
乘车约3分钟

GUJEONG-DONG

# 佛国寺

佛国寺（Bulguk-sa）位于庆州吐含山脚下，以寺内建造精美的新罗时期建筑和许多珍贵的佛教宝物而闻名于世，每年都有大批的游客慕名前来。这座寺庙的规模非常大，里面有许多重要的文化遗产，如大雄殿、多宝塔、释迦塔等，已被评为世界文化遗产。

## 旅游资讯

地址：庆州市进岘洞15号
交通：乘坐11、12路公交车可到
网址：www.bulguksa.or.kr
票价：约4000韩元
开放时间：7:00～18:00
电话：054-7469913

## 旅友点赞

佛国寺的魅力绝不仅仅在于美丽的风景和古寂的山寺情趣，还有高超的建筑技术。佛国寺的建筑布局分为两大区，一区以大雄殿为中心，有青云桥、白云桥、紫霞门、泛影楼、自经楼、多宝塔、释迦塔、无说殿等建筑，另一区以极乐殿为中心，有七宝桥、莲华桥、安阳门等。

### 极乐殿

极乐殿的区域包括了莲花桥、七宝桥和安养门。刻有莲花叶的下方桥为莲花桥，上方为七宝桥，据说创建时有很多人到这里来祈祷希望往生极乐。莲花桥、七宝桥形似青云桥、白云桥，东西并列，倾斜度更加柔和，规模稍小。

### 泛影楼

在佛国寺的紫霞门左右有两座别致的建筑——泛影楼和经楼，二者由回廊相连。其中右侧挂着钟的楼阁就是泛影楼，这座高耸而立的楼阁的两个柱础形似须弥山。

### 青云桥和白云桥

在佛国寺的青云桥和白云桥是与紫霞门相连接的桥，象征着桥下的俗世和桥上的佛的世界是相连接的。两排台阶中，下面的是17级的白云桥；上面有16级台阶的是青云桥。青云桥象征着生机勃勃的青年形象，而白云桥则象征着白发老人的人生。

### 舍利塔

舍利塔位于佛国寺讲堂后面，外形与石灯相似。舍利塔的四角基石上刻有窗户模样的眼像，里面还刻有荷花。塔的各面均有供养佛像的龛室，上面悬挂着帷幕，里面雕刻有佛、菩萨、神将，仿照瓦屋檐建造的屋檐石下面也雕刻有荷花。

参观整个佛国寺可能要花费整个上午的时间，逛完之后，你可以在附近找个餐厅吃个午饭，休息一下之后再前往石窟庵。

## 도리돈불국점

　　도리돈불국점位于佛国寺附近，这是一家装饰极为考究的韩国传统餐厅。在这里可以品尝到很多种制作精美的韩式菜品。

地址：590-1 Ma-dong, Gyeongju-si, Gyeongsangbuk-do
网址：www.doridon.co.kr
电话：054-7753081

# 石窟庵

　　石窟庵（Seokguram Grotto）位于佛国寺不远处，它跟佛国寺是同一时期的作品，那一时期是新罗佛教艺术的高峰期。石窟的平面结构为两边呈四角形，后边呈圆形。石窟内以本尊佛为中心，四周分别雕刻着天部像、菩萨像、罗汉像、居士像、四天王像、仁王像、八部神众像等。

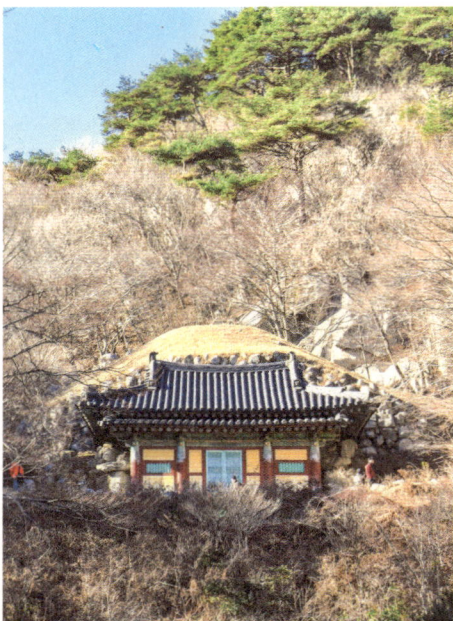

## 旅游资讯

地址：庆尚北道庆州市镇岘洞999
交通：可乘坐从佛国寺开往石窟庵的公交车，每小时一班
网址：www.sukgulam.org
票价：约4000韩元

## 旅友点赞

　　石窟庵的释迦牟尼的大佛像非常引人注意，它的眼睛微微眯着，左手呈禅定印状，右手放在膝盖上，食指朝向地面，整体看上去既宏伟又充满柔和气息。这里还有一尊非常美丽的十一面观音像，它的每一个面部表情都是微笑且慈祥的，但又有所不同。

153

# 新罗千禧公园

新罗千禧公园（신라 밀레니엄파크）是一座集历史和荣誉、挑战和冒险、文艺体验村等主题为一体的公园，分为"千年古都"、"梦幻世界"等几大板块，它将新罗时期的文化和生活原汁原味地表现出来，是了解古老的新罗时历史的好去处。

## 旅游资讯

**地址**：庆州市新平洞普文小区内

**交通**：乘坐10路巴士，在庆州世界文化博览会下车后步行5分钟可到

**网址**：www.smpark.co.kr

**开放时间**：工作日10:00~19:00，公休日10:00~19:40

## 旅友点赞

"梦幻世界"中的所有工作人员都身穿新罗时代的服装，通过尖端的技术和大型的室外演出，重现古老的新罗世界；而在"千年古都"里，这里模仿新罗时代的房屋建筑，有木工艺工房、玻璃工房、染色工房等建筑，在这里你可以直接感受韩国传统文化。

## 晚上在哪儿 玩

这一天的行程需要走很多路，如果感觉有些疲惫，不想去往太远的地方玩。可以在新罗千禧公园中观看一场夜间大型演出为这一天的欢乐时光画一个圆满的句号。

## 1 新罗千禧公园演出场

这里的演出场集大规模机械装置、特殊效果、特技等为一体，是个超大型舞台，分为地上舞台和水上舞台，庞大的演出空间可容纳1500名以上的游客。8世纪的四大古都伊斯坦布尔、巴格达、长安、新罗仿真建筑以主演出场为原点环绕其四周。主要通过各种特殊效果和特技进行舞台演出。

**地址**：新罗千禧公园内
**演出时间**：每场约30分钟

# Day 5 大陵苑→瞻星台→雁鸭池→石冰库→国立庆州博物馆

　　古老的新罗文化在庆州地区留下了深深的印记，除了佛国寺，庆州还有很多其他古老而有趣的地方。第二天的行程就是去——找寻新罗文化的印记，这一天的景点安排都比较近，所以可以步行前往。

| 庆州第2天行程 | | |
|---|---|---|
| 时间 | 目的地 | 行程安排 |
| 10:00 ~ 11:00 | 大陵苑 | 大陵苑是韩国新罗时期的王公贵族的古坟聚集处，现在已经开辟为古坟公园，目前只有天马冢的内部是可以参观的 |
| 11:00 ~ 12:00 | 瞻星台 | 瞻星台用于观测天空中的云气及星座，是东方现存的最古老的天文台，已被定位韩国的国宝 |
| 12:00 ~ 14:00 | 午餐 | 瞻星台附近是热门的旅游区域，所以这里有许多供游客用餐的餐厅，这些餐厅风格不一，却各有特色，你可以根据自己的喜好进行选择 |
| 14:00 ~ 15:00 | 雁鸭池 | 雁鸭池是新罗时代宫殿中最雄壮、而且还拥有最华丽荷花池的地方，目前的雁鸭池是沿护岸石重新修建而成的 |
| 15:00 ~ 17:00 | 石冰库 | 石冰库就是用石头做的冰库，是古人用智慧开发的冰箱，这里所储藏的冰是王公贵族们夏天消暑的 |
| 17:00 ~ 19:00 | 国立庆州博物馆 | 国立庆州博物馆主要展出庆州地区的文化遗产。在这些场馆中，你可以看见大量陶器、美术工艺品、与佛教有关的雕刻以及许多非常有价值的文物 |
| 19:00 ~ 20:30 | 校洞法酒 | 这一天的景点之间的距离都不是太远，所以晚上你可以在市区转转，可以去购物中心购物，或者去校洞法酒中买一些米酒带回去送给亲朋好友 |

▲ 庆州第2天行程路线示意图

155

# 大陵苑

　　大陵苑（Tumuli Park，대릉원）是韩国新罗时期的王公贵族的古坟聚集处，如今已经开辟为古坟公园，不过为保护古坟的完整性，目前只有天马冢的内部是开放的。它是新罗第13代王未邹王陵的主坟，东西距离有80米，高25米，是庆州最大的古坟之一。

### 天马冢

　　于1973年发掘的古坟天马冢是新罗时期所特有的积石木椁坟，内部为用石头堆积出来的积石冢，而积石冢的内部则用原木做成的房间，其中央设有木墩来阻挡视线。这里的出土文物达1万余件，其中的天马图是韩国第一次在古坟中发现的贵重画卷。

## 旅游资讯

地址：庆尚北道庆州市鸡陵路9（皇南洞）

交通：在庆州站或庆州高速巴士客运站乘70路公交车，在大陵苑停车场下车即到

票价：成人1500韩元，青少年700韩元，儿童600韩元

开放时间：9:00～22:00

电话：054-7726317

## 旅友点赞

　　除了文物众多天马冢，这里还有一个非常吸引人的皇南大冢。这是一个夫妻合葬墓，而且夫人墓的陪葬品的品位似乎更高于其丈夫，这反映了在那个特定时期，女性的地位还是比较高的。

# 瞻星台

　　瞻星台（Cheomseongdae，경주 첨성대）是现存的最古老的天文台之一，建于新罗27代王善德女王时期，最初建造这座石结构建筑就是用来观测天空中的云气及星座。瞻星台呈圆筒形，它的直线与曲线的搭配十分和谐，是韩国的31号国宝。

## 旅游资讯

地址：庆尚北道庆州市仁旺洞839-1

交通：从庆州站或庆州巴士客运站乘坐70路公交车到大陵苑停车场下车，即可看到对面的瞻星台

票价：成人500韩元，青少年300韩元，儿童200韩元

开放时间：夏季（3～10月）9:00～22:00，冬季（11月至～次年2月）9:00～21:00

## 旅友点赞

韩国境内一共有两个瞻星台，分别是开城的瞻星台和庆州的瞻星台。庆州的瞻星台是一座古老的天文建筑物，古人曾借助底层的水镜与窗口映入的光线来观测日食及星辰移动等天文现象。建造瞻星台时用了362块石块，象征着阴历年一年的日子数。

### 中午在哪儿吃

瞻星台附近是热门的旅游区域，所以这里有许多供游客用餐的餐厅。这些餐厅风格不一，却各有特色，你可以根据自己的喜好进行选择。

| 瞻星台附近的餐厅 | | |
|---|---|---|
| 餐厅名称 | 地址 | 电话 |
| 이풍녀구로쌈밥 | 106-3 Hwangnam-dong, Gyeongju-si, Gyeongsangbuk-do | 054-7490060 |
| 요석궁 yosokkoong | 59, Gyo-dong, Gyeongju-si, Gyeongsangbuk-do | 054-7723347 |
| 삼포쌈밥 | 90-2 Hwangnam-dong, Gyeongju-si, Gyeongsangbuk-do | 054-7495776 |
| 미주랑다래랑 | 526-7 Inwang-dong, Gyeongju-si, Gyeongsangbuk-do | 054-7762568 |

## 雁鸭池

据韩国史书记载，新罗时期的君主文武王曾命令在王宫里挖一莲花池，并建造一座小山，山上种上各种花花草草，并在其中喂养当时的许多珍奇动物。雁鸭池（Anapji Pond，임해전지）就是当年那座莲花池。

### 旅游资讯

地址：庆尚北道庆州市仁旺洞 26-1
交通：乘坐11路、600路、609路公交车，在庆州国立博物馆站下车，步行3分钟可到
票价：成人1500韩元，青少年700韩元，儿童500韩元
开放时间：9:00~22:00
电话：054-7724041

### 旅友点赞

在这座圆形的雁鸭池附近，还有一处临海遗址。这里原来是新罗王宫的离宫，曾作为王位继承人居住的宫殿（即通常所说的"东宫"）。这里有一些修复后的建筑物，也是值得一看的。

# 石冰库

石冰库（석빙고）就是用石头做的冰库，可以看作是古代的冰箱，这里所储藏的冰是王公贵族们夏天消暑的最好设备。石冰库建在半月山上，一半在地上，一半在地下，从外面看比较简陋，就像是一个普普通通的小土丘，但是走到门口你会感到阵阵凉意，进去之后你会更加赞叹它精巧的设计。

## 旅游资讯

地址：庆尚北道庆州市仁王洞 449-1
交通：乘坐10、11、600～608路市内公交车，在半月城下车即到
电话：054-7796109

## 旅友点赞

为了储存冰，古人真是花足了心思。这座冰库建筑时用了很多石灰，可以起到防止外部的湿气和雨水进入的作用。花岗岩的顶部最后又抹了一层泥土，只留出了通风口。当储藏冰的时候，还使用了稻草来隔热。

# 国立庆州博物馆

国立庆州博物馆（Gyeongju National Museum，국립경주박물관）主要展出新罗时期首都——庆州地区的文化遗产。展馆可分4个部分，分别是本馆、第1、2别馆和室外展示场，在这些场馆中可以看见大量陶器、美术工艺品、与佛教有关的雕刻和从新罗时期的建筑中发掘的许多非常有价值的文物。

## 旅游资讯

地址：庆州市日精路186号（仁旺洞）
交通：乘坐11、600、603路公交车在博物馆前下车即可
网址：gyeongju.museum.go.kr
开放时间：9:00～18:00（周日及公休日延长1小时）；4～10月周六9:00～21:00
电话：054-7407500

## 旅友点赞

通过参观这些文物，可以感受到新罗时期的社会生活的方方面面。比如第2别馆雁鸭池馆中展出的是在雁鸭池发掘出的代表性文物。而且这里的展品都是生活用品，反映了新罗时期人民的生活风貌。

在游览完一些庆州特色景点之后，晚上可以到当地的购物中心选购商品。若时间还富裕，不妨去校洞法酒买一些米酒。

### 校洞法酒

在庆州当地，有一种非常有名的酒，那就是庆州校洞崔氏家族的家酿酒。这种酒用糯米和麦制作酒曲，并以院里的泉水酿制，经过历代相传，已经有300多年的历史。这种酒味道香甜温和，值得品尝。

地址：庆州市校洞69号
网址：www.kyodongbeobju.com
营业时间：全天

# 如果多待一天

如果可支配的时间比较长，或者对庆州十分喜爱，想要多待1天的话，可以去逛一逛当地的传统市场——5日集市，或者专门去品尝一下庆州的美食。

多待一天
的游玩

庆州是新罗时期的首都，所以这里的景点多与新罗时期有关。其实除了佛国寺、石窟庵、大陵苑和瞻星台等著名景点，庆州还有历史遗迹和美丽的自然风光。

## 1 金藏台

　　金藏台是传说中的庆州三奇八怪之一金藏落雁之地，这里风景优美，据说空中飞过的大雁经过也会在这儿停下来休息一会儿。金藏台还有许多名胜古迹，如史前人类留下的最早的艺术作品记录形式——岩刻画，佛教圣地金藏寺遗址以及花郎修炼遗址等都在这里。

地址：庆州市石长1路（石长洞）

## 2 庆州南山

　　庆州南山（경주남산）位于庆州的南部，几乎可以叫作露天博物馆，这里是个能够呼吸到新罗气息的地方。新罗建国神话当中出现的罗井、新罗王朝灭亡时的鲍石亭以及弥勒谷石佛坐像、拜里石佛立像、七佛庵磨崖石佛等众多佛教遗址散落其间。

地址：庆州市南山洞南山
交通：乘坐11、500、501、503、505、506、591路公交车到南山站下车

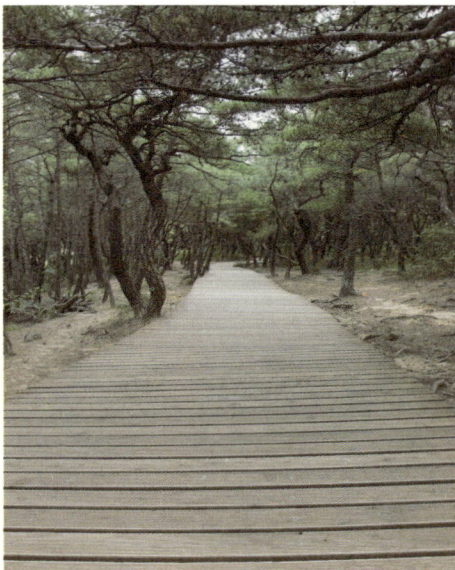

## 3 鸡林

　　鸡林是位于瞻星台和月城之间的密林，也是新罗文化的庆州金氏祖先金阏智的故乡，这里有许多久经风霜的枯木，形成了一个独特的树林。进入鸡林深处，有一棵枝丫所剩无几却留有粗树枝的枯木，还有一个竖立的碑石，上面刻有关于金阏智诞生的传说。周围有瞻星台、大陵园、雁鸭池等景点。

地址：庆州市校洞1
交通：从国立庆州博物馆向西北方向步行约15分钟可到

## 4 良洞村

　　良洞村是一处保存完好的民俗村。这里有月城孙氏的本家书百堂与骊江李氏的宗家无忝堂，还有观稼亭、香坛等朝鲜时代两班家族的住宅和当时人们生活过的草房，以及二香亭、心水亭等亭台。这些古建筑物保存完好，已被指定为第189号重要民俗资料。

地址：兄山江以北约20千米处
交通：乘坐10、16、70等路公交车然后换乘212路公交车可到

庆州素来以出产各种农产品和肉质上乘的韩牛而闻名，所以这里有足够的美食食材，凭借这一得天独厚的条件，庆州的美食非常多。除了口味鲜美的肉类，这里比较有代表性的小吃是皇南饼（里面放入豆沙馅烘烤而成的面点）、包饭（把米饭包在各种蔬菜里吃）、刀切面（用擀面杖把和好的面擀薄后用刀切成的面条）和醒酒汤等。

## 多待一天的美食

## 1 星菜饭

庆州美食"星菜饭"是选用庆州地区的无公害农产品创造的本地美食品牌。这里的香辣牛肉汤是精选庆州韩牛的牛腩、牛小肥肠、甜蕨菜、窄头橐吾、大葱等六种庆州山野食材熬制而成，再配以双孢蘑菇、水芹等山中野菜，组合成一道美味的拌饭。然后再加入用大酱与鳀鱼粉配制成的拌饭酱，令其更加美味。

| 庆州星菜饭指定餐厅 | | |
|---|---|---|
| 名称 | 地址 | 电话 |
| 校洞包饭店 | 瞻星路77（皇南洞328-1） | 054-7733322 |
| 庄园炭火园店 | 皇城路27号街32（皇城洞530-9） | 054-7769295 |
| 佛国店 | 影佛路263-7（进岘洞66-5商业中心丁区） | 054-7491156 |
| 普门店 | 天北南路27（薪坪洞351西光广场1楼） | 054-7450360 |
| 新庆州站路店 | 乾川邑新庆州站路80新庆州站路 | 054-7768288 |

## 2 本土餐厅

整个餐厅用砖瓦建成，内部温馨典雅，与其乡土氛围相得益彰。这里的代表性菜肴是带鱼，店里用当天从济州岛空运到的新鲜带鱼精心烹调，清淡肥美。带鱼和现做好的清香石锅饭一同上桌，热乎且营养丰富。此外，还有泥鳅鱼汤、生五花肉、葱饼、米酒等各种菜品。

地址：庆州市内
营业时间：9:00～22:00
电话：054-7487025

## 3 草原参鸡汤餐厅

草原参鸡汤餐厅是一家可让你感受到家的口味的参鸡汤专营店，将糯米、大枣、水参等放入三黄鸡腹中长时间炖成的参鸡汤汤汁呈乳白色，味道香浓，其清淡爽口的汤汁堪称一绝。另外还提供各种小菜和人参酒。糯米的劲道、鸡肉的柔嫩、萝卜块泡菜的酥脆和汤汁的爽口，不禁让人食欲大增。

地址：庆州市城乾洞170-2
营业时间：10:00～22:00
电话：054-7713766

## 皇南饼专卖店

皇南饼是庆州的特色小吃，这道美味小吃起始于1939年，历经三代，以其细腻柔软的面饼和清香的豆沙在韩国全国都享有盛名。这家店里到现在仍采取手工作业，而且公开了制作的场面，让顾客可以放心地享用美食。

地址：庆州市皇吾洞347-1
交通：从庆州火车站或高速巴士客运站步行10分钟可到
参考价格：20个一包1.2万韩元，30个一包1.8万韩元，48个包装2.8万韩元
营业时间：8:00～23:00（常年无休）
电话：054-74970004

## 八友亭醒酒汤店

八友亭醒酒汤店是一家拥有悠久传统的餐厅，仅仅通过顾客的口碑相传早已闻名遐迩。店里的服务员全都是给人温馨感的老奶奶们，室内装修环境也给人一种亲切感，许多人都特地前来用餐。

地址：庆州皇吾洞
营业时间：全天

## 多待一天的购物

庆州是一个历史底蕴十分深厚的城市，这里的特产也跟它的这一特点息息相关。在佛国寺等热门旅游景点附近，可以买到刺绣、仿古制品、身着华丽韩服的玩偶、扇子等充满韩国传统气息的小商品。如果你有兴趣，还可以去传统的5日集市去看看，庆州的许多地方都有5日集，在那里你能看到许多新鲜的蔬菜、海鲜以及日用百货等，能够近距离地了解当地人的生活状态。

## 1 翡色新罗染宫

翡色新罗染宫根据庆州传统的新罗时期的织物手法，栽培和收获染材，制成染液，用其染液染色，清洗后晒干，平皱，直到成衣。翡色新罗染宫很好地体现出新罗衣物的华丽感，令熟悉了灰色城市的我们眼前一亮。

地址：庆州市城东洞182-22
电话：054-74335770

## 2 5日集市

庆州的许多地方都有保持了传统特色的集市，这种集市形态在我国的一些地方也能看到。通常是每5天一个集市，集市上主要是附近的人在这里买卖时鲜的水果、蔬菜以及各种日用百货等。这里浓浓的乡土气息会让人感到很温暖。庆州比较大的集市有外东寺集（3、8日）、佛国寺集（4、9日）、乾川寺集（5、10日）等。

地址：（佛国寺集）庆州市九政洞430号

## 多待一天的娱乐

庆州的娱乐活动可以满足许多不同人群的需求。如果你想要悠闲地度过一天，这里有许多海水浴场；如果你追求刺激，可以去乘坐充满乐趣的卡丁车；如果你向往淡泊闲适的生活，可以前往骨窟寺体验一下寺庙的宁静与安详。

### 1 庆州热气球体验场

庆州热气球体验场位于庆州普门园区内，在这里你可以坐上热气球，升到150米的高空，在圆形的篮筐里俯瞰庆州的景致，时间大约为10分钟。在樱花烂漫的4月，在空中你能看到遍地的花海，令人陶醉。

地址：庆州市北军洞780-280
电话：054-7430010

### 2 庆州卡丁车欢乐谷

在宁静而清幽的吐含山脚下，有一处动感的娱乐场所——庆州卡丁车欢乐谷。这里的卡丁车分为休闲用和竞赛用，休闲用卡丁车速度较低，而竞赛用的卡丁车则快得多。你既可以跟家人、朋友一起玩，也可以驾驶单人迷你卡丁车。

地址：庆州市进岘洞
网址：www.kartvalley.com
电话：054-7771253

### 3 罗儿海水浴场

位于庆州市阳南面罗儿里的罗儿海水浴场是东海岸区域的海水浴场，具有庆州海边景色的特点，这里的海滩上不是沙子，而是很多小鹅卵石。海滩的周围有饭店、台球厅、KTV、网吧、住宿设施、露营场所等各种设施，比较方便。

地址：庆州市阳南面罗儿里

### 4 骨窟寺寺庙体验

如果想远离喧嚣的都市生活，在深山的幽静中让身心变得轻盈舒爽，可以去骨窟寺尝试一下寺庙体验项目，这里的寺庙体验可长可短，比较灵活，在早课和午课之后还可以学习茶道等修身养性的技艺。

地址：庆州市阳北面山304-1
电话：054-7441689

# 庆州住行攻略

庆州是一个热门的旅游城市，市内有各种类型的住宿地，能够满足游客的不同需求。景点在城区中分布比较集中，可以步行或租一辆自行车在市内游览，可以乘坐公交车或者出租车前往距离较远的景点。

## 在庆州住宿

在庆州的市中心和旅游地区有不少高档的住宿地，这些地方虽然比较昂贵，但是各项设施都非常方便。另外还可以选择经济实惠的汽车旅馆或者一般的酒店。在庆州住宿费用为1万韩元到20万韩元。

### 🛏 N汽车旅馆

N汽车旅馆（N Motel）距离王陵有只1分钟的步行路程，旅馆配备了免费无线网络连接和带沙发的休息区，并设有免费停车场。客房配有平面电视、电脑和冰箱。私人浴室设有淋浴，还配备了吹风机和免费洗浴用品，并提供拖鞋。注意旅馆不提供餐饮服务。

地址：Noseo-dong, Gyeongju-si
参考价格：单人间6万韩元起，双人间7万韩元起
电话：054-7774364

### 🛏 贝尼凯瑞士罗森酒店

贝尼凯瑞士罗森酒店（Benikea Swiss Rosen Hotel）坐落在普门旅游大厦（Bomun Tourist Complex）中，酒店配备了户外电影屏幕，在夏季提供免费的室外游泳池。其客房配有免费无线网络、空调、平面电视和冰箱，连接浴室配备了免费洗浴用品、吹风机和浴袍。餐厅供应美式早餐、小吃和饮料。

地址：242-19 Sinpyeong-Dong
网址：swissrosen.com
参考价格：双人间9万韩元起
电话：054-7484848

### 🛏 庆州希尔顿酒店

庆州希尔顿酒店（Hilton Gyeongju）是位于普门旅游区内的一家豪华酒店，酒店设有6个餐饮场所、季节性开放的室外游泳池、大型室内游泳池和壁球场。客房提供平面电视、迷你吧和大型连接浴室。在这里的餐厅中你可以品尝到美味的川菜和粤菜。

地址：484-7 Bomun-ro, Gyeongju-si
网址：placeshilton.com
参考价格：双人间20万韩元起
电话：054-7457788

## 在庆州出行

庆州没有地铁，所以在庆州市区内游览景点，可选择公交车和出租车，另外，有些景点之间步行太远，乘车又不够灵活，这时租一辆自行车骑行就成了最灵活便捷的交通方式。

### 公交车

庆州的公交线路很多，交通非常方便。庆州的公交车有一般公交车和座席公交车两种，票价分别是600和920韩元。从前门上车，上车之后付费，可找零。对游客来说最方便的有10路和11路，二者都是佛国寺方向的循环车，经过的主要站点有芬皇寺、普门区、世博公园、民俗工艺村、佛国寺和博物馆等。

先在地图上标明自己想去的地方，然后将地图交给司机即可。

### 出租车

在庆州出行，也可以乘坐出租车，这里的出租车起步价为1800韩元。如果司机不打表，需要跟司机提前商议好价钱。当然，如果你一天之内去的地方比较多，可以自己包一辆出租车，这种车一天（9:00~16:00）的费用为10万~20万韩元，需要提前议好价钱。你可以事

### 自行车

庆州一些景点之间如果步行的话太远，乘车又不够灵活，这时租一辆自行车就成了最灵活便捷的方式。庆州站前与大陵苑前、普门观光团地内都有自行车出租。但要注意从大陵苑到博物馆史迹比较集中的一带是禁止自行车驶入的。

## 从庆州至大邱

庆州与大邱之间距离不是太远，两地之间交通非常便利。在庆州乘坐快捷方便的KTX列车，到达大邱所需时间不足20分钟，如果乘坐高速巴士也不到1小时。

### 乘坐高铁前往大邱

乘坐京釜高速铁路KTX列车是从庆州到大邱最快捷的方式，每天从庆州西南的新庆州站有很多班KTX列车发往大邱的东大邱站，费用约8100韩元，用时只有17分钟。

### 乘坐高速巴士前往大邱

还可以在庆州高速巴士客运站乘坐高速巴士，到达大邱只需要50分钟左右。

## 到达大邱

大邱是庆尚北道的首府，也是韩国继首尔、釜山之后的第三大城市。大邱以琴湖江及其支流围绕的肥沃平原为中心，自古以来有着得天独厚的自然条件。整座城市就像一个巨大的景点，这里处处可见优美的风景和造型别致的西式建筑。

### 如何到市区

东大邱车站位于大邱市东区东大邱路550号，是大邱市最大的火车站，也是韩国继首尔站之后的客流量第二的火车站，每天有通往首尔站、釜山站方向的KTX、新村号和无穷花号列车，通往庆州站方向的一般列车也在这里停车，是名副其实的交通中心。大邱的高速巴士客运站距离东大邱站也非常近，只有3分钟左右的步行距离。从东大邱地铁站乘坐地铁1号线可以到达城市的很多地方。

# 大邱1日行程

大邱也是比较出名的旅游城市，这里有很多值得游览的景点。因为时间的原因，只在这里安排了一天的时间去游览一下必去的景点。如果你的时间比较自由，则可以多待一天。

## Day 6  大邱药令市场→国立大邱博物馆

大邱的景点虽然也有很多，但其中最有代表性的是飘着淡淡药香的大邱药令市场和别致清雅的国立大邱博物馆。

| 大邱第1天行程 | | |
| --- | --- | --- |
| 时间 | 目的地 | 行程安排 |
| 10:00 ~ 12:00 | 大邱药令市场 | 大邱药令市场继承了韩药传统，是具有代表性的专卖市场之一。每年大邱药令市场开业的日子，各地买卖韩药材的人都会到这里来 |
| 12:00 ~ 14:00 | 午餐 | 在药令市场附近有一个历史悠久的饼类胡同，那里的许多小店，即使看起来不起眼也能做出非常地道的美食 |
| 14:00 ~ 19:00 | 国立大邱博物馆 | 国立大邱博物馆内保存和陈列着有大邱、庆北地区特色的文化遗产。博物馆常年开放考古展览馆、美术展览馆、民俗展览馆等展示 |
| 19:00 ~ 20:30 | 夜市胡同 | 每到下午，大邱的夜市胡同就开始热闹起来，晚上的时候，你可以到这里淘一些服装，或者去街上的酒吧、练歌房、咖啡厅等休闲娱乐一下 |

▲ 大邱第1天行程路线示意图

# 大邱药令市场

大邱附近山水环绕，得天独厚的自然条件使得大邱自古以来就是生产药材的天然宝库。继承了韩药传统的大邱药令市场，是具有代表性的专卖市场之一，自孝宗时期起，每年春、秋两次在庆尚监营内客舍周围开设药令市场。目前大邱药令市场区拥有韩药业士60多名，韩医院、韩药批发商、人参商店等300多家。

## 旅游资讯

地址：大邱广域市中区南城路51-1

交通：乘坐地铁1、2号线在半月堂站15号出口出可到，乘坐349、401、410、410-1、503、518、650、704等路公交车也可到

开放时间：每周周一、每年1月1日、春节、中秋休息

## 旅友点赞

在这条时时刻刻都飘着药香的街上，有很多药材社和人参专卖店，可以在这里买一些药材和人参回去，价格比较合理。如果正好碰上药令市的草药文化节的话，一定要去参加。你可以在活动上看到来自韩国山野僻岭的药草，你还可以去做一个免费的体检，学习一些草药方面的知识。

### 极乐殿

药令市韩药材展示馆的前身是韩医药文化馆（대구약령시한의약문화관），在这里你可以看见古老的药店、大夫诊脉煎草药的模样，展示了药令市300多年的历史。在这里你还可以参与许多独特的体验活动，如韩方足浴体验、制作韩方香皂、制作韩方润唇膏、包韩方香囊、穿着传统韩服切韩药材等。

**中午在哪儿吃**

在大邱，完全不必为中午吃什么而发愁，这里的特色美食很多，在药令市附近有一个历史悠久的饼类胡同，那里的许多小店即使看起来不起眼也能做出非常地道的美食。

## 饼类胡同

据说在战争期间，逃难人们聚集于此地，制作各种饼类卖给经由廉卖市场的人们，这就是"饼类胡同"的起源。现在，胡同内常驻30多家饼店经营各式糕饼。此外，清蒸猪肉也是此胡同的主商品之一。

地址：大邱广域市中区南城路半月堂站附近
交通：乘坐地铁1、2号线在半月堂站下，从14号出口出可到
电话：053-2523831

# 国立大邱博物馆

国立大邱博物馆（Daegu National Museum，국립 대구 박물관 이다）位于寿城区黄金洞泛鱼公园区内，是二层砖建筑，楼下有地下室。博物馆以其别致清雅的风格闻名，馆内保存和陈列着有大邱、庆北地区特色的文化遗产，并研究开发各种社会教育课题。博物馆常年开放考古展览馆、美术展览馆、民俗展览馆等展室，还设有企划展室、文物收藏库和可举办各种文化讲座及文艺演出的礼堂，同时还设有参与制作土器、拓本等感受韩国祖先生活模式的体验学习室。

### 旅游资讯

地址：大邱广域市寿城区清湖路321号
交通：乘坐循环3、循环3-1、349、414、414-1、427、449路巴士可到
网址：daegu.museum.go.kr
票价：免费，部分展览收费
开放时间：9:00～18:00，周六、周日以及公休日9:00～19:00，每周一、1月1日休息

### 旅友点赞

国立大邱博物馆中保存和展示了很多大邱和庆北地区具有特色的文化遗产，富有很强的艺术性。在博物馆里面可以看到佛教雕塑品、佛教工艺品、高丽青瓷、粉青瓷器等艺术品，还能在民俗展厅中看到古代的房屋形态等。博物馆周边非常漂亮，漫步在花丛中，十分惬意。

在大邱城市中游玩一天之后，逛个热闹的夜市对于许多人来说是个不错的选择。每到下午，大邱的夜市胡同就开始热闹起来，晚上可以到这里淘一些服装，或者去街上的酒吧、练歌房、咖啡厅等休闲娱乐一下。

**晚上在哪儿玩**

### 夜市胡同

> **地址**：大邱广域市中区三德洞
> **营业时间**：下午开始营业，到晚上19:00以后达到高峰

从三德洞高丽养蜂园到金融决济院（KFTC）的路边林立着大大小小的服装店，这里就是著名的夜市胡同（"娅西"巷）。夜市胡同的商家们在第一时间引进首尔东大门、南大门市场的最新款式服装，所经销的时装总能赶上潮流。夜市胡同经营有个性、有风格、物美价廉的时装，这里的人气一直很高。近年来除了时装店之外，夜市胡同还进驻了饰品、皮鞋、化妆品，正形成综合性时装一条街。此外，夜市胡同周围的酒吧、练歌房、咖啡厅等休闲场所也为前来购物的人们提供了休闲的好去处。

# 如果多待一天

大邱既有优美的风景，又有地道的美食，若在这里只玩1天可能难以尽兴，若有更多可以自由支配的时间，不妨在这里多待一天。

**多待一天的游玩**

大邱其实有很多可玩可逛的地方，既有传统古迹，又有自然风光，市区内还分布着一些博物馆等建筑，更有"大邱12景"可供游客观赏。因此即使多待一天，也可以让你的行程很充实。

## 龙渊寺

地址：大邱广域市达城郡玉浦面盘松里801
电话：053-6168846

　　龙渊寺位于琵瑟山北侧，以供奉慈藏律师从中国带来的释迦牟尼舍利而闻名于世。据传，一条龙在龙渊寺东侧升天，从而得名"龙渊寺"。龙渊寺入口铺设有樱花路，非常引人注目。继续往上走，便可到龙渊寺的名胜地"玉渊池"，它是大邱一带的钓鱼爱好者所喜爱的钓台，附近还有几家著名的生鱼片餐厅。

### 龙渊寺三层石塔

　　龙渊寺三层石塔是在龙渊寺极乐殿前面的石塔，是文物资料第28号宝物。它是在双层基盘上建造的石钟形状的塔，塔上雕刻着四大天王像和八部神像。这座石塔被认为是从新罗石塔变迁的高丽时代的作品。

## 隐迹寺

　　隐迹寺是拥有千年历史的古庙，传说跟高丽始祖王建有关。据传，新罗受到后百济的攻击而向王建求助。王建率军与后百济的甄萱作战，不料王建大败。所幸王建九死一生得以逃离战场，来到隐迹寺附近的山洞藏身。后来，王建成为高丽的始祖，便建立寺庙以示报恩，并命名为隐迹寺，意为国王藏身之处。隐迹寺内有大雄宝殿、寮房、七星阁及清凉的药水泉。

地址：大邱广域市南区凤德3洞 山1527
网址：www.eunjuksa.or.kr
电话：053-6539179

## 八公山

　　八公山位于大邱的东北部，是大邱的镇山，海拔1000多米，以主峰毗卢峰为中心，东峰和西峰宛如雄鹰展翅般向左右延伸，气势雄伟壮观。自古以来八公山就是一座神圣的山，早在新罗时期，就在这里展开了祈祷国泰民安的佛教活动。山谷中有桐华寺、把溪寺等拥有千年历史的寺庙以及众多的佛像、塔和磨崖佛，从而使八公山成为佛教文化的圣地。

### 八公山枫叶

　　深秋时节，八公山东、西峰、把溪寺、冠峰、露积峰都被枫叶染得五彩缤纷，勾画出令人叹为观止的秋景。驾车行驶在八公山循环公路上观赏着披上了枫叶的丹枫树、樱花树、银杏树等，会让人沉浸于美景之中。欣赏八公山丹枫的最佳时期为10中旬至11月中旬。

地址：大邱广域市东区公山洞一带
网址：www.gbpalgong.go.kr

## 4 国债偿还运动纪念公园

国债偿还运动纪念公园是为了纪念1907年在大邱兴起的具有代表性的民族运动——国债偿还运动而建的，此公园里有大邱诗人的诗碑、大型屏幕、喷水池、钟楼、石雕等。值得一提的是，每周六、周日15:00，在这里会重演传统击钟典礼的达句伐大钟击钟仪式，届时你可以一饱眼福。

地址：大邱广域市中区东仁2街42
营业时间：全天

## 3 桂山天主教堂

桂山天主教堂位于南山洞，是仿照法国露天日得洞穴而建造的。桂山天主教堂充分展示出了几经风雨的天主教传教过程。最初桂山天主教堂是韩国风格的瓦房，被大火烧毁后，在1902年重建了目前的天主教堂。它采用哥特式建筑方式，整个建筑呈拉丁十字形。在西侧教堂出入口两侧有2座钟塔，为了避免建筑的单调乏味，钟塔的中间建造了呈玫瑰花片形的窗子。

地址：大邱市中区桂山洞2街71号

## 多待一天的美食

在游览美景的同时，美味的食品也必不可少。这里的分式汤饭、河豚烧烤、块儿肉、炖排骨、刀切面、煎扁饺、烤肥肠、炒乌冬面、拌生鱼、鲇鱼辣汤被称为"大邱十味"。

## 1 东仁洞炖排骨胡同

从20世纪60年代起，东仁洞一带开始流行用合金铜浅锅炖制的辣味排骨汤，后随着"东仁洞炖排骨"的流行，道路两旁逐渐形成了如今的"东仁洞炖排骨胡同"。由于合金铜浅锅的导热性能强于铁锅，炖制的排骨不仅肉质筋道，各种调料也能调和出最上等的味道。作为大邱地区代表性美食，东仁洞炖排骨已名传全国。

地址：大邱中区东仁1街一带

## 2 德兰路美食街

德兰路美食街又叫"好吃胡同"，路边林立的自助餐馆、韩餐馆、日餐馆、排骨店、生鱼片馆等餐厅以最上等的口味和设施迎接五湖四海的客人。此外，专门经营面条、醒酒汤、包饭、鳗鱼料理、河豚等单一品种的餐厅也受到游客青睐。美食街不远处有寿城游园地，是餐后漫步的好去处。

地址：大邱广域市寿城区上洞、斗山洞一带
电话：053-7652029

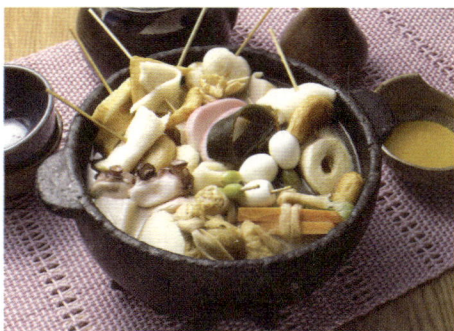

## 4 笑呵呵餐厅

笑呵呵餐厅拥有约40年历史，这里的特色美食是传统的辣牛肉汤，这种辣牛肉汤保持了传统的风味及口感，与一般的快餐式辣牛肉汤味道大不相同。

地址：大邱中区公平洞14-23
参考价格：辣牛肉汤5500韩元，拌饭5500韩元，卤肉1~1.5万韩元
营业时间：8:30~22:00
电话：053-4247745

## 3 校洞市场美食胡同

校洞市场美食胡同是传统市场饮食的天堂。胡同内经营鱿鱼煎饼、红色关东煮、扁饺子等大邱地区特色美味。每天有数万名游客到这里品尝校洞经典美食。

地址：大邱广域市中区校洞校洞市场内

## 5 马山清炖牛骨汤

"马山清炖牛骨汤"位于大邱市中区，这家店拥有30年传统历史。店里提供清炖牛骨汤、羊汤和清蒸肉等美食，其中用传统铁锅熬制24小时的韩牛腿骨汤味道鲜美而不腻，是店里的招牌菜。

地址：大邱广域市中区庆尚监营1街41号
电话：053-2544317

## 多待一天的购物

与韩国其他热门的旅游城市一样，大邱的购物地也非常多，有货品齐全的百货商店、专门针对外国游客的免税店、大型的购物中心、店铺林立的购物街以及历史悠久的传统市场。

## 1 大邱百货商场

地址：大邱广域市中区东城路76号
电话：053-4231234

大邱百货商场位于大邱中心商业街——东城路的核心位置。大邱百货商场分新馆和本馆。其中新馆为地下1层、地上9层结构，而本馆为地下1层、地上11层结构。包括商场地下的食品馆在内，整个商场陈列了服装、生活用品、杂货、家电产品等多个种类的高档商品。除了卖场之外，大邱百货商场还设有宴会大厅、秀场等文化空间和餐厅、咖啡厅等便利设施。大邱百货前的广场和喷水池已经成为大邱市民休息和见面的主要场所。

## 西门市场

大邱西门市场，原名大邱大集，是1920年买入天皇堂旧址进行扩建而成的。西门市场主要经营与纤维有关的商品。除此之外，在这座规模巨大的市场内还经营绸缎、布料、针织品、工艺品、男女服饰、器皿、干海产品等商品。市场内还配备有冷暖气设施、大型停车场等便利设施。

> 地址：大邱广域市中区大集路28街10号

## 大贤地下商场

大贤地下商场位于大邱Migliore时装购物中心至Ixnmilanao购物广场的400多米长的道路地下。20多年来，这里一直是最受大邱市民喜爱的购物场所之一。这里提供种类齐全、物美价廉的优质商品。其中，尤以时装卖场占主流。此外，商场内还有很多经营眼镜、小型电子产品、鞋类、饰品、玩具等商品的商户。

> 地址：大邱广域市中区国债补偿路地下580号
> 网址：www.primall.co.kr
> 电话：053-2534207

## RODEO大街

> 地址：大邱广域市中区三德洞1街
> 电话：053-6612000

RODEO大街位于大邱市中心附近，这是云集了各种时装店和餐厅、酒楼的时尚大街。白天，街上购买时装的人群占主流，而晚上则以参加派对或品尝美酒、美食的年轻人为主。RODEO大街是体验大邱特有的年轻氛围的好去处。

## 多待一天的娱乐

大邱是一个充满乐趣的城市，无论喜欢热闹还是喜欢安静，每个人在这里都能找到属于自己的娱乐方式。在这里，可以去空气清新的公园里漫步，也可以去欢乐的温泉乐园里嬉戏。

### 1 寿城游园地

寿城池一年四季水源丰富，周围环境幽雅，有长椅、树木、小路、游艇码头、娱乐公园等，形成了一个巨大的休闲娱乐旅游区。娱乐区内各种娱乐设施一应俱全，还有寿城池划船，周围有儿童乐园、斗山瀑布、大岛樱树等，寿城游园地和寿城池交相辉映，令人目不暇接。

地址：大邱广域市寿城区
电话：053-6662863

### 2 温泉水上乐园

大邱的温泉水上乐园（Spavalley）是一个集休闲与游乐于一体的大型乐园，在这里你可以在按摩池、室内微型波浪池和露天池中享受温泉，另外也可以在八彩波浪池、跳水池、高空急速滑行、巨型球滑板等各种设施中尽情游乐。

地址：大邱广域市达城郡嘉昌面嘉昌路891号
网址：www.spavalley.co.kr
电话：053-6085000

### 3 药山温泉

地址：大邱广域市达城郡论工邑药山加岘路81号
电话：053-6161100

药山温泉是可直接饮用的优质矿泉水，含有大量钙和重碳酸成分，属碱性温泉，水质温而刺激少，对血液循环、皮肤美容、神经痛等具有疗效，深得人们喜爱。温泉内部的可开启式天棚在雨雪天气关闭，在天气晴朗时开启后即成露天浴池。

# 大邱住行攻略

　　大邱有很多适合游客入住的酒店，如大邱诺富特国宾酒店、好住新大酒店等，这些酒店设施齐全、整洁干净，是住宿的不错之选。

　　在大邱，地铁、公交车、出租车都是出行的好选择，方便快捷。

## 在大邱住宿

　　大邱是韩国继首尔、釜山之后的第三大城市，因此这里有着多种多样的住宿地和交通方式，所以在大邱旅行时住和行都是非常方便的。

### 1 大邱诺富特国宾酒店

　　大邱诺富特国宾酒店（Novotel Ambassador Daegu）是一家时尚的四星级酒店，设有健身房和桑拿设施，客房中享有现代化室内装饰，配有暖气和空调设施。每间客房均配有迷你吧、办公桌、平面电视和免费网络连接。酒店的Square餐厅提供多种亚洲和西方菜肴。客人可以在Rendezvous Bar酒吧享用饮品。

地址：611 Gukchaebosang-ro, Jung-gu, Daegu
参考价格：双人间17万韩元起
电话：053-6641101

### 2 好住新大酒店

　　好住新大酒店（Goodstay New Grand Hotel）位于Daegu Railway Station火车站附近，酒店客房中配有空调、暖气、等离子电视以及带浴缸和吹风机的四人连接浴室，还配有微波炉和冰箱。酒店在大堂供应简单的早餐，包括咖啡、面包和鸡蛋。前台工作人员可以提供行李寄存服务、洗衣或传真服务。

地址：302-207, Chilseong 2（i）-ga, Buk-gu, Daegu
参考价格：双人间6万韩元起
电话：053-4244114

| 大邱其他住宿地推荐 | | | |
| --- | --- | --- | --- |
| 名称 | 地址 | 电话 | 参考费用 |
| Hotel Susung | Dusan-dong, Suseong-gu, Daegu | 053-7705446 | 双人间14万韩元起 |
| Royal Park Mote | 379-4, Shincheon4-dong, Dong-gu, Daegu | 053-7448241 | 双人间4.8万韩元起 |
| Hotel Inter-Burgo Exco | Sangyeok 2 dong, buk-gu, Daegu | 053-6027114 | 双人间15万韩元起 |
| Mythos Hotel | Beomeo3-dong, Suseong-gu, Daegu | 053-7526230 | 双人间5万韩元起 |

## 在大邱出行

在大邱除了地铁、公交车和出租车等常见的公共交通外，还为行动不便的人提供出游呼叫服务。另外，如果想自驾出行，还可以租赁一辆车。

### 地铁

大邱有两条地铁线路，两条线路在半月堂换乘，遍布大邱城中各个主要的站点。

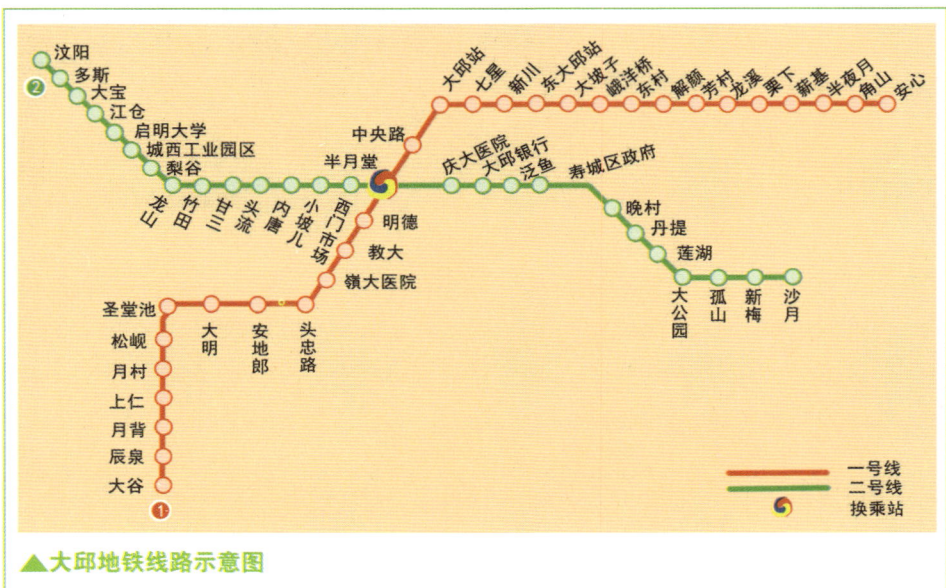

▲ 大邱地铁线路示意图

### 地铁费用

乘坐地铁时，费用根据年龄计算，如果使用交通卡会有一定的优惠。

| 大邱地铁收费标准（单位：韩元） | | |
| --- | --- | --- |
| 成人（19岁以上） | 青少年（13～18岁） | 儿童（6～12岁） |
| 交通卡 | 1100 | 770 | 400 |
| 现金 | 1200 | 1200 | 500 |

### 公交车

在大邱市区内运行的公交车分为急行公交车和普通公交车，其中急行公交车的速度要快一些，当然价格也高。以下是两种不同公交的收费标准：

| 大邱公交车收费标准（单位：韩元） | | | | |
|---|---|---|---|---|
| 公交车类型 | 付款方式 | 成人（19岁以上） | 青少年（13～18岁） | 儿童（6～12岁） |
| 急行公交车 | 交通卡 | 1450 | 1010 | 650 |
| | 现金 | 1600 | 1200 | 800 |
| 普通公交车 | 交通卡 | 1100 | 770 | 400 |
| | 现金 | 1200 | 900 | 500 |

## 出租车

大邱的正规出租车空车时，前上方会显示红色标示灯，车顶灯为蓝色，在晚上能清晰分辨。你可以在出租车搭乘点乘坐出租车，或者也可以通过电话预约，电话预约后10分钟之内到达，预约费另外收取。

## 租车

大邱有许多租车公司，根据各公司具体情况，你可以以一日、三日、一星期为单位租车，也可以单程租借。车种多样，可分为小型、中型、高级型、合乘型。各公司的租借价格稍有差异。一般来说，租车公司24小时营业。若有需要，可代客介绍司机。租车时，汽油费用自理。当违反交通法规时，租车者需承担责任。

### Tips

出游呼叫服务是大邱市的福利政策，该服务为行动不方便的人们提供便利。出游呼叫服务的使用对象为市内居住、无私家车、身体不方便者，年龄较大的老弱者、孕妇，以及难以使用大众交通的其他人群。你可以拨打15776776选择出游呼叫服务。

# 时间改变

## 时间延长

如果有更长的时间留在韩国，游完大邱之后，可以去附近的清州玩1天，清州是忠清北道的首府，这里山清水秀，四季分明，是韩国最适宜居住的城市之一。

去**清州**玩1天

## 上党山城

上党山城（Sangdang Sanseong）靠近清州市内，是清州市民休闲的好去处。上党山城来自三国时代百济上党县的名字，是一座大包谷式石造山城。城墙用大小不一的石材堆砌而成，内部加上土沙加固而成。东、西、南3个门都有门楼，并依然保持了原貌。山城内有韩屋村落，游客可在此欣赏古老而传统的韩屋造型。

### 旅游资讯

地址：清州市上党区山城洞城内路124号街14号

交通：从清州市内乘坐前往上党村方向的公交车，约需20分钟可到

### 旅友点赞

在新罗统一初期，新罗的西原京设在了清州地区，据史料记载，三国时期金庾信的三儿子元靖公建西原城，因此有推测上党山城是由其主持建造的。在壬辰倭乱期间，宣祖29年对敌时遭到破坏。

# 国立清州博物馆

国立清州博物馆（Cheongju National Museum）主要收集保存了韩国的文化遗产，博物馆中的常设展厅中按时代不同主要展出了忠清北道地区出土的文物，包括先史展室、三浒三国展室、统一新罗高丽展室等展馆。这里展示有旧石器时代至青铜器时代的文物、三国时期的房屋地基和墓葬中出土的各种文物等。

## 旅游资讯

地址：清州市上党区明岩路143号

交通：可乘坐502、511路公交车在社稷十字路口换乘861～2路公交车在博物馆站下，或乘坐821、822-1、826路公交车在道厅换乘861～2路公交车在博物馆站下可到

网址：cheongju.museum.go.kr

开放时间：周二至周五9:00～18:00，周六、周日、节假日9:00～19:00，每周一、1月1日闭馆

电话：043-2296300

## 旅友点赞

常设展厅中的儿童展室可以说是该博物馆里布置陈设最为用心的展室，这里可以让孩子更好地体验和学习韩国古代文化，它不仅对孩子们有益，也有助于外国游客更好地了解韩国的民俗文化。在这里可以直接感受到临河捣衣的古朴民风，以及韩国人举行婚礼和葬礼时的盛大场景。

# 八峰面包房

八峰面包房（Bpalfung Bakery）作为热播韩剧《该隐和亚伯》以及《面包王金卓求》的外景拍摄场地而成为清州市最著名的景点之一。八峰面包店的前身是"W画廊"，经过重新装修之后，化身为一家面包房。这里的一层为面包房，二层为咖啡馆，地下则是画廊工艺房。坐在二层的咖啡馆里可以一览清州市内全景。

## 旅游资讯

地址：清州市上党区寿洞寿岩谷

交通：在清州巴士客运站乘坐105路市内巴士，经过市厅，在Bang A桥下车，进入牛岩小学后面的寿岩谷胡同（步行约15分钟）

## 旅友点赞

八峰面包房在清州当地有很高的人气，常常吸引大批的游客前来参观。这里不仅仅是作为一处拍摄地开放，炎炎夏日当你欣赏完寿岩谷小区壁画之后，还可以到这里来品尝一杯凉爽的冷饮，吃上一块面包，稍作休息一下。

**时间缩短**

若旅行时间比较紧张，在韩国只能安排5天或者更少的时间，你就需要对自己的线路重新规划。你可以不去庆州，而从大邱直接去大田，这里是韩国第二大行政与科技城市。

**去大田玩1天**

# 大清湖

大清湖（Lake Daecheonghosu）是地跨大田和忠清北道清原郡、沃川郡、报恩郡的人工湖，是韩国第三大湖。湖里有海拔200～300米的小山坡，小山坡上遍布树木，植被茂盛，林中与水上多候鸟和留鸟，到了夏天，在湖的上游还可以看到美丽的白鹭的身影。

## 旅游资讯

地址：大田市大德区眉湖洞一带
交通：从大田站搭乘701路、724路巴士到新滩津，然后搭乘722路、723路市内巴士到大清坝
电话：042-9307241

## 旅友点赞

在大清湖旁边有一座大清湖自然生态馆，这是为了展示栖息于大清湖外围动植物自然生态与说明环境保持重要性而建立的展示馆，地下1层，地上3层。1楼由影像馆、活动厅、收藏库等组成，影像馆里播放关于对大清湖周边鱼类、鸟类、两栖类、爬虫类、植物和陆地动物的自然生态教育的影像资料。

# 儒城温泉

　　儒城温泉（Yuseong Spa）位于大田中心街区西边约11千米的地方，是儒城区中心的大规模温泉旅游区。儒城的温泉水是在花岗岩单层破碎带形成的水，是从地下200米的地方沿着花岗岩的单层均热层喷出的高温热泉。这里的泉水是pH值在7.5~8.5的弱酸性单纯温泉，对人体有很大的好处。

## 旅游资讯

地址：大田市儒城区凤鸣洞480号一带
交通：乘坐102、103、104、107等路公交可到
网址：tour.yuseong.go.kr

## 旅友点赞

　　在儒城温泉区附近，有许多设备完善的温泉旅馆，很适合来观光、度假。5月份的时候，在儒城温泉街上还会举行雪花庆典。儒城温泉街上有许多开白色花的蜡树，每到开花季节便格外漂亮。

# 根基公园

　　根基公园位于中区宝文山与芳华山之间，园内有着至美风景。根基公园既是以培养忠孝思想及主人精神的教育公园，又是举办多种家族活动的家族公园，也是让青少年修炼身心、健全体魄的体育公园。公园内拥有自然观察路线、树木园、野生花草类园区的自然观察园，不定期还会举办各种各样的文化活动，如道民亲善大会、儿童节活动和敬老活动等。

## 旅游资讯

地址：大田广域市中区根基公园路79号（砧山洞）
网址：djjunggu.go.kr
电话：042-5814445

## 旅友点赞

　　根基公园内除了自然观察园，还拥有可以寻找自我根源的姓氏雕刻品与四神图，塑造出地支的生命泉源，能够举办各种活动的水边舞台、草坪广场，以及可以将公园一眼望尽的展望台、八角亭、山林浴场、自然观察园等各式各样的设施。

庆州海边美景

# Part 3

韩国西南部
一周游

# Part 3 韩国西南部一周游

## 韩国西南部印象

### ★★★ 浪漫的地区

　　四面环海的济州岛上高山耸立、树木葱翠、海水清澈、鲜花盛开，到处都充满了浪漫的气息，对很多幸福的新人来说是蜜月旅行的最佳选择之一。在岛上可以看到很多手牵手的情侣，他们的脸上洋溢着幸福的笑容。

### ★★★ 花的海洋

　　济州岛上，一年四季都有美丽的花朵绽放，春天有粉嫩的樱花、金灿灿的油菜花；夏天的鲜花更多，整个岛上五彩缤纷，连空气中都充满了花香；到了秋天，紫芒花又把济州岛装扮得风韵多姿，令人陶醉其中；冬天万物凋零，但是洁白的雪花将济州岛装点得更加美丽纯洁。

### ★★★ 多面的汉拿山

　　济州岛上的汉拿山是韩国的最高峰，也是韩国的三大名山之一。从济州岛的任何一个地方都能看见这座巍峨的山峰。而且从不同的方向看山势就不同，随着季节的变化，山上也呈现出千变万化的美丽景观。

### ★★★ 壮观的无等山

　　无等山位于光州、潭阳郡和顺郡的交界处，山顶由天王峰、地王峰、人王峰等三座岩石峰组成，被称为"三大顶峰"。千姿百态的岩石以天王峰为中心分布在其周围，看起来非常雄伟。特别是瑞石台、圭峰、立石台等岩石，尤为壮观。

# 推荐行程

**A** 济州岛 ——约200千米—— **B** 光州

光州
Gwangiu

Hampyeong
Muan
Sinan Mokpo

Naju

Jinju
Hadong
Sacheon
Suncheon
Gwangyang
YeosuNamhae
Goheung

Haenam
Jindo

AB约200千米

Wando

济州岛
Jeju

**A**

# 最佳季节

济州岛位于东海上，隔济州海峡与朝鲜半岛相望，冬季干燥多风，夏季潮湿多雨。济州岛上气候比较温和，呈现出海洋性的气候，有"韩国的夏威夷"之称。因此到这里旅行的最佳旅游季节是春季和夏季。

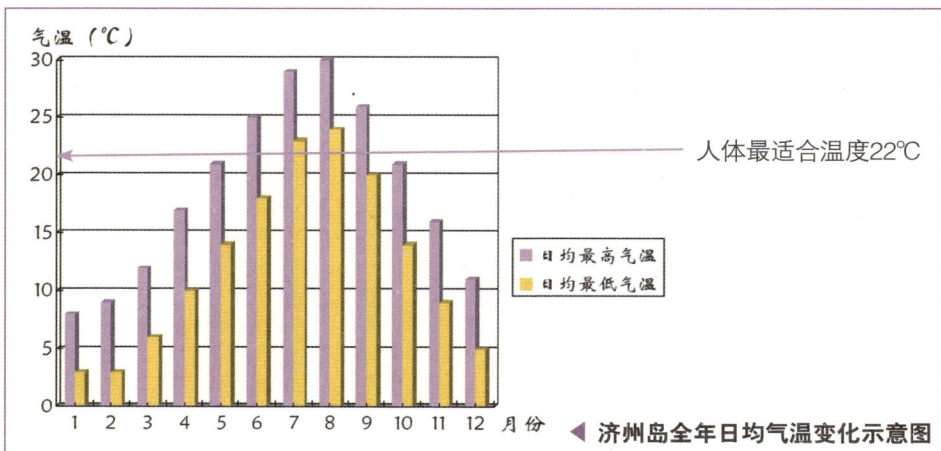

人体最适合温度22℃

图例：日均最高气温、日均最低气温

◀ 济州岛全年日均气温变化示意图

## 最佳季节所需衣物

韩国西南部最佳旅游季节是4~9月，尤其是7、8月间，虽然天气最为炎热，却也是游人最多的时候。如果在最佳旅游季节前往济州岛，需要带好舒适而透气的衣物，最好随身携带一个保温杯及时饮水，防止中暑。晚上气温可能有所下降，需要备一个薄薄的罩衫。泳装是必备的衣物，女士可以准备一条长裙，既防晒又凉快。另外还要准备墨镜、防晒霜、防晒衣等以抵御海上的阳光。另外，这一地区有不少高大的山峰，山顶上会比下面冷一些，因此除了准备舒适的鞋子，还要准备一件稍厚的外套。

| 韩国西南部最佳季节所需衣物 | | | | | |
| --- | --- | --- | --- | --- | --- |
| 衣物种类 | 4月 | 5月 | 6月 | 7月 | 8月 | 9月 |
| 棉制短袖 | √ | √ | √ | √ | √ | √ |
| 薄外套 | √ | √ | √ | √ | √ | √ |
| 长裙 | √ | √ | √ | √ | √ | √ |
| 厚外套 | √ | √ | — | — | √ | √ |
| 牛仔裤 | √ | √ | √ | √ | √ | √ |
| 泳装墨镜 | √ | √ | √ | √ | √ | √ |

# 西南部路线: 济州岛—光州6天6夜游

| 6天6夜的西南部路线 | | | |
|---|---|---|---|
| 城市 | 日期 | 时间 | 每日安排 |
| 济州岛 | Day 1 | 上午 | 龙头岩 |
| | | 下午 | 济州牧官衙→济州民俗博物馆→国立济州博物馆 |
| | Day 2 | 上午 | 如美地植物园 |
| | | 下午 | 泰迪熊博物馆→太平洋乐园 |
| | Day 3 | 上午 | 城山日出峰 |
| | | 下午 | 牛岛 |
| | Day 4 | 上午 | 山君不离 |
| | | 下午 | 汉拿山 |
| 光州 | Day 5 | 上午 | 国立光州博物馆 |
| | | 下午 | 仲外公园 |
| | Day 6 | 上午 | 证心寺 |
| | | 下午 | 无等山 |

# 到达济州岛

济州岛（Jeju Island）是韩国最大的岛屿，岛中央有火山爆发形成的海拔约2000米的韩国最高峰——汉拿山（Mt.Halla），因此这是一座典型的火山岛。济州岛上有着浓浓的海岛风情，再加上宜人的海洋性气候，有"韩国的夏威夷"之称。

## 通航城市

济州岛是深受中国游客喜爱的韩国旅游胜地之一，因此从中国到达这里比较方便。济州国际机场是韩国重要的国际机场之一，不仅开通了许多条韩国国内直航路线，还开通了与中国、日本等国家的国际路线，从我国的北京、上海、沈阳等地都有直达济州国际机场的航班。

### 从中国飞往济州岛的航班

从中国飞往济州岛的航班以北京、上海两城市出发的为主，国内一些城市没有直达航班，可以从这两个城市中转，下面表格列出几大航空公司提供的航班，以供安排行程参考。

| 中国飞往济州岛的航班 | | | | |
|---|---|---|---|---|
| 航空公司 | 航空公司电话 | 城市 | 单程所需时间 | 出航信息 |
| 中国国际航空 www.airchina. com.cn | 0086-95583 | 北京 | 2小时35分钟 | 每天18:00有航班从首都国际机场T2航站楼出发到达济州国际机场 |
| 中国东方航空 www.ceair.com | 021-95530 | 上海 | 1小时15分钟 | 每天12:35、10:15、16:10有航班从浦东机场T1航站楼出发到达济州国际机场 |
| 大韩航空 www.koreanair. com | 010-84685288 | 北京 | 2小时35分钟 | 每天10:50有航班从首都国际机场T2航站楼出发到达济州国际机场 |

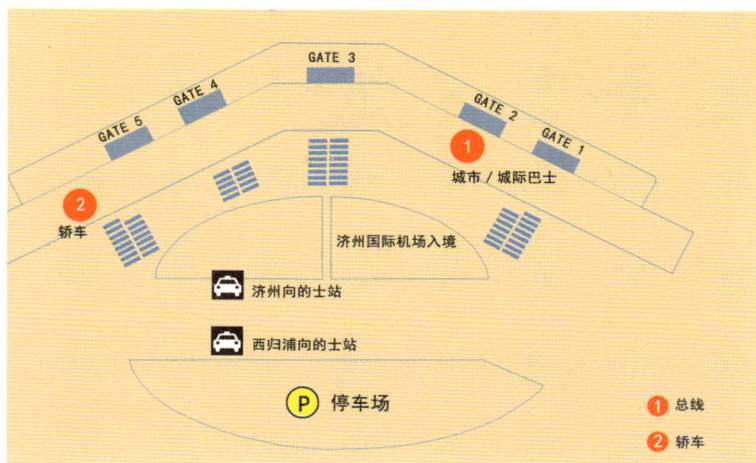

## 如何到市区

济州国际机场位于济州市空港路2号，到达济州国际机场之后，你可以乘坐公交车或出租车从机场到达市区。以下是济州国际机场外的站点分布图。

▲ 济州国际机场外站点示意图

### 乘坐公交车到达市区

从机场经过的公交车既有一般的市内公交车，也有豪华巴士，从机场乘坐公交车能够到达济州岛的很多地方。

| 济州国际机场交通信息 | | |
|---|---|---|
| 公交车类型 | 目的地 | 停靠站点 |
| 市内公交车 | 汉拿大学/三阳行 | 三阳大学→莲洞地区→堤原→水协岛支会→新济州→机场→终端站→中央路→东门→女商业高中→仁和洞→天水洞→五贤高中→禾北南门→三阳 |
| 市内公交车 | 观光台行 | 观光台（老衡住公）→老衡五岔路口→汉拿医院→堤原A→新济州R→终端站→仁济→东门R→观德亭→龙胆→机场→新济州R→堤原A→汉拿医院→老衡五岔路口→观光台（老衡住公） |
| 市内公交车 | 汉拿大学/济州大学行 | 汉拿大学→老衡五岔路口→汉拿医院→堤原A→新济州R→机场→龙胆→中央路→市民会馆→光阳→市政府→女高中→济州大学 |
| 市内公交车 | 外岛/月坪行 | 外岛→梨湖→道头→西中→五日场→堤城村→文化颜色→水协岛支会→机场→龙胆→观德亭→中央路→光阳→市政府→女高中→晨星女中学、高中→月坪（济州大学） |
| 市内公交车 | 济州大学/下贵行 | 济州大学→女高中→市政府→光阳→中央路→观德亭→龙胆→机场→新济州R→水协岛支会→汉拿医院→西中→梨湖→外岛富荣—下贵 |
| 豪华巴士 | 西归浦行 | 机场→（新济州）The酒店→万丽海景酒店→如美地植物园→Hana酒店→凯悦湖岸济州→济州新罗酒店→斯威特酒店→乐天酒店济州→韩国公寓大厦→韩国观光公司→Seaes酒店 & 度假村济州→州国际会议中心→世界杯赛场→新庆南酒店→西归浦码头→天堂酒店济州→西归浦凯尔酒店 |

## 乘坐出租车到达市区

在机场旅客航厦前面有出租车乘车点，站台分长短途。其中从短距离站台发出的出租车可覆盖济州市全境，往西可到涯月、翰林地区，往东可到朝天、金宁地区；从长途站台发出的出租车可到北济州郡、南济州郡、中文、西归浦地区。

# 济州岛4日行程

济州岛是韩国最大的岛屿，岛上风景如画，各个地方几乎都有代表性的景点，因此在济州岛上安排了4天的时间，以便更好地了解这个美丽的地方。

## Day 1 龙头岩→济州牧官衙→济州民俗博物馆→国立济州博物馆

济州岛的景点除了汉拿山，主要集中在济州市和西归浦市区。所以，到了济州岛的第一天，就先从济州市游起。

| 时间 | 目的地 | 行程安排 |
|---|---|---|
| 济州岛第1天行程 | | |
| 10:00~12:00 | 龙头岩 | 龙头岩高10米，长30米，看上去像是在龙宫生活的龙欲飞上天时突然化作石头一般，故得名龙头岩，黄昏时分是游览这个景点的最好时间 |
| 12:00~14:00 | 午餐 | 龙头岩与济州牧官衙附近的游客常年都比较多，这一带也比较繁华，所以在这里找餐馆就餐是一件非常容易的事情 |
| 14:00~15:00 | 济州牧官衙 | 济州牧官衙是朝鲜时代济州岛的政治行政中心，现在已被韩国指定为第380号史迹 |
| 15:00~17:00 | 济州民俗博物馆 | 再现了1890年代末至今、济州岛的传统文化和民俗风貌，在这里可以看到当时的生活用具、农具、渔具、家具等民俗资料 |
| 17:00~19:00 | 国立济州博物馆 | 陈列着济州自史前时代至朝鲜时代的珍贵文物，每年举办的各种特别展览非常值得一看 |
| 19:00~20:30 | 第一土产品 | 看过了济州的自然风光和人文风光，想必你以及开始慢慢喜欢上这个城市。如果你想要让你的亲朋好友也感受到这个城市的魅力，可以带一些当地的特产回去 |

龙头岩
Yongduam

济州牧官衙
Jejumok
Government
Office

国立济州博物馆
Jeju National
Museum

GEONIP-DONG

A

AB约1.1千米，
步行约15分钟

B

ILDO 1
(IL)-DONG GEONIP-DONG

ILDO1L-DONG

🏪FamilyMart

D

济州民俗
博物馆
Jeju Fdk
Museum

CD约2千米，
步行约30分钟

YONGDAM 1
(IL)-DONG

龙潭洞
YONGDAMIL-DONG

IDO 1
(IL)-DONG

C

BC约1.3千米，
步行约18分钟

▲ 济州岛第1天行程路线示意图

# 龙头岩

　　龙头岩（Yongduam，용두암）是熔岩喷发后冷却形成的岩石，岩石的一端看上去很像龙头，故得名龙头岩。龙头岩看起来就像是一条龙咆哮着往上蹿的模样，尤其是风大浪高的时候，就好像马上会跃跃欲飞，升上天空一般。这处旅游胜地广为人知，每天到这里来参观的游客络绎不绝。

## 旅游资讯

地址：济州特别自治道济州市龙潭路
交通：可在济州市区乘开往下贵的公交车到龙门十字路口下车，再向海边步行约15分钟即到；或者在济州国际机场乘坐机场大巴（200路、300路）至龙潭2洞事务所站下车，再步行15分钟可达
票价：免费

## ★★★ 旅友点赞

　　龙头岩的形状看起来就像是遗恨无限的龙在做垂死挣扎，关于它还有一个传说。传说，此地原有一条龙居住，但它偷了汉拿山神灵的玉珠，就在它快要升天时，却被汉拿山神灵发觉，盛怒的汉拿山神灵让这条正在腾飞的龙从空中跌落，而这条龙也在愤怒挣扎中变成了巨石，沉入海中，只露一个头在海面上。

**中午在哪儿吃**

龙头岩与济州牧官衙附近的游客常年都比较多，这一带也比较繁华，所以在这里找餐馆就餐是一件非常容易的事情。

| 龙头岩附近餐厅推荐 | | |
|---|---|---|
| 餐厅名称 | 地址 | 电话 |
| 용운횟집 | 448 Yongdam 2（i）-dong, Jeju-si, Jeju-do | 064-7116171 |
| 구름다리횟집 | 440 Yongdam 2（i）-dong, Jeju-si, Jeju-do | 064-7118885 |
| 용연횟집 | 408, Yongdam 1（il）-dong, Jeju-si, Jeju-do | 064-7518686 |
| 용경 | 450 Yongdam 2（i）-dong, Jeju-si, Jeju-do | 064-7135566 |

# 济州牧官衙

## 旅游资讯

地址：济州济州市三徒2洞43-3号
交通：坐机场大巴或市内公交车到观德亭下车
票价：1500韩元
开放时间：9:00～18:00

## 旅友点赞

济州牧官衙曾在大火中遭到损毁，1435年崔海山牧使重建了官衙，共修建了包括营厅、钟楼、寝室、浴室、书房、琴堂、政堂、乐库、旗楼、客房、营库等共200多间的官衙建筑。

济州牧官衙（Jejumok Government Office，제주목관아）是济州岛上非常著名的文物古迹。济州牧的官衙设施以观德亭为中心，分为北左南右两侧。这处古迹曾在大火中遭到损毁，于15世纪得到重建，重建时为防止火灾再次发生，这里的各建筑物都不相连，且以墙分隔。

### 观德亭

观德亭是济州岛内历史最悠久的建筑物之一，也是韩国第322号宝物，是世宗30年牧使为了训练士兵而创建的。取名"观德"的用意是"射箭的人平时修身养性，训练德行"。观德亭的梁柱上刻画着十长生图、赤壁大捷图、大狩猎图等格调较高的壁画。

# 济州民俗博物馆

　　济州民俗博物馆（Jeju Folk Museum，제주민속박물관）是一座私立博物馆，主要展出之前济州人民实际生活中曾使用过的物品。博物馆的1层是特别展示厅，2、3层则是常设展示厅，共保存着1万多件展品。展示厅内陈列着用竹子、稻草、石头等制成的庶民用品；还有海女使用的工具，如下海时穿的水衣、石磨等。

## 旅游资讯

地址：济州岛济州市三洋3洞2505号
交通：在机场乘坐至咸德的长途汽车705
　　　路（间隔40分钟），在济州汽车站换乘至
　　　朝天的汽车（间隔约5分钟），在华北住
　　　公APT汽车站下车后步行需5分钟（共需
　　　25分钟）
开放时间：7:00～19:00

## 旅友点赞

　　除了当地人常用的生活用品，这里还收藏着与古老巫术有关的生活用品，十分引人注目，如用镜子做成的巫乐乐器等。在露天展示厅的院子里陈列着一圈石像，这就是济州巫神宫。在巫神宫内，游客们可以看到济州从古至今保存下来的100多个巫神像。巫神宫对于人们了解当地人民信奉巫神的传统具有很高的价值。

# 国立济州博物馆

　　国立济州博物馆（Jeju National Museum，국립 제주 박물관）坐落在纱罗峰公园内，旨在系统地展示、保护和研究济州的历史与文化遗产。博物馆内陈列着济州自史前时代的珍贵文物，并特设有耽罗文化展示馆，向人们全面系统地展示耽罗文化。此外，这里每年都举办各种特别展示活动。

## 旅游资讯

地址：济州特别自治道济州市临港路261号
　　　（健入洞）
交通：在济州国际机场乘坐100路到国立济
　　　州博物馆下车
开放时间：周一至周五9:00～18:00（入场
　　　时间截至17:00），周六、周日以及节假日
　　　开放至19:00
电话：064-7208000

博物馆中的第一室为史前考古室，这里展示高山里出土石器等文物，在这里可了解济州史前文化发展的过程。第二、三、四室为耽罗室，展示了耽罗文化的发展过程、高丽时代的耽罗、郭支里贝塚遗迹、龙潭洞坟墓遗址等。第五室为朝鲜时代室，这里通过牧官衙址出土遗物和西方资料，展现济州牧的设立和运营、流放文化、生活文化、济州艺术以及与西方的交流等。第六室为捐赠遗物室，这里展示金顺伊先生捐赠的陶瓷、木具、服饰等展品。

## 晚上在哪儿 玩

看过了济州的自然风光和人文风光，就能对这座城市有初步的了解，你会喜欢上这个城市。如果你想要让你的亲朋好友也感受到这个城市的魅力，可以带一些当地的特产回去。

### 第一土产品

地址：济州特别自治道济州市三徒二洞982-7观德亭前
营业时间：7:00～23:00
电话：064-7537319

第一土产品是济州牧官衙附近的一家土特产店，位于著名的观德亭前。店里主要出售当地特产，可提供汉语及日语服务以及外汇兑换业务，价格实惠。附近还有地下商业街等便于购物。

## Day 2 如美地植物园→泰迪熊博物馆→太平洋乐园

到济州的第二天，你可以来西归浦的中文旅游区游览一番，这里将得天独厚的自然风光和丰富多彩的济州文化融为一体，一定会让你留下深刻的印象。

| 济州岛第2天行程 | | |
|---|---|---|
| 时间 | 目的地 | 行程安排 |
| 10:00～12:00 | 如美地植物园 | 如美地植物园是亚洲首屈一指的植物园，最值得一看的是温室，内有水生植物园、生态园、热带果树园以及肉质植物园等 |
| 12:00～14:00 | 午餐 | 在中文旅游区中有许多餐厅，在这里你可以品尝到经典韩餐、西餐、中餐等各种美食。不过，到了这里你不妨到这里的本土餐厅尝尝当地的特色美食 |
| 14:00～17:00 | 泰迪熊博物馆 | 济州岛的泰迪熊博物馆陈列了1200只泰迪熊，再现了20世纪人类历史的11个重大事件，还有表现世界各国传统婚礼场面的泰迪熊婚礼教堂 |
| 17:00～19:00 | 太平洋乐园 | 可为游客们提供猴子表演、海狮表演、海豚表演等趣味生动的表演秀，还有展示以济州海生物为主题的迷你水族馆 |
| 19:00～20:30 | 活生生的博物馆 | 活生生的博物馆将平面设计成立体世界，利用视觉差将世界名画变成了拍照的背景，非常有趣，很适合与好友们一起前来拍照 |

如美地植物园
Yeomiji Botanical Garden

泰迪熊博物馆
Teddy Bear Museum

AB约0.5千米，
步行约8分钟

FamilyMart

BC约1千米，
步行约15分钟

7-11便利店

太平洋乐园
Pacific Land

AJ렌터카

오듬민바

T world

▲ 济州岛第2天行程路线示意图

# 如美地植物园

　　如美地植物园（Yeomiji Botanical Garden，여미지식물원）是济州岛上中文旅游区中规模巨大的一座植物园，这里到处洋溢着南国的气息。园中最值得一看的是温室，这里的温室面积有3000多平方米，内有水生植物园、生态园、热带果树园以及肉质植物园等，这里栽培有稀有植物2000余种。

## 旅游资讯

地址：济州特别自治道西归浦市中文观光路93（稿达洞）

交通：乘坐济州市外客运站经过中文至西归浦的汽车每10分钟发车一班，需50分钟；乘坐济州机场−中文−西归浦的机场大巴，每15分钟一班，需40分钟；在西归浦市内乘坐一般座席巴士，每10分钟一班，需20分钟，在如美地植物园下车可到

网址：www.yeomiji.or.kr

票价：成人9000韩元，青少年6000韩元，儿童5000韩元，老人7000韩元

开放时间：9:00～18:00（户外庭院开放时间截至日落，关门前30分钟中止售票）

电话：064-7351100

## 旅友点赞

　　到了如美地植物园，除了参观温室，还可以参观济州岛本地植物园，以及由韩国、日本、意大利、法国等各国特色园林组成的民俗园林。植物园中有可搭载60人的观光列车往返于温室与园林之间。登上植物园中的瞭望台，不但可以一饱中文旅游区、天地渊瀑布、汉拿山等地美景，天气晴好的时候还可以看到位于韩国最南端的马罗岛。

197

**中午在哪儿吃**

中文旅游区有许多餐厅，在这里可以品尝到经典韩餐、西餐、中餐等各种美食。还可以在这里的本土餐厅尝尝当地的特色美食。

## 1 中文大梁饭店

中文大梁饭店位于天帝渊广场对面，这是一家以经营韩定食为主的饭店。店里的招牌菜为大梁韩定食和刀鱼韩定食，尤其是刀鱼韩定食包括红烧刀鱼、炒辣黑猪肉和佐餐小菜等，可谓老少皆宜。

地址：济州特别自治道西归浦市天帝渊路135
营业时间：8:00～21:00
电话：064-7386266

## 2 渔夫与农夫饭店

渔夫与农夫饭店是可以同时享用生鱼片和黑猪肉的专门的乡土饮食店。在渔夫和农夫饭店可以同时品尝到来济州必吃的三大名菜：生鱼片、黑猪肉和红烧鲐鲅鱼。

地址：济州特别自治道西归浦市天帝渊路89（稽达洞）
营业时间：9:00～22:00
电话：064-7383130

## 3 中文新罗院饭店

地址：济州特别自治道西归浦市天帝渊路107（稽达洞）
网址：www.jejushinlawon.com
电话：064-7393395

马肉健康特餐是新罗院的招牌菜，这个特餐里面包括了调料马肉、红烧马排骨、马骨头汤等，另外还有炒黑猪肉、烤海鲜、葱油饼等，让不吃马肉的顾客也可以大饱口福。饭店旁边还有种植着苏子叶、彩椒、辣椒等蔬菜的菜田，新罗院用这些新鲜无污染的绿色蔬菜招待客人。

# 泰迪熊博物馆

　　泰迪熊博物馆（Teddy Bear Museum，테디베어 뮤지엄）是为展示长久以来深受全世界人们喜爱的泰迪熊而建。博物馆花费巨资从世界各地搜集有关泰迪熊的作品，向世人展现了泰迪熊的发展史。博物馆中的展品分周期展示，每个展览周期，都会设定不同的主题来展示从名家到一般大学生的作品。

## 旅游资讯

地址：济州特别自治道西归浦市中文观光路110号路31号（穑达洞）

交通：乘坐机场巴士、市外巴士等在中文旅游区下车步行可达

票价：成人8000韩元，青少年7000韩元，儿童6000韩元

开放时间：画廊9:00～20:00，夏季旺季9:00～22:00（售票截止到闭馆前1小时）

电话：064-7387600

## 旅友点赞

　　博物馆的展馆可分成历史馆、艺术馆以及企划展厅。在历史馆中，有与百年历史中有名的场面相结合而再现历史人物的玩具熊。在艺术馆中，你可以欣赏到将玩具熊引入世界艺术之路的大师们的作品，还有深受孩子们喜欢的动画人物。企划展厅展示的则是根据不同时期的主题而展出各种泰迪玩具熊。

# 太平洋乐园

## 旅游资讯

地址：济州特别自治道西归浦市色达洞中文观光路154-17

交通：乘坐机场巴士、市外巴士等在中文旅游区下车往中文海水浴场方向走可到

网址：www.pacificland.co.kr

票价：成人12000韩元，青少年10000韩元，儿童8000韩元

电话：064-7382888

太平洋乐园（Pacific Land,퍼시픽랜드）位于中文海水浴场的入口处，在这里你可以欣赏到许多可爱的动物表演，比如猴子表演、海狮表演以及海豚表演等，一次入场后可以看到3种表演。等动物们表演完之后，你还可以跟它们合影留念。除此之外，这里还展示有以济州海生物为主题的迷你水族馆等。

## ★★★ 旅友点赞

游完这个可爱的游乐园之后，可以去中文海水浴场中嬉戏一会儿。中文海水浴场是韩国最优秀的海水浴场之一，这是一个在悬崖峭壁围绕的沙丘中的小巧而浪漫的海水浴场，可以在此进行冲浪、滑水、帆船等海上运动。

**晚上在哪儿 玩**

在太平洋乐园玩得尽兴之后，也到了华灯初上的时候，作为一个著名的旅游区，西归浦市的中文旅游区是一个综合性的旅游区域，在这里有各种各样的旅游的好去处，晚上自然也不例外。

## 1 活生生的博物馆

这是一个趣味十足的博物馆，是由欺骗视觉的5个主题：幻觉艺术、数码艺术、物体艺术、雕刻艺术、普罗旺斯艺术组成的独特的错觉艺术博物馆。在这里，你可以参与其中，进入到每一个故事中成为其主人公，在美术作品中留下你的身影，留下与其他博物馆迥然不同的新奇而有趣的回忆。

地址：济州特别自治道西归浦市中文观光路42号

票价：成人9000韩元，青少年8000韩元，儿童7000韩元

开放时间：9:00～23:00（入场截止时间为22:00）

电话：064-8050888

# Day 3  城山日出峰→牛岛

除了中文旅游区和龙头岩等地，济州岛上还有几处自然风景十分秀丽的景点。比如济州岛东部地区著名的旅游景点城山日出峰和附近的岛屿——牛岛。

| 济州岛第3天行程 | | |
|---|---|---|
| 时间 | 目的地 | 行程安排 |
| 10:00~12:00 | 城山日出峰 | 城山日出峰是观看济州岛日出的最佳之地，有着令人观止的美丽与庄严。此外，这里春天还有金黄的油菜花可以观赏 |
| 12:00~14:00 | 牛岛酒家 | 在城山日出峰上欣赏完美丽的景色，下山之后就到了吃午饭的时间了。这时候你可以直接前往牛岛，到了那里之后可以先到牛岛酒家享受一顿岛上的独特美食 |
| 14:00~19:00 | 牛岛 | 牛岛整座岛屿状如卧牛，因此得"牛岛"之名，这里已经成为很多电影的外景地，逐渐成为济州最具代表性的旅游景点之一 |
| 19:00~20:30 | 山房山碳酸温泉 | 山房山碳酸温泉是韩国比较稀有的碳酸温泉，所含有的元素对降血压，心脏病等有帮助作用 |

B 牛岛 Butcher

AB约5千米，乘船约10分钟

Seongsan-ri

A 城山日出峰 Seongsan LIchulbong

▲ 济州岛第3天行程路线示意图

# 城山日出峰

## 旅游资讯

地址：济州道西归浦市城山邑城山里114

交通：在城山乘坐日出峰循环巴士到城山日出峰下车即到

票价：成人2000韩元，青少年1000韩元，儿童1000韩元

开放时间：冬季日出前1小时至20:00；夏季日出前1小时至21:00

城山日出峰（Seongsan Llchulbong，성산일출봉）位于济州岛东部地区，是个著名的旅游景点，是因水中喷发活动而形成的寄生火山之一，在突出于海面的火山口可以清晰地观测到山体侧面的层理构造。火山体大部分被侵蚀，侧面是矗立于海面上的绝壁，整个山体被无数像屏风一样的岩峰环绕，形成天然的城堡，因此自古以来就有"城山"之称。

## ★★★ 旅友点赞

城山上有一个巨大的火山口，火山口周边有名为"九十九峰"的奇岩怪石，这些山峰聚在一起就好像一个美丽的王冠。九十九峰中最高的山峰位于东北角，上面建有名为"城山烽"的烽火台，山上生长着很多种类的植物。

## 中午在哪儿 吃

在城山日出峰上欣赏完美丽的景色，下山之后就到了吃午饭的时间了。这时候你可以直接前往牛岛，到了那里之后可以先到牛岛酒家享受一顿岛上的独特美食。

## 牛岛酒家

牛岛酒家是既健康又美味的餐馆，这里主要经营滋补菜品，如适合牛岛的补养饮食——士大夫汤，它的最大的魅力在于老铁锅。

地址：济州特别自治道济州市牛岛面周兴1路21

营业时间：10:00~21:00

电话：064-7848335

# 牛岛

位于城山浦前海域的牛岛（Butcher，우도）是济州地区最大的岛屿，这座岛屿整体看上去就像一个伸着头的卧牛。岛上地势较缓，但与海相临处也有着陡峭的绝壁。这里的自然环境十分优越，鱼类资源也非常丰富。

## 灯塔公园

灯塔公园是牛岛上建设最早的灯塔主题公园，公园内有高16米的白色圆形水泥建筑，另外设有展览厅和航标3D体验馆，这里陈列有世界七大奇迹的法罗斯灯塔等14个灯塔模型，可以为你带来最近距离的体验。

地址：济州特别自治道济州市 牛岛面牛岛峰路105号
电话：064-7830180

## 牛岛潜水艇

在牛岛旅游，可以乘坐潜水艇体验神秘的海底世界。在这里可以欣赏在陆地上看不到的美丽风光。海底10米路线有各种海草；选择海底20米路线你可以欣赏到海底世界的各种鱼类（土生鱼类和热带鱼等）；选择海底25米路线则可以体验到只有牛岛潜水艇才有的潜水秀；如果选择30米路线还可以欣赏到硬珊瑚群落以及软珊瑚群落等。

地址：济州特别自治道 西归浦市城山邑城山登龙路130-21号
网站：www.jejuseaworld.co.kr
运行时间：8:35～18:20
电话：064-7842333

### 旅游资讯

地址：济州特别自治道济州市牛岛面
电话：064-7283381

### ★★★ 旅友点赞

牛岛曾是《时越爱》《人鱼公主》等电影的外景地，由此可见牛岛的风景有多么美丽。岛上有几百名住户生活在这里，到此游览可借住在民宿里。在这里你可以进行岩石垂钓和船上垂钓，体验丰富多彩的垂钓乐趣。要注意的是除灯塔下方以外，其他海域的水深都比较深，风浪稍大，不可随便垂钓。

## 晚上在哪儿 玩

韩国是一个拥有众多温泉的国家，许多城市都有泡温泉的场所，在济州岛上自然也不例外。结束了一天的旅程，晚上的时候，去山房山碳酸温泉泡一个舒舒服服的温泉，可以把一整天旅途的疲惫忘得一干二净。

# 山房山碳酸温泉

地址：济州特别自治道西归浦市安德面沙溪北路41号－192
电话：064-7928300

山房山碳酸温泉在西归浦市。这里的水是中性水，吐出时的温度在30℃左右，这里的水中游离碳酸和重碳酸、钠等主要成分比其他的碳酸温泉都要高，而且地下水水质检测结果没有大肠杆菌，所以这是一家水质非常好的碳酸温泉。

# Day 4 山君不离→汉拿山

要说韩国最著名的山峰，自然是美丽的汉拿山了。既然到了济州岛，就十分有必要去汉拿山上看一看，在汉拿山附近还有美丽而神秘的火山口——山君不离，登汉拿山之前你可以先去那里看看。

| 济州岛第4天行程 | | |
|---|---|---|
| 时间 | 目的地 | 行程安排 |
| 10:00 ~ 12:00 | 山君不离 | 是韩国电影《恋风恋歌》的外景地，很受韩国人的欢迎，学生们往常会来此地的油菜花、紫芝群、向日葵地野餐。每逢春季，在火山口下方飘有白云，登山而上恍如仙境 |
| 12:00 ~ 14:00 | 午餐 | 从山君不离到汉拿山一带自然风光固然美丽，不过与繁华的市区相比不是那么方便。山君不离附近也有几家餐厅，在这里你可以品尝到传统风味的韩式美食 |
| 14:00 ~ 19:00 | 汉拿山 | 汉拿山是韩国三大名地之一，也是代表济州岛的山，还是韩国最高的山峰。这里有着种类多样的生物，随着季节的变化，山上呈现出千变万化的美丽景观 |
| 19:00 ~ 20:30 | 莲洞步行街 | 游玩了1天，若对济州岛恋恋不舍，晚上可以去济州市新城区的莲洞步行街逛一逛。这条街夜晚比较热闹，是购物的好去处。 |

▲ 济州岛第4天行程路线示意图

# 山君不离

　　济州岛上虽然分布着300多处寄生火山，但多数火山都被爆发后的岩浆所覆盖堆积，唯有山君不离（Sangumburi，산굼부리）的火山口在火山爆发时，熔岩和火山灰没有喷出，受到岩石保护作用，形成了现在的洞口。每逢春季，在火山口下方飘有白云，登山而上恍如仙境，梅花草、龙胆等次第绽放，将山君不离点缀得充满了神秘的气息，吸引着游客的到来。

## 旅游资讯

地址：济州特别自治道济州市朝天邑榧子林路768

交通：济州市外客运站乘坐开往表善行的巴士，每小时一班，在山君不离下车

票价：成人 6000韩元，青少年、儿童、老人3000韩元

开放时间：夏季9:00～18:00，冬季9:00～17:00

电话：064-7839900

## 旅友点赞

　　在山君不离的下方，由于缝隙较多受到水的侵袭，再加上太阳的日照不同，使得火山口内的动植物的分布非常特别。接受阳光照射充分的暖带地域多以日本常绿橡树、楠木、栎树、大叶楠等为主，下方则多分布着黄根节兰、虎舌红、寒莓等稀有植物。而日照量不足的南边，则分布有山茱萸、枫树、黑松等等群落。不仅如此，罕见的常山群落、济州竹树群落、边山花群落等在这里也被保存得非常完整。

中午在哪儿 **吃**

　　从山君不离到汉拿山一带自然风光固然美丽，不过与繁华的市区相比，吃、住、行、购等方面不是那么方便。不过山君不离附近也有几家餐厅，在这里你可以品尝到传统风味的韩式美食。

## 1 桥来美丽花园饭店

　　桥来美丽花园饭店周边有许多旅游胜地，店里的特色菜品主要以当地的土鸡为原料，做成清炖土鸡、辣炖鸡肉和鸡肉火锅等，另外这里的绿豆粥也非常好吃。这家店非常受欢迎，有一些演艺明星常常光顾这里。

地址：济州特别自治道朝天邑桥来3路24号

营业时间：10:00～19:30，每月第一周的星期三休息

电话：064-7849100

## 2 安达美如饭店

安达美如饭店毗邻桥来美丽花园饭店，这里也是以桥来里村直接饲养的鸡和鸭为原材料。店里的招牌菜为土种鸡套餐，肉质软嫩，加入了鲍鱼、绿豆等，深受顾客喜爱。

地址：济州特别自治道济州市榧子林路648号
套餐费用：土种鸡套餐大（3~4人标准）5.5万韩元，小（2~3人标准）5万韩元；辣炖土种鸡 大5万韩元，小4.5万韩元
营业时间：10:00 ~ 21:00
电话：064-7830668

# 汉拿山

汉拿山（Mount Halla）是代表济州岛的名山，海拔1900多米，也是韩国最高的山峰。这里有着种类多样的生物，是动植物的宝库。汉拿山周围还分布着300余座寄生火山，随着季节的变化，呈现出千变万化的美丽景观。春天这里鲜花盛开，色彩缤纷；秋天则是漫山红叶，层林尽染；到了冬天，大雪覆盖的汉拿山更是绝景中的绝景。

### 旅游资讯

地址：济州特别自治道济州市1100道路2070-61
电话：064-7139950-3

### ★★★ 旅友点赞

汉拿山以其从温带至寒带的垂直植物生态分布系统而闻名。这里有着1800多种植物和4000多种动物，可以让你明显地看到温带与寒带的植被的变化。汉拿山有多条登山路线，可很好地观察周围的山势。而且这些登山路线都在10千米以内，当天即可登上山顶，但由于天气变化十分剧烈，加上风大，如果打算登山的话带上足够的装备。

### 汉拿山国立公园

汉拿山上风光旖旎，1970年被指定为国立公园。到了2002年，汉拿山国立公园（한라산국립공원）被指定为"联合国教科文组织生物圈保护区"。2010年10月，汉拿山国立公园又被指定为"世界地质公园"。

### 城板岳

城板岳（성판악）是济州岛的寄生火山之一，这里垂直而立的悬崖如屏风一般，看似一木板围城而立，故取名为"城板岳"。城板岳内有茂密的原始林，一年四季都可看到别样的景致。山麓的路很明显也较宽阔，但由于布满石头，行路有些不便。春天时杜鹃花盛开，这里便成了一片粉红色的海洋，再加上瀑布之水清澈可鉴，景色十分宜人。

地址：济州特别自治道济州市1100道路2070-61
交通：乘坐济州市至西归浦的市外巴士，每12分钟发车一班，从西归浦出发需30分钟，从济州市出发需35分钟左右；在综合市外客运站坐车到观音寺入口下车
网址：www.hallasan.go.kr
电话：064-7139950-3

汉拿山上有多条登山路线，你可以根据自己的需要选择最便利的登山方式。

| 汉拿山登山路线信息 | | | |
|---|---|---|---|
| 登山路线 | 到达方式 | 路线特色 | 交通信息 |
| 御里牧登山路线 | 利用济州市和西归浦市中文洞连接的1139号道路（1100道路） | 相对而言，这条4.9千米的登山路线短且容易，而且还可以见到开阔的晚水同山的全景。从民岳伸延开的山脊与长久木岳连在一起，给人一种流畅的美感。每到冬季，晚水同山的草地上覆盖着广阔无垠的白雪，成为汉拿山的一道亮丽风景线。但是，由于只能到威势岳，因此无法见到白鹿潭 | 济州市—御里牧探访咨询中心，约需35分<br><br>中文区—御里牧探访咨询中心，约需50分 |
| 灵室登山路 | 利用济州市和西归浦市中文洞连接的1139号道路（1100道路） | 灵室登山路的山势比较平缓，这是通往白鹿潭方向最短的路段，现在这条路段只开放到威势岳。虽然无法看到白鹿潭，但是在半山腰依旧可见灵室奇岩、灵室松树林、五百罗汉以及仙人下凡的山丘等景点。下山时，建议你选择御里牧路线 | 济州市–灵室探访咨询中心约需50分<br><br>中文区—灵室探访咨询中心，约需30分 |
| 城板岳登山路 | 利用济州市和西归浦市连接的1131号道路（516道路） | 在电视剧《我的名字叫金三顺》中，金三顺为了忘记恋人三石，哭着喊着从城板岳登山路爬了上去。从这里到白鹿潭，虽然有9千米，但是你可以花5～7个小时，悠闲地欣赏沿途的美景。5.2千米处的沙罗岳泉水能够缓解劳累；7.1千米处有一个金达莱休息处。从这里开始树木逐渐变矮，直至消失。最后1.5小时的路程，是陡峭的山路，不要过于放松。从白鹿潭山顶下来时，有城板岳与观音寺两条路线，都需要4小时左右。但是选择城板岳路线下山的话，会更加轻松 | 济州市—城板岳探访咨询中心，约需30分<br><br>西归浦市—城板岳探访咨询中心，约需40分 |
| 观音寺登山路 | 利用济州市吾罗洞山川坛和耽罗教育院、天王寺连接的1117号道路 | 这里因其陡峭的山路而闻名，如果你想登山时拥有放松的心情，最好不要选择这条路线。但是这条路线又是登山爱好者们的最爱，因为可以欣赏到人间仙境。在这里，可以见识古汉拿山的真面目，蜿蜒的耽罗溪谷与蚂蚁牧，北侧陡峭的石壁，让人不得不惊叹其雄壮的山势。到了庇护所一带，则是一片令人惊叹的自然景观。从这里再往上走1.5小时左右，就可以到达山顶。虽是险峻的上山路线，下山时却很容易。从城板岳路段上山，观音寺路段下山，是冬季登山时最佳的选择 | 济州市—观音寺探访咨询中心 约需25分<br><br>西归浦市—观音寺探访咨询中心，约需50分（公交线路仅周末运行） |
| 顿乃克登山路 | 利用西归浦市顿乃克游乐场和耽罗大学连接的1115号道路 | 顿乃克登山路是唯一从西归浦出发登汉拿山的路线。由于这里的大自然受到了严重的毁坏，到2008年才开始重新对外开放。这条路线最大的魅力在于它拥有如同热带雨林一样的山林。爬到地势平缓的山梁，可以驻足观赏一下西归浦的大海、用玄武岩石头堆砌而成的济州墓地等景观。到了夏季，你可以来顿乃克溪谷边的野营地，感受夏季避暑的乐趣 | 济州市–顿乃克探访咨询中心，约需1个小时<br><br>西归浦市–顿乃克探访咨询中心，约需25分 |

如果你登上了雄伟的汉拿山，傍晚下山的时候可能会感觉有些疲惫，这时候你可以直接回到酒店休息，为第二天的旅程做好准备。当然，如果你对济州岛仍然恋恋不舍，而且体力尚支的话，可以去济州市新城区的莲洞步行街转一转。

## 晚上在哪儿玩

### 莲洞步行街

地址：济州特别自治区济州市新城区宝健路
交通：乘坐500、36、200、37、92等路公交车在济源公寓下车，然后顺着农协银行建筑物左转可到

　　莲洞步行街是位于济州市新城区的时尚购物商业街，这里聚集着各种品牌的小商店，因为没有汽车来往，所以这里的购物环境十分舒适。尤其到了晚上，这里更加热闹。

# 如果多待一天

　　济州岛是一个旅游资源非常丰富的岛屿，岛上不光景色秀丽，吃、住、行、购等方面的设施也能满足来自世界各地的游客的需求，所以即使四天的时间也不一定能够让你玩得尽兴，如果能有更多的时间可以自由支配，不妨在济州岛上多待一天。

## 多待一天的游玩

　　济州岛上有雄伟的山峰、秀丽的小岛、神秘的洞窟以及壮观的瀑布和溪谷等自然景观，还有古老的寺庙、欢乐的主题公园以及包罗万象的博物馆等人文景观。

### 天帝渊瀑布

　　天帝渊瀑布（Cheonjeyeon Falls，천제연폭포）取"天帝之渊池"之意，是济州最大的瀑布。从第一瀑布飞流直下的水又形成第二、第三瀑布，并最终流入大海。瀑布周围的温带森林有松叶兰等珍贵的植物。天帝渊溪谷中有仙临桥（雕刻着七仙女的拱形桥）和天帝楼等楼阁。仙临桥连接着天帝渊瀑布和中文旅游区，每双数年的5月都要在这里举行七仙女节。

地址：济州特别自治道西归浦市穑达洞3381-1
交通：从济州市外巴士客运站乘坐经过中文的市外巴士，或从济州国际机场乘坐到西归浦的机场巴士，到中文站下可到
票价：2500韩元
开放时间：8:00～17:30

## ② 翰林公园

翰林公园
（Hallim Park，
한림 공원）是
一座充满了异国
风情的公园，由
物种丰富的植物
园和远古而神秘的熔岩洞窟组成。公园
共有16个植物园，包括热带植物园、宽
叶植物园、奇异果园等，里面生长着济
州特有的岛生植物和其他亚热带植物。
此外，这里还有一个传统风情浓郁的民
俗村——财岩村落，以及济州石·盆栽
园、财岩寿石馆等，非常有特色。

地址：济州特别自治道北济州郡翰林邑挟才
里2487号
交通：在济州郊区汽车客运站、西归浦郊区
汽车客运站或中文汽车站乘坐西回线的直达
车在翰林公园站下即可
网址：www.hallimpark.co.kr
票价：成人5000韩元，青少年4000韩元，儿
童、老年人3000韩元
开放时间：8:30～18:00

## ③ 涉地岬

涉地岬（Seopjikoji，섭지 코지）
是济州岛东海岸里的一个突起，是一个
极其美丽的地方。在这里，你能看见信
阳海水浴场清澈洁净的海水，山丘和平
原上一望无际的油菜田，悠闲吃草的短
腿马，以及被岩石包围着的海岸绝壁和
顶天屹立的立岩等。尤其是春天一到，
这里的油菜花盛开，加上城山日出峰映
照，海岸的美丽风景让人流连忘返。

地址：济州特别自治区南济州郡城山邑新阳里
交通：坐东回线市外巴士到古城里，在东南
丁字路口下后，往南走1.5千米，过信阳海水
浴场再走600米即可；或者在济州市（或西
归浦）郊区汽车总站乘坐环岛公路东环线汽
车，至城山邑古城里下车换出租车前往，约
需5～10分钟

## ④ 万丈窟

万丈窟（Manjanggul，만장굴）是
济州市以东30千米处的一处熔岩洞，现
已被评为世界文化遗产。这是一个长达
13千米熔岩洞，目前只开放了约1千米的
洞区，但仅这一小段洞区就能让你为之
赞叹。这里的石柱和石钟乳十分壮观，
洞内一年四季都保持11℃～21℃的温
度，令人感觉非常舒适。

地址：济州特别自治道北济州郡旧左邑东金
宁里山7-1
交通：在济州长途汽车总站乘坐至东环线郊
区汽车，到万丈窟入口的停车场下车，从停
车场乘坐开往万丈窟的汽车或者搭乘计程
车，步行30分钟可到
票价：2200韩元
开放时间：夏季9:00～18:00，冬季9:00～17:30
电话：064-7834818

## ⑤ 济州海女博物馆

济州海女
博物馆（Jeju
women divers
Museum，제주
해녀 박물관）
是传承海女文
化的专题博物馆。博物馆1层的"海女
生活"重现了海女曾居住的房屋，陈列
着海女们吃过的食物和使用过的工具。
2层为"海女的劳作"，主要展示着海
女在海中劳动时使用的工具和服饰等。
博物馆3层为休息厅，设有观景台可眺
望大海美景。

地址：济州特别自治道北济州郡旧左邑下道
里3204-1（济州海女抗日运动纪念公园内）
交通：在济州机场乘坐100路或200路汽车至
济州郊区客运站下，换乘开往细花、城山方
向的汽车，至旧左邑下道里济州海女抗日运
动纪念塔前下即可
票价：18岁以上1200韩元，18～12岁900韩
元，12岁以下免费
开放时间：9:00～18:00

## 中文大浦海岸柱状节理

中文观光园地东部地区海岸边的柱状节理带指定为天然纪念物第443号，此处的柱状节理高达30~40米，宽达一千米左右。柱状节理是由于玄武岩质地的熔岩在流入中文地区前海时急剧冷却而成的，大大小小的深红色四方或六角形石柱层层堆积，像屏风一样。浪涛在悬崖上撞击出白色泡沫，惊涛拍岸，景象非常壮观。

地址：济州特别自治道西归浦市中文洞2767号
票价：成人2000韩元，青少年1000韩元，儿童1000韩元，老人免费
电话：064-7606351

**7**

日出乐园面积巨大，以美千窟为中心，由水边公园、民俗村、仙人掌温室、亚热带散步路、济州玄武岩、野花盆景园、艺术中心、草坪广场和雕塑街等构成。在这个满眼绿意的空间里，你可以呼吸着新鲜的空气，消除平日的疲劳，静心怡情。

地址：济州特别自治道西归浦市城山邑中山间东路4150-30号
参考价格：成人8000韩元，青少年、老人4500韩元，儿童3500韩元
营业时间：8:30至日落前1小时
电话：064-7842080

## 多待一天的美食

济州岛上的美食非常多样，这里除了当地特色的乡土饮食、经典的韩餐，还有中餐、日式料理以及西餐等其他风味的美食。岛上的餐厅多集中在新济洲市中心、旧济州市中心、西归浦市中心以及中文市中心等繁华地区和热门旅游地区。

## 善优英饭店

善优英是一家红烧济州刀鱼专卖店。店里使用济州产刀鱼、鲅鲅鱼、石斑鱼、玉鲷等为食材，精心烹制成干净、美味的菜肴。

地址：济州特别自治道济州市多浪谷4路10番地
营业时间：10:00~21:00，周二休息
电话：064-7488114

## 4 堪顿黑猪肉店

　　堪顿黑猪肉店是专营济州黑猪肉的一家饭店。为了保证味道的纯正，店里精心选用济州岛畜产品进出口中心认定的济州黑猪肉为原料。

> 地址：济州特别自治道济州市莲洞三无路3支路6号
> 营业时间：11:30～22:30
> 电话：064-7129229

## 5 得利兹亚餐厅

　　得利兹亚餐厅是一家有着异国风情的意大利餐厅，得利兹亚在意大利语中是"欢喜、快乐"的意思。餐厅用济州新鲜的材料制作的韩餐、西餐和意大利面，菜品丰富。座位安排独具特色，可以边就餐边欣赏美丽的海滨风光。

> 地址：济州特别自治道西归浦市中文观光路224（中文洞）三、四楼
> 营业时间：11:00～20:00
> 电话：064-7351000

## 2 善屹房主婆婆饭店

　　善屹房主婆婆饭店是一家以绿色无公害农家餐为特色的饭店，店里的特色产品有黑猪肉包饭、南瓜手擀面、豆腐炖锅、黑豆面条、橡子面凉粉等，在这里可以品尝到新鲜、干净的绿色食品。

> 地址：济州特别自治道济州市朝天邑卧善路254号
> 营业时间：夏季10:00～20:00，冬季10:00～19:00，星期天休息
> 电话：064-7831253

## 3 海女饭店

　　海女饭店是济州岛最有人气的餐厅之一，以生鱼片面条、海胆面条、生鱼片盖饭而闻名。另外按济州传统方式烹饪的红烧刀鱼、鲐鲅鱼以及烤刀鱼和鲐鲅鱼等菜品也是一流，以及济州特有的乌贼刺身汤和雀鲷生鱼片汤也会给你的味觉带来新鲜体验。

> 地址：济州特别自治道济州市旧左邑东福路5号
> 营业时间：10:00～21:00
> 电话：064-7834158

## 善良炸酱面

　　善良炸酱面店是一家中国小店，店里的室内装修简洁、干净，菜品价格实惠，味道好，因此很受欢迎，客人很多。价格实惠，味道好，因此客人很多。与其他中国饭店相比毫不逊色。室内装修简洁、干净。

地址：济州特别自治道济州市九南路4支路6号
交通：从消防所十字路口往西走300米处，在二徒住公公寓3小区入口对面的游乐场前面
营业时间：11:00～20:30，每周四休息
电话：064-7511914

### 7 万福情饭店

　　万福情饭店是一家日式料理店，主要出售以河豚为原料的菜品。店里的河豚刺身套餐深受济州人喜爱，而且河豚刺身等菜肴均由店主精心制作。

地址：济州特别自治道济州市沙场路38（莲洞）
营业时间：8:00～22:00
电话：064-7431119

## 多待一天的购物

　　济州是个购物的好地方，这里既有免税商店，也有传统市场，还有专门出售济州特产的专卖店以及具有古老形态的五日集市。

### 新罗免税店济州店

　　新罗免税店济州店（신라면세점제주점）是济州岛内较大的免税店，在这里汇聚了LOUIS VUITTON、HERMES、TIFFANY等著名品牌。在这里买东西时会员会享受到10%～15%的折扣，如果碰上打折期间，打折未满30%的商品会员还可以享受到多5%的优惠。

地址：69, Noyeon-ro, Jeju-si
营业时间：10:00～19:30

## 2 东大门市场

东大门市场曾是济州市的商业中心，尽管市中的其他购物地慢慢发展起来，但是这里依然非常热闹。这个市场完整地保留了传统市场的特征，不仅商品的种类非常多，而且价格比较合理。

> 地址：济州特别自治道济州市二徒1洞1436-7号
> 交通：从济州机场到东大门市场大约20分钟的车程，市内巴士大部分都会在东门市场前停车

## 3 J艺术商店

J艺术商店销售的是由手工绘制专门学院——J艺术的讲师和学生直接绘制、生产的工艺品，如首饰、瓷器和皮包等，表现济州女性眼里的汉拿山野花形象。

> 地址：济州特别自治道西归浦市中文观光路224号（中文洞）3楼
> 网址：www.iccjeju.co.kr
> 营业时间：10:00～20:00
> 电话：064-7259009

## 4 中央地下购物中心

东大门市场的附近有一个中央地下购物中心，位于济州市内的繁华地段。地下商场以中央路为中心，从西门路连接到东门路，分为3个区。那里有很多韩国化妆品牌的专卖店，如the face shop、skinfood等，品种丰富，价格也比国内便宜。这里每天来来往往的购物者络绎不绝。

> 地址：济州特别自治道济州市中央路
> 营业时间：10:00～22:00，春节、中秋节休息

## 5 济州民俗食品

济州民俗食品创办于1995年，其代表产品野鸡麦芽糖是混合国产野鸡、糯米、麦芽精心制作而成。此麦芽糖以其柔软、甘甜、清淡的口味备受消费者的青睐，是济州旅游观光必带特产。除此之外，济州民俗食品还致力于生产柑橘和柑橘果酱。

> 地址：济州特别自治道济州市旧左邑松堂里繁荣路2178号
> 网址：www.kyjeju.co.kr
> 电话：064-7821500

## 6 中文五日市场

中文五日市场位于中文洞中心街附近，临近中文观光区，是一个可以体验到济州人民真实生活面貌的传统市场。这里的商品种类繁多、价格低廉，特色产品是新鲜的水产品和农产品。

> 地址：济州特别自治道西归浦市天帝渊路188-12
> 营业时间：每月3、8、13、18、23、28日
> 电话：064-7602633

213

## 多待一天的娱乐

作为一个著名的海岛，济州岛上的娱乐方式多与海上活动有关，如冲浪、帆船、游艇观光等，另外，这里还有高尔夫球场、射箭、骑马、剧场表演等多种多样的活动。无论你选择哪一种娱乐方式，济州岛都会让你的旅程与众不同。

### 1 三阳黑沙海边

三阳黑沙海边以其沙滩为黑色、海水清澈干净而著称。这里著名的黑沙具有特殊成分，对治疗神经痛有特殊疗效，还适于改善肥胖者的体质。每逢夏季，会有不少游客来此享受沙疗和热沙浴。

地址：济州特别自治道济州市元堂路（三阳1洞）
电话：064-7283394

### 2 西归浦潜水艇

西归浦潜水艇观光运航的文岛作为2004年世界水中摄影大赛的举办地，以其海底美景而闻名世界，深受潜水爱好者的喜爱。当你随潜水艇潜入水底，不仅可以看到大海中数不胜数的动物和植物，如海白菜、章鱼、海星以及扇子珊瑚、粉红鸡冠花珊瑚、石珊瑚等华丽的珊瑚群落等，在水深40米处还能看到一处古老的沉船。

地址：济州特别自治道西归浦市南城中路40号
网址：www.submarine.co.kr
营业时间：终年无休，海上风浪警报发生时休业
电话：064-7322002

### 3 济州族缇帆船俱乐部

蔚蓝的大海、强劲的海风成为济州族缇内尔普雷德帆船中心（Jeju zooty Neil Pryde sailing certer）开业的有利条件。来济州打算进行帆板运动和冲浪的游客，可以不用随身携带任何装备，在这里尽情地冲浪、划水。这里不仅有帆板、冲浪运动专门讲座，还销售各种先进装备。

地址：济州特别自治道西归浦城山邑涉地岬路56号
营业时间：终年无休

### 4 金宁游艇观光

如果你不打算潜入海底，还可以乘坐华丽的游艇欣赏海上的美丽景色。在金宁游艇上，你可以领略到金宁里新游艇村、椰子林和万丈窟的瑰丽风光。另外，在这里你还可以品尝到金宁里海女亲手捕捞的新鲜海鲜。

地址：济州特别自治道济州市旧左邑旧左海岸路229-16
运行时间：终年无休

## Jumbo Village大象乐园

  Jumbo Village是济州一家小小的大象乐园，这里有来自东南亚的大象和当地的驯兽师。除了观看大象，你还可以进一步体验大象主题秀，坐在象背上你会体验到一份闲适美妙的骑象之旅。公演时间1小时。

地址：济州特别自治道西归浦市安德面沙溪南路56号-4
公演票价：成人15000韩元，青少年12000韩元，儿童9000韩元
公演时间：上午10:30，下午13:30、14:50、16:50
电话：064-7921233

## 大侑乐园

  大侑乐园是一个洋溢着兴奋和活力的世界，你可以在广阔绿色原野上尽享狩猎、飞碟射击、射击和ATV越野车的乐趣。同时还可尽情享用济州传统野鸡料理，黑猪肉火锅，烤黑猪肉等美食，是全天候的综合休闲城。

地址：济州特别自治道西归浦市上猊路381号
营业时间：9:00～18:00
电话：064-7380500

## 7 品克斯高尔夫俱乐部

  品克斯高尔夫俱乐部是美国著名设计师西奥多·G·罗宾逊先生的收官之作，它曾于2005年被美国《高尔夫文摘》和英国《高尔夫世界》评为韩国最早入选世界100大的高尔夫球场，这个球场位于青山绿水间，环境非常好。

地址：济州特别自治道西归浦市安德面山麓南路863号
电话：064-7928000

## 8 济州乐园ATV

  济州乐园的ATV和卡丁车是济州岛上最好的场地之一。这里的山路崎岖不平，带给你平时无法体验到的刺激，让人焕发活力，忘却生活中的压力。

地址：济州特别自治道西归浦市表善面繁荣路2561号
营业时间：冬季9:00～18:00，夏季9:00～19:00，常年无休
电话：064-7878020

## OK乘马场

  这里设有骑马观光、初学者骑马体验等多种活动，对于热爱骑乘的人来说，还有骑马场外部的小火山骑马和海边骑马等多种骑乘路线可供选择。不过要注意的是，野外骑乘和海边骑乘需提前预约。

地址：济州特别自治道西归浦市表善面繁荣路2350-21番地
营业时间：9:30～17:30
电话：064-7873066

# 济州岛住行攻略

在济州岛上，无论是住宿还是出行，都非常方便。济州岛上的济州市和西归浦市，有不同规格的旅馆可以满足不同人群的需求；而城区密集的公交线路和专门针对游客的城市旅游巴士也是很棒的选择。

## 在济州岛住宿

济州岛的住宿地主要集中在济州市区和西归浦市区，这里的住宿地根据档次和设施的不同，可以分为一般酒店、度假别墅、民宿、汽车旅馆以及客栈等几种类型。这里的客栈类似于我们常见的青年旅舍，床位的价钱比较便宜，想要进行露营体验的游客还可以找到几家很棒的露营地。需要注意的是，不同的酒店、旅馆入住以及退房的时间不同，预订时最好能够提前了解。

### 济州市住宿推荐

#### ① JM酒店

JM酒店位于济州机场附近，到新济州购物街仅需要约半小时的时间。这里的服务品质优良，环境舒适，酒店提供无线网络、联网电脑、空调、电视、冰箱、电水壶以及吹风机。

地址：济州特别自治道济州市三无1路10-7
参考价格：双人间70000韩元起
电话：064-7476767

#### ② 汉斯威尔度假别墅

汉斯威尔度假别墅往济州机场西边行走大约20分钟车程即是。这是一片英国式风格的原木房屋，别墅内有草坪庭院、再现济州独特地形、生态界宝库的谷岔凹以及偶来小路等，附近有美丽的散步路、莲池、松林等。

地址：济州特别自治道济州市涯月邑召吉南路244-5
参考价格：双人间10万韩元起
电话：064-7994661

#### ③ 五堂汽车旅馆

五堂汽车旅馆位于济州港码头客运站附近，旁边有纱罗峰散布小路、国立博物馆，附近是塔洞广场、西码头生鱼片村以及东门市场，观光、购物都非常方便。五堂汽车旅馆价格低廉。

地址：济州特别自治道济州市东门路135（健入洞）
参考价格：以2人1室为基准，住宿费每人为3万韩元
电话：064-7226023

#### ④ 海奥鲁姆民宿

海奥鲁姆民宿距咸德海水浴场和三阳海水浴场仅5分钟车程，距机场20分钟车程。在海奥鲁姆民宿能看到海景和汉拿山山景，以及日出、夕阳和海上夜景，是全家人度假的良好休息场所。

地址：济州特别自治道济州市朝天邑新村10路41-1
参考价格：双人间淡季5万韩元起，旺季7万韩元起
电话：064-7826011

## 西归浦市住宿推荐

### ① 梦想的诺曼德

梦想的诺曼德位于青山绿水间，在这里你可以摆脱城市的纷扰，找到宁静而自然的生活方式。酒店客房中提供简易餐桌、壁挂式电视、吊顶空调、梳妆台、吹风机，厨房内有餐具、冰箱、微波炉、电饭锅和电水壶等，卫生间提供洗漱用品。

地址：济州特别自治道西归浦市善繁路54
参考价格：双人间旺季14万韩元起，淡季10万韩元起
电话：064-7393114

### ② 中文家庭度假别墅

中文家庭度假别墅位于中文观光旅游区附近，乘5分钟车可到，交通便利。别墅可提供早餐，并为游客提供宴会厅、野外烧烤设施、、野外草场、练歌房和便利店等附带设施。客房内有电视、冰箱、空调、吹风机、洗漱用品、无线网络和炊具等。

地址：济州特别自治道西归浦市上礼洞松宝里堂路164号
参考价格：双人间9万韩元起
电话：064-7387871

### ③ 新格林汽车旅馆

新格林汽车旅馆位于以风景秀丽而闻名的济州表善海水浴场内，周围有济州民俗村、新影电影馆、城邑民俗村、日出乐园和城山日出峰等多个景点。在这里你不仅可以欣赏到壮观的海上日出，还可以享受钓鱼、游泳的乐趣。

地址：西归浦市表善面表善白沙路119号
参考价格：淡季4万韩元起，旺季4.5万韩元起
电话：064-7870777

### ④ 背包客之家旅馆

背包客之家旅馆是位于西归浦的一家青年旅馆兼营网上社群。这里有干净的客房以及热情的服务，客房分为双人间、4人间、8人间等不同规格。旅馆的便利设施有咖啡馆、地下公用空间、飞镖和烧烤场等。

地址：济州特别自治道西归浦市中汀路24
参考价格：6人间2.2万韩元每人，2人间5.5万韩元每人
电话：064-7634000

| 济州其他住宿地推荐 | | | | |
|---|---|---|---|---|
| 名称 | 地址 | 电话 | 网址 | 参考价格 |
| The Seaes Hotel & Resort | 2563-1Jungmun-dong, Seogwipo-si | 064-7353000 | seaes.co.kr | 双人间30万韩元起 |
| Boutique Hotel Villa De Aewol | Sineom-ri, Aewol-eup, Jeju-do | 064-7209000 | — | 双人间15万韩元起 |
| The Suites Hotel Jeju | 67, Seogwipo-si, Jeju-do | 064-7383800 | jeju.suites.co.kr | 双人间17万韩元起 |
| EJ Hotel | Yeon-dong, Jeju-do | 064-7127880 | hotelej.co.kr | 双人间7万韩元起 |

## 在济州岛出行

目前，在济州岛出行最常用的交通工具是公交车和出租车，另外济州岛上还开通了专门的城市旅游巴士，乘坐这种巴士可以欣赏到济州城市和郊区的美丽风光。如果使用交通卡，在乘坐公交车时会享有一定的优惠。

### 交通卡

使用交通卡，换乘时可享受优惠，可帮助你节省交通开支。如果使用T-money公交卡，可乘坐济州市地区的市内公交车和市外公交车；若使用Top T-money公交卡，则可乘坐西归浦地区的市内公交车和市外公交车。

### 公交车

巴士分为市内巴士、市外巴士和长途汽车。乘坐市外巴士或长途汽车时，需提前购买车票。在乘坐巴士前，最好确认一下发车时间和到达地。

#### 市内巴士

普通市内公交车每站都停，车费为1000韩元；座席公交车在主要站点停车，车费根据距离而定，可以以现金或交通卡来支付公交车费。

| 济州市内巴士收费情况（单位：韩元） | | | | | | | |
|---|---|---|---|---|---|---|---|
| 地区 | 公交类型 | 成人 | | 青少年 | | 儿童 | |
| | | 现金 | 交通卡 | 现金 | 交通卡 | 现金 | 交通卡 |
| 济州市 | 一般型 | 950 | 900 | 800 | 750 | 400 | 350 |
| | 座席型 | 1000 | 950 | 850 | 800 | 400 | 350 |
| 西归浦市 | 一般型 | 950 | 900 | 800 | 750 | 400 | 350 |
| | 座席型 | 1000 | 950 | 800 | 750 | 400 | 350 |

#### 长途汽车和市外巴士

长途汽车一般从长途汽车站出发，是到比较远的地方时使用的交通手段。而市外巴士与长途汽车的不同在于，市外巴士经过多个城市，所需时间比长途汽车要长。以下是一些可能用到的长途汽车和市外巴士的交通信息。

| 济州市外/长途汽车收费情况（单位：韩元） | | | | | | | |
|---|---|---|---|---|---|---|---|
| 地区 | 公交类型 | 成人 | | 青少年 | | 儿童 | |
| | | 现金 | 交通卡 | 现金 | 交通卡 | 现金 | 交通卡 |
| 济州市 | 市外巴士 | 800 | 750 | 700 | 650 | 400 | 350 |
| 济州市 | 楸子交通 | 900 | — | 450 | — | 300 | — |
| 西归浦市 | 牛岛交通 | 800 | — | 400 | — | 400 | — |

## 济州城市旅游巴士

济州城市旅游巴士是专门服务于游客的一种交通工具，乘坐济州城市旅游巴士不仅可以欣赏到城区的美丽风光，还能看到郊区的秀美景色。

城市旅游巴士起点为济州长途汽车总站，经由各主要旅游景点、码头、传统市场、机场等19个站点，双向发车，运行时间8:00～17:00，发车间隔1小时40分，每天开行8趟，在所有均可随意乘车。乘车时从司机处购票，成人费用为5000韩元，中小学生为3000韩元。一次购票，当日内均可免费无限搭乘该车或换乘其他公共汽车。济州城市旅游巴士分为两个线路，其中A线路分别于9:00、11:00、13:00、17:00在长途汽车总站各发一次车，B线路分别于8:00、10:00、12:00、15:00在长途汽车总站各发一次车。以下是两个线路的示意图：

▲ 济州旅游巴士线路示意图

## 出租车

济州岛上出租车24小时运营，出租车车顶有指示灯，可以轻松辨认。乘坐出租车时，可在路边招手示意，还可以电话叫车。普通出租车可乘3～4人，配有计价器。基本费各地区略有不同，大致在1500～2200韩元。每天凌晨00:00～4:00按深夜行车计费，费用略高。

# 从济州岛至光州

韩国的航空业非常发达，在韩国国内的各大旅游城市之间都有航线往来。因此从济州岛到光州时，你可以选择乘坐飞机，在济州国际机场每天都有大韩航空的航班前往光州机场，航班分别于8:45、11:55、15:20出发，用时45分钟即可到达，费用在12万韩元左右。

219

# 到达光州

光州（광주）广域市位于韩国西南部，是韩国的第五大城市。这里景色如画，一年四季呈现出不同的风光，春天嫩绿，夏天苍翠，秋天橙红，冬天洁白。在这个城市中，有许多古朴的民俗村，在这里你能体验到最原汁原味的韩国传统文化。

## 如何到市区

光州机场位于光山区新村洞704-13号（gwangju.airport.co.kr/doc/gwangju_eng），从这里到达市区可以乘坐公交车、机场大巴或者地铁。

### 乘公交车到市区

如果选择公交车，可以乘坐97、99路支线到达松汀；乘坐20路干线到达尖端；乘坐38路干线可以到达日谷；乘坐73路支线可以到达松岩；而62路支线则可以到达尚武。

### 乘机场大巴到市区

在光州机场，有机场大巴前往市区。机场大巴经过车站依次为：光州机场→长岩→西仓入口→尚武购物→起亚汽车中门→光川客运站→道厅→东区厅→朝大入口→山水五街→无等山观光酒店。

### 乘坐地铁到市区

光州的地铁1号线连接了玉洞基地和龙山车辆基地，中间经过机场，以下是光州地铁1号线站点图，你可以根据自己的目的地选择站点。

▲ 光州地铁1号线示意图

# 光州2日行程

　　光州地区有名的景点有无等山和仲外公园等地，因此第1天的时间以仲外公园为主，第2天的行程则安排在无等山周围。

## Day 5 　国立光州博物馆→仲外公园

　　光州第1天的行程从国立光州博物馆开始，在这里你能感受到光州的历史和文化气息。参观完之后步行就能走到仲外公园，那里是光州市民平时休闲娱乐的好地方。

| 光州第1天行程 | | |
|---|---|---|
| **时间** | **目的地** | **行程安排** |
| 10:00~12:00 | 国立光州博物馆 | 国立光州博物馆位于一个韩国传统样式的建筑中，汇集了光州从史前时代到朝鲜王朝等各个历史时期的重要文化资料和文物 |
| 12:00~14:00 | 午餐 | 光州国立博物馆附近的餐厅非常多，这些餐厅可以为你提供各种类型的美食。其中最值得一提的是这里的炸鸡店 |
| 14:00~19:00 | 仲外公园 | 仲外公园是一个拥有秀丽自然景观和各种游乐设施的公园，秋天的红叶远近闻名，每逢节假日游人络绎不绝 |
| 19:00~20:30 | 光州文化艺术会馆 | 在仲外公园附近，有一个光州文化艺术会馆，这座会馆中有许多文化艺术团体，晚上的时候到这里来，你可以欣赏到各种各样的艺术形式 |

A　国立光州博物馆 Gwangju National Museum

石油银行 Oilbank

미디어

AB约0.9千米，步行约12分钟

Jungoe Park

B　仲外公园

UNAM-DONG

▲ 光州第1天行程路线示意图

# 国立光州博物馆

## 旅游资讯

地址：光州市北区下西路110号
交通：乘坐29、48、63等路公交车可到
票价：免费
开放时间：9:00～18:00，周六、周日及公休日9:00～19:00，周一休息
电话：062-5707000

★★
## 旅友点赞

国立光州博物馆的展厅分为史前厅、古代厅、高丽陶瓷厅、朝鲜陶瓷展厅、新安海底文物厅、佛教美术展厅以及书画厅等。另外有高丽青瓷窑址、全罗南地道区的支石墓（青铜器时代）、普安寺址浮屠（高丽时代）、兴法寺址石塔（高丽时代）等展示。

国立光州博物馆（Gwangju National Museum）是为了韩国文化艺术的振兴发展和国民素质的提高于1977年开始创建。这是一个韩国传统样式的建筑，这座规模巨大的博物馆地上有2层、地下4层，包括展览室、文物保管设施和室外展览场等设施。在这里你能感受到光州的历史和文化气息。

**中午在哪儿 吃**

国立光州博物馆附近的餐厅非常多，这些餐厅提供各种类型的美食。这里的炸鸡店是中午用餐的好去处。

## 1 멕시카나치킨

如果你看过韩剧《来自星星的你》，那么你一定对"炸鸡"这一美食不会陌生。멕시카나치킨就有非常经典的炸鸡，你可以让那诱人的香味带给你最美好的回忆。

地址：32-9 Maegok-dong, Buk-gu, Gwangju
电话：062-5748295

## 2 굽네치킨 매곡오치점

굽네치킨 매곡오치점也在国立光州博物馆附近，在这里，你能品尝到各种以鸡肉为原料的美食，或炸或烤，花样繁多。

地址：57 Maegok-dong, Buk-gu, Gwangju
电话：062-2619295

# 仲外公园

　　仲外公园（중외공원）位于光州广域市云岩洞，这里景色秀丽，各种游乐设施非常完备，地理位置也十分优越，是光州市民平时休闲娱乐的好地方。公园内设有市立民俗博物馆、教育宣传馆以及惠特尼美术展展示馆等，每逢节假日游人络绎不绝。

## 旅游资讯

地址：光州北区河西路50号
交通：乘坐16、18、27、29、58、63、83等路公交可到
票价：免费
开放时间：全天开放
电话：062-5101513

## 惠特尼美术展展示馆

　　惠特尼美术展博物馆区内的民俗博物馆和教育宣传馆、惠特尼美术展展示馆（재단광주비엔날레）等场所。其中惠特尼美术展展示馆是韩国最著名的国际现代美术展的展示场所之一，主要展示一些顶级大师的作品。光州每隔两年都会以惠特尼美术展览会为主，举行长达3个月的光州国际美术双年展，届时将吸引来自世界各地的美术爱好者。

地址：光州广域市北区龙凤洞149-2号
开放时间：9:00～18:00

## 光州市立民俗博物馆

　　光州市立民俗博物馆是为了民间风俗的传承而建立的，博物馆前并立着两个石灯，庭院十分宽敞，在庭院中立着几个守护民俗博物馆的石像，这些石像多来自寺庙中。博物馆的1楼是物质文化展示室，在这里可以看到传统村落的结构；博物馆2楼展示室古代人的一生经历来展现人的精神世界，包括人出生时、举行成年礼以及死亡时的各种仪式等。

地址：光州广域市北区龙凤洞1004-4
开放时间：9:00～18:00（闭馆前半小时停止入场）
电话：062-6135337

## 旅友点赞

　　如果能赶上光州国际美术双年展，那么就可以欣赏到许多顶级美术大师的作品。即使是平时过来，你也能收获很多。仲外公园秋天的红叶远近闻名。架设在光州关门的彩虹桥是光州国际美术双年展的象征物，可以说仲外公园既适合游玩，又适合休息，是人们散心的好地方。

## 晚上在哪儿玩

　　在国立光州博物馆、仲外公园和光州市立民俗博物馆附近，有一个光州文化艺术会馆，这座会馆由大剧场和小剧场、国乐堂、圆形舞台和雕刻公园组成，这里有许多文化艺术团体，你可以欣赏到各种各样的艺术形式。

### 光州文化艺术会馆

地址：光州广域市北区云岩洞 328-1
营业时间：全天
电话：062-5109303

　　光州文化艺术会馆中有光州市立交响乐团、舞蹈团、国乐团、国乐管弦乐团、合唱团、少年少女合唱团等6个市立艺术团。大剧场是为了演出歌剧、芭蕾、音乐剧等多样体裁而设计的空间，配有旋转舞台和移动舞台、升降舞台，是举行全年演出的文化中心；而小剧场则是可以举办戏剧、音乐、国乐、演唱会的多用途艺术空间。

## Day 6　证心寺→无等山

　　无等山是光州地区非常著名景点，这里不仅山上的景色秀丽，山脚下还有药师庵、证心寺、元晓寺等名刹。因为时间的关系，可以先去山下的证心寺，再从这里登上无等山去欣赏山上的美丽景色。

| 光州第2天行程 | | |
| --- | --- | --- |
| 时间 | 目的地 | 行程安排 |
| 9:00～11:00 | 证心寺 | 证心寺位于无等山西侧的山坡上，是光州地区的代表性佛教道场。这座古老的寺庙中的珍贵遗物有五百殿、毗卢殿的佛像、新罗末期的石塔以及梵钟阁等 |
| 11:00～12:00 | 午餐 | 在证心寺游览花费不了太多的时间，2个小时差不多能够将这里转个遍，为了下午的行程不至于太紧张，你可以提早一点吃午饭 |
| 14:00～15:00 | 无等山 | 无等山风景秀丽、空气清晰，有奇岩怪石的瑞石台、立石台之绝景，并有历史悠久的寺庙及佛教遗迹、祖先之艺术遗迹等。登上这里的最高处还能俯瞰光州的风光 |
| 19:00～20:30 | 姜顺德茶点园 | 在外面转了一整天之后，可能你已经对户外活动提不起兴趣，这时你不妨回到市区，找一个安静的室内场所，享受一个静谧的夜晚 |

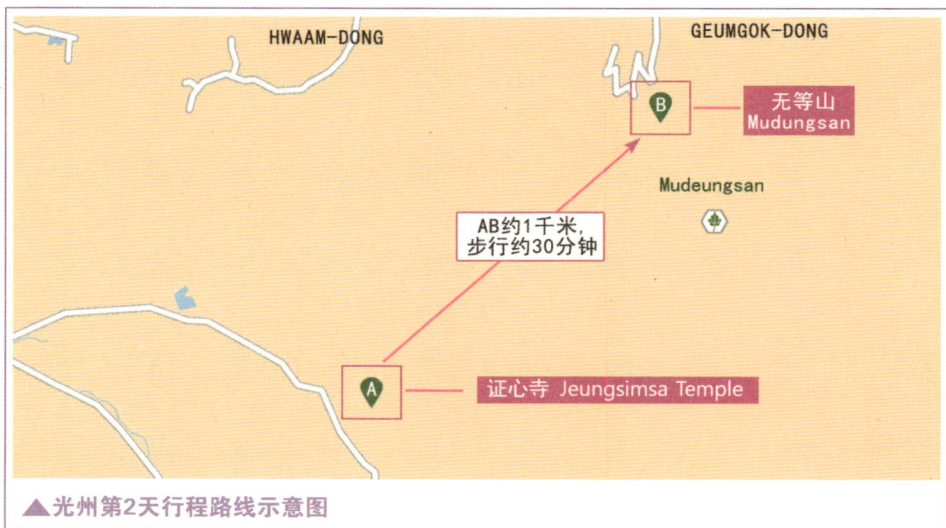

▲光州第2天行程路线示意图

# 证心寺

★★

## 旅友点赞

　　证心寺的五百殿有着与蚂蚁有关的传说。传说昔日有个叫金做的人在景阳湖工程现场发现巨大的蚂蚁窝。很有佛心的金做将蚂蚁窝原封不动地移至无等山麓，那时金做最大的烦恼是筹办给动员来的无数劳工们的粮食，可有一天金做去视察粮仓却看见蚂蚁们排着队叼着米粒进入仓库，蚂蚁们的行列一直持续到工程结束。金做为报答蚂蚁之恩在证心寺修建五百罗汉殿，安奉五百罗汉像。

　　证心寺（Jeungsimsa Temple,증심사）位于无等山西侧的山坡上，是光州地区的代表性佛教道场。这座古老的寺庙是新罗时期的高僧澈鉴禅师道允于公元6世纪修建，后来经多次修缮，形成了当时五百罗汉的佛像。证心寺的珍贵遗物有五百殿、毘卢殿的佛像、新罗末期的石塔以及梵钟阁等。尤其是五百殿中的极乐殿，这种正面3间、侧面3间的单层建筑样式更加展现了其珍贵性。

## 中午在哪儿 吃

　　在证心寺游览花费不了太多的时间，约2个小时就能够将这里转个遍，为了下午的行程不至于太紧张，你可以提早一点吃午饭。无等山作为著名的景点，周边自然少不了各种风格的餐厅。

## 1 全北食堂

　　全北食堂位于无等山入口处（证心寺公交车终点站），这是一家以大麦饭套餐、炒土鸡、泡菜而闻名的餐厅。这里放入20多种野菜搅拌后用蔬菜包着吃的大麦饭的味道堪称一绝；如果再添加上葱饼、清蒸村鸡、浊酒等的话，那就更是锦上添花了。还有这家的泡菜是均匀地添加发了酵的海鲜酱后亲自腌制而成，味道地道而且清香。

## ② 大地餐厅

具有30多年传统的大地餐厅采用新鲜材料提供健康美食。这里的泡菜曾在光州泡菜节中荣获嘉奖；配各种山菜料理一起出餐的大麦饭让美食家们意犹未尽；这里的清炖菜更是以清淡、新鲜抓住顾客的心。丰富多样的风味、人性化的服务，再加上停车场等便利的附带设施，更使顾客感到宾至如归。

地址：光州广域市东区证心寺路30号街 27
参考价格：大麦饭套餐6000韩元，炒土鸡4万韩元，鲍鱼鱿鱼村清炖童子鸡5万韩元
营业时间：9:30～21:30
电话：062-227287

# 无等山

无等山（Mudang San）位于光州、潭阳郡和顺郡的交界处，海拔1100多米，山顶由天王峰、地王峰、人王峰等三座岩石峰组成，被称为"三大顶峰"。无等山的山势并不险峻，攀登起来比较容易。山里还有小溪流淌，景色优美。千姿百态的岩石以天王峰为中心分布在其周围，看起来非常雄伟。特别是瑞石台、圭峰、立石台等岩石，尤为雄伟壮观。

### 旅游资讯

地址：光州东区芝山洞、全罗南道潭阳郡、和顺郡
交通：乘坐9、35、51、54、76路公交车在证心寺下车，或1187路在元晓寺下车即可
网址：www.namdokorea.com
电话：062-2650761

### ★★ 旅友点赞

无等山蕴含着南道的精神，是光州的象征。这里的一年四季呈现出千姿百态的美妙景色：春季杜鹃、金达莱漫山遍野；秋季红叶满山，山涧紫芒飘摇，层林尽染；冬季雪花与冰花齐放，银装素裹，白雪皑皑。

## Tips

无等山不是太高，山势也不险峻，非常适合徒步登山。以下是几条无等山徒步线路：

| 路线 | 路线内容 | 路线全程 | 上山时间 | 下山时间 |
|---|---|---|---|---|
| | **无等山徒步线路推荐** | | | |
| 1 | 公园管理所（3.4千米）→泥蚍岭（2.4千米）→公园交汇处（0.7千米）→圭峰庵（1.1千米）→公园交汇处（0.7千米）→长火岭 | 6.5千米 | 2小时40分钟 | 1小时50分钟 |
| 2 | 公园管理事务所（1.5千米）→舜岭三岔路（4.9千米）→长火岭 | 6.4千米 | 1小时40分钟 | 1小时10分钟 |
| 3 | 长火岭（0.4千米）→立石台（0.5千米）→瑞石台 | 0.9千米 | 30分钟 | 20分钟 |
| 4 | 舜岭三岔路（0.2千米）→舜岭（0.7千米）→风岭→0.8千米→兔子登 | 1.7千米 | 30分钟 | 30分钟 |
| 5 | 证心桥（1.4千米）→兔子登（1.0千米）→东华寺址 | 2.4千米 | 1小时20分钟 | 40分钟 |
| 6 | 证心寺停车场（0.8千米）→证心桥（0.6千米）→毅斋美术馆（0.2千米）→证心寺入口（0.3千米）→堂山树（1.7千米）→中头岭（0.9千米）→龙湫三岔路（0.6千米）→长风岭 | 5.1千米 | 2小时 | 1小时35分钟 |

## 晚上在哪儿 玩

在外面转了一整天之后，可能你已经对户外活动提不起兴趣，这时你不妨回到市区，找一个安静的室内场所，享受一个静谧的夜晚。

## 1 姜顺德茶点园

地址：　光州广域市东区东明洞200-9号
电话：　062-2360606

姜顺德茶点园是一家经营韩国传统食品出售、制作的店铺。这里有传统传统饼干、米糕、茶点、茶啖、油果等，到了这里，你可以在安静而优雅的环境中，亲自体验制作传统茶点的过程，并了解韩国传统饮食文化。

# 如果多待一天

对光州这样一个有着众多景点、美食、娱乐地的城市来说，两日的行程安排未免紧张了些，因此如果时间允许，尽可能在这里多玩1天。

**多待一天的游玩**

在两日的行程中，只安排了在光州主要的景点观光，其实，光州的景点不仅包括了古老的遗迹，也有美丽的自然风光，还有近期建造的现代化建筑。如果能多1天的时间在光州游玩，正好可以了解到光州的不同景色。

## 1 光州世界杯体育场

光州世界杯体育场有着别具一格的造型，这一造型是受韩国传统民间游戏"高战游戏"的绳索环状启发而来。赛场的设计曾被国际足联考察团评为"最美丽的赛场"。当夜空升起皎洁的月亮，在这里赏月会让现代的都市人心旷神怡。

地址：光州广域市西区枫岩洞 423-1
开放时间：全天
电话：062-6042002

## 2 西昌传统村

西昌传统村是为保存传统文化而设立的传统韩屋村，村中建筑保持了原来传统韩屋的木架结构。以庭院为中心的韩屋，用竹子和胡枝子编成的篱笆，修整得非常整齐的对墙，连绵的乡间小路，展现出典型的韩国乡下的形态。每年在这里都会举行"万得里"丰收节，到时候人们会聚集在一起举行丰盛的宴会，在欢歌笑语中享受丰收的喜悦。

地址：光州广域市西区细荷洞
电话：062-3607225

## 3 光州湖生态公园

光州湖生态公园仿佛是隐藏在画中的风景，这里有草地休息广场、野生花团地和生态荷塘等，木桥和芦苇地一望无际。在生态园的生物小区中，能观察到野生动物的栖息和移动，那里有青蛙、獐子、梅花鹿和水獭等动物。从生态湖向光州湖方向能看到的巨大的岩石是老子岩，是建造生态湖时发掘的支石墓。

地址：光州广域市北区忠孝洞 442-4
开放时间：全天
电话：062-6137891

## 4 艺术之街

光州艺术之街是可以与首尔仁寺洞相媲美的韩国代表性的艺术街。光州艺术街位于市中心，这条街上聚集了画廊和画室、裱褙店、古董店、小剧场、传统茶馆等90多个场所，这里销售民俗工艺品和文化商品的地方也很多。整条街都可以让人感受到浓浓的传统文化气息，是到光州旅游的必到之处。

地址：光州广域市东区弓洞52号
电话：062-6082221

## 5 松子岭夜景

松子岭是前往无等山庄的必经之路，围绕松子岭修建的武珍古城城墙，以状元峰为中心，沿第4水源地内侧的山坡修成了长约3500米的椭圆形。松子岭异常陡峭，但非常适合在此眺望光州夜景，放眼望去，眼前仿佛展现出一幅美丽的画卷。

地址：光州广域市北区斗岩洞山136号
电话：062-2648578

## 多待一天的美食

历史悠久的光州自古以来就是各种美食的聚集地，许多韩国美食都是从这里流传到全国各地的。不过，当地最有名的美食当属"光州五味"，包括光用眼睛看就能看饱的光州传统套餐、充满自然气息的无等山大麦拌饭、韩国人记忆中妈妈味道的光州泡菜、入口即化的松汀肉饼和健康美味的鸭子汤。到了这里，一定不要错过这些美食。

## 1 松汀里肉饼街

松汀里肉饼街位于光州光山区厅附近，这里烤排骨的香味会让过路的行人不禁放慢脚步。烤排骨是将牛排骨肉和其他肉剁碎后捏成糕状，再添加各种调料在炭火上烤制四方形的料理。松汀里肉饼作为下酒菜以其独特的风味而受到了很多人的喜爱。

地址：光州广域市光山区松汀洞1003-143
电话：062-9608114

## 2 鸭子汤一条街

"鸭子汤一条街"是现代百货商店旁的一条胡同，这个远近闻名的美食街曾被选为"健康饮食街"。这里的鸭子汤是加入苏子末、新鲜的芹菜、栗子、大枣、人参、鹿角和糯米等制作而成的，清淡、浓醇而清香味，是健康又美味的保养食品。

地址：光州广域市北区新安洞8-5
电话：062-5101225

## 3 光州泡菜

地址：光州广域市南区林岩洞675号
电话：062-6738401

光州自古就以传统泡菜之乡而闻名，这里的泡菜不仅营养丰富，而且承载了家庭温情，誉为"妈妈的味道"。光州泡菜的特征是用盐把咸淡调好，然后满满地加入海鲜和辣椒面等各种调料而制成的，味道辣而爽口。

## ４ 无等山饮食街

　　无等山的饮食街被光州市选为"传统饮食街"，这里的大麦饭最为有名。这种大麦饭是在无公害食物的大麦上添加当季野山菜、蔬菜中再加入辛辣的辣椒酱和香油然后拌着吃的健康食物，味道绝佳。大麦饭不仅会激发人的食欲，同时也是非常有利于消化的健康食物。登上无等山顶峰之后边畅饮着凉爽的浮蚁酒（因为在酒的上面漂浮着饭粒而得名），边吃着大麦饭，比任何丰盛美食都有滋味。

地址：光州广域市东区芝山洞67-15
电话：062-6082221

## ５ 万里长城

　　万里长城是专门的中餐厅，这里炸酱面和糖醋里脊堪称一绝。餐厅的大厅和大大小小的房间里共有500多个座位，搭配着奢侈的吊灯、挂在天棚的红灯营造出中国的传统氛围。午餐时可以以低廉的价格享用套餐。

地址：光州广域市北区北门大路42号（云岩洞）
营业时间：11:00～22:00
电话：062-5116915

## ６ 土门江

　　土门江餐厅以菠菜和糯米制作的杂拌面、辣椒炒虾仁、糖醋里脊等中式风味美食而深受顾客青睐。这里的菠菜面条是店主自主研发的，这种天然经过甜面酱调拌的绿色面条非常美味。

地址：光州广域市西区尚武花园路３２号街25-10
营业时间：9:00～22:00
电话：062-3815670

## 多待一天的购物

光州物产富饶，这里的特产非常多，有珍达里毛笔、无等山西瓜等。东区的忠壮路和锦南路被称为光州的名物街，每天到这里购物的人川流不息。在无等山周围还可以买到春雪茶，在木浦与丽水两地可以买到鱼干、虾酱等。

### 1 大仁市场

大仁市场是一个历史悠久的鱼类和蔬菜类批发市场，在这里买到刚从乡下运来的时下的新鲜蔬菜、鲜鱼、干鱼等，另外，在这里有很多生鱼片店，还有很多布匹绸缎店以及精钢器皿店。

> 地址：光州广域市东区大仁洞310-9号
> 电话：062-2231421

### 2 忠壮路

忠壮路是光州市区专门出售时装的街道。忠壮路1至3街是属于现代年轻人的街道，这里充满了生机，聚集了许多大型的时装店、饰品店以及各种精致的小商品店。在忠壮路4-5街的300m长的街上，是以传统流行为中心的韩服之街。这里聚集着韩服制作和流通的相关企业约有100多家。

> 地址：光州东区忠壮路
> 交通：乘地铁1号线在文化殿堂站下，或者乘59、70、52、61、65、51、57、80、81路公交车可到

### 3 乐天百货商店

乐天百货商店于1998年开业，是光州地区规模最大的百货店之一。这里从服装到生活用品一应俱全，为顾客提供了广泛的选择空间。

> 地址：光州广域市东区大仁洞7-1号
> 营业时间：10:30～20:00
> 电话：062-2211000

### 4 Homeplus东光州店

Homeplus东光州店是一家综合性的购物场所，这里开设有多种菜单和精选口味的食品区和快餐店，还有儿童游乐区和多种便利设施，可以说实现了顾客一站式购物。

> 地址：光州广域市北区斗岩洞575-1号
> 电话：062-2508000

## 多待一天 的娱乐

光州是既是一个历史悠久的城市，也是一个现代化的都市。传统与现代的碰撞，造就了光州特有的艺术浪漫气息。所以，在光州既有令人沉静的美术馆、博物馆，也有欢乐而热闹的演出场所，还有现代化的电影院。

### 1 光州国乐传授馆

光州的国乐传授馆在西区文化中心内，位于西区的风琴十字街上。国乐传授馆由地下2层、地上3层构成，里面设有150多个席位的表演舞台和展览室。这里既是传承和发展韩国传统国乐的场所，又是系统地收集、展览、传授南道文化的国乐资料基地。

地址：光州广域市西区金湖洞790号
开放时间：9:00 ~ 18:00
电话：062-3504557

### 2 弓洞艺术剧场

弓洞艺术剧场是作为韩国最初的地方自治团体开馆的话剧专用小剧场。在这里你能欣赏到好看的话剧，跟有着同样爱好的人们分享快乐。

地址：光州广域市东区弓洞 51-25号
电话：062-2227716

### 3 CGV光州分院

CGV光州分院在Usquare（光州客运总站站）的2 ~ 6层，这是复合上映馆形式的电影院。电影院附近非常便利，有新世界百货和方便的食城，因此常有很多影迷纷至沓来。

地址：光州广域市西区光川洞 49-1
开放时间：10:00至次日1:00
电话：062-15441122

# 光州住行攻略

光州有着等级不同、面向不同游客群体的酒店。这里的观光宾馆多在著名景点附近，环境优美，而且内部设施完备，有的还有大型的室内游泳池；一般的酒店的位置比较便利，内部的设施也比较方便；当然光州也有中低档的旅馆，干净整洁；对于年轻的背包客，不妨尝试一下这里的青年旅馆。如果你对当地人们的生活方式感兴趣，有的旅馆还有当地特色的热炕间。

## 🛏 Prado Hotel

Prado Hotel酒店位于Baegun区，距离光州火车站20分钟车程。酒店设有免费网络连接、餐厅和酒吧，并提供免费停车服务。空调客房配有暖气、有线电视和迷你吧，还设有连接浴室，可提供拖鞋。酒店的餐厅供应日本料理和中式佳肴。

地址：Baegun-dong, Nam-gu, Gwangju
参考价格：双人间12万韩元起
电话：062-6546600

## 🛏 Ramada Plaza Hotel Gwangju

Ramada Plaza Hotel Gwangju酒店距离光州机场有20分钟车程。酒店设有3个餐饮场所、健身中心、桑拿浴室和水疗中心，还提供商务中心和宴会厅，另也可免费停车。酒店客房均配备了现代的装饰，并配备有空调、供暖设施有线电视和带浴盆的私人浴室。有的客房还设有迷你吧和客厅角。

地址：Chipyeong dong 1238-3, Seo-gu, Gwangju
参考价格：双人间18万韩元起
电话：062-7177000

## 🛏 Namdo Hostel

Namdo Hostel旅馆距离Ssangchon Subway Station地铁站约3分钟步行路程，这个旅馆可提供每日早餐、免费无线网络。旅馆的宿舍间设有空调、供暖系统、储物柜、带淋浴设施的共用浴室以及连接坐浴盆间。客人还可以使用公共厨房、用餐区和休息室。

地址：Naebang-dong, Seo-gu, Gwangju
参考价格：男生6人间2.2万韩元，女生8人间2.2万韩元

| 光州其他住宿地推荐 | | | |
|---|---|---|---|
| 名称 | 地址 | 电话 | 参考价格 |
| 光州欣园酒店 | Jisan-dong, Dong-gu, Gwangju | 062-2284711 | 双人间13万韩元起 |
| Gwangju Central | Chipyeong-dong, Seo-gu, Gwangju | 062-3837575 | 双人间11万韩元起 |
| REGENT观光酒店 | 光州广域市北区云岩洞 65-16 | 062-5215500 | 双人间5万韩元起，热炕间5万韩元起 |
| Santamo观光酒店 | 光州广域市光山区牛山洞 1585-2 | 062-9565000 | 双人间9万韩元起 |

**在光州出行**

在光州出行，可以乘坐地铁、公交车等大众交通工具，光州的公共交通线路比较发达，几乎能延伸到境内各个景点。如果行李较多，还可以乘坐出租车。

## 地铁

光州市内现有4条地铁线路，其中地铁1号线是运行在鹿洞（Nokdong）到平洞（Pyeongdong）之间的，经过光州机场，运行时间为5:30～24:00。

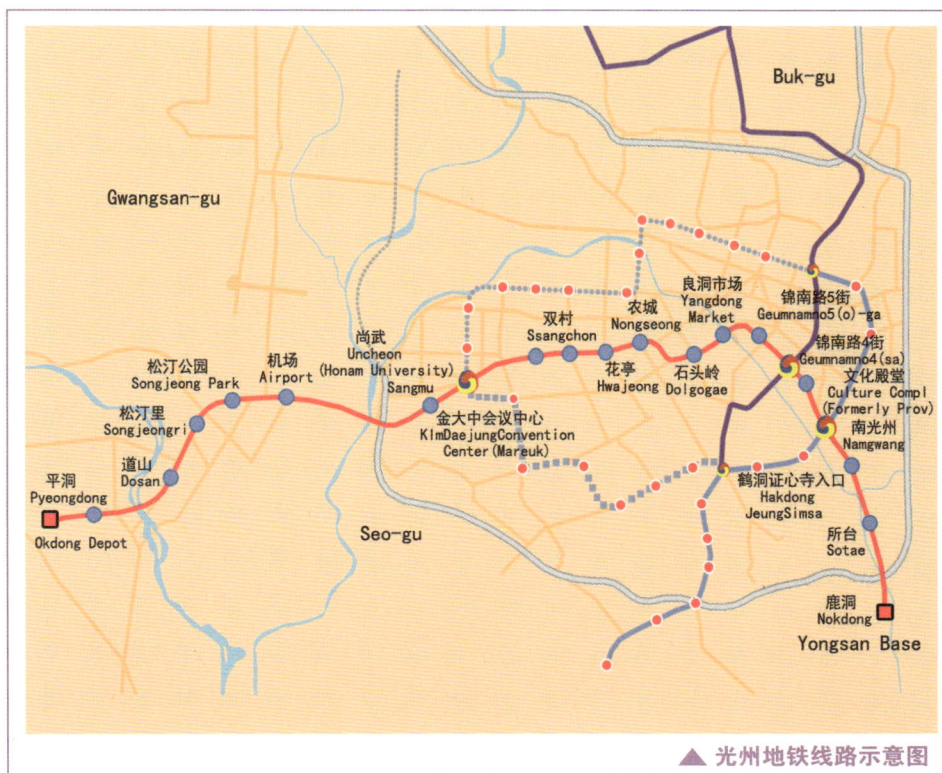

▲ 光州地铁线路示意图

## 公交车

　　光州市内的公交车交通非常发达，这里的大部分景点都可以乘坐公交车到达。尤其是主要景点，有多辆公交车可以到达，如果你去忠壮路、艺术之街，可以乘坐5、17、30、105、333、1000等路公交车；如果去证心寺可乘坐15、23、27、106、555等路公交车；如果去光州世界杯体育场则可乘坐21、36、39、106、583等路公交车。

## 出租车

　　与韩国的其他大城市一样，光州的出租车系统也比较完善。当地的出租车可以分为普通出租车、模范出租车以及大型出租车。其中普通出租车由公司经营，在光州主要有两家出租车公司——Worldcall（062-5152000）和Ncal（16883336）；模范出租车的服务比较好，价格也相对较高；大型出租车适用于同行人数较多或者行李较多时。

235

# 时间改变

去**全州**
玩1天

**时间
延长**

如果有更多的时间畅游韩国，比如能在韩国玩7天，那么游完光州之后可以继续前行，前往全州。全州是韩国西南部著名的古城之一，在历史上曾是战略要地，现在是全罗北道政府所在地。

## 全州传统酒博物馆

如果对韩国传统文化感兴趣，那么一定想要了解一下韩国的传统酿酒方法。了解韩国传统酒文化的话有一个好去处——全州传统酒博物馆（전주전통술박물관），在这里，展示了许多传统的家酿酒，体现了韩国传统家酿酒的文化。

### 旅游资讯

地址：全州市完山区丰南洞3街40-6号

交通：在全州火车站（Han-Ok站台）乘坐前往Rivera Hotel（教大）方向的1103、105、109、142、221、291路巴士，或在高速巴士客运站211、231、241、251、291路巴士在全北艺术会馆站或者殿洞圣堂下车即可

票价：免费

开放时间：每周一闭馆

## 旅友点赞

全州传统酒博物馆与一般博物馆不同，这是一个酒香四溢的博物馆。无论是是否喝酒，都有必要到这里来看一下，当年全州人用来招待亲朋好友、祭祀的传统家酿酒，还有名师的酿酒讲座，可以去学习一下家酿酒的酿造方法。

# 全州传统文化馆

## 旅游资讯

地址：全州市完山区校洞7-1
交通：乘472、725、785、711、370、486、163路巴士可到

## 旅友点赞

在全州传统文化馆中，可以听到韩国的民歌、看到传统舞表演，还可以在传统餐厅用餐，甚至也可以带着满心的祝福，去传统婚礼厅参加一对新人的婚礼。

全州作为著名的古城之一，历史上的战略要地，自然保留了不少传统文化形态。全州传统文化馆（전주전통문화관）就是这样一个可以观赏并体验到各种韩国传统文化的复合形文化空间。在这里，你可以听到韩国的民歌，也可以欣赏到传统舞表演。

# 德津公园

德津公园依托于高丽时期修建的莲池建造，是全州具有代表性的城市公园。公园南侧的莲池和北侧的游船场被悬垂桥在中间分为两部分。一到夏天，池中的莲花竞相绽放，几乎覆盖了湖水水面的一大半，这些娇艳的莲花景观是全州八景之一。

## 旅游资讯

地址：全州市德津区
票价：免费
电话：063- 2392607

## 旅友点赞

在德津公园内，建有申夕汀诗碑、金海刚诗碑、全奉准将军像等石造纪念物。踏上莲池中央的悬垂桥，可以看到清香宜人的莲花等非常优美的风景。目前在醉香亭的旁边还设置了拥有500多个观众席的室外公演场，可随时举办演出，为游客带来无限欢乐。

如果时间比较紧张，只有5天或者更少的时间，那么可以不去光州，直接从济州岛到附近的丽水玩一天。丽水是一个有着众多岛屿的地区，风景非常美丽。

**去丽水玩1天**

## 梧桐岛

梧桐岛距丽水的中心街道仅有10分钟车距，沿着防波堤步行亦可到达。防波堤的壁画是由丽水美术协会的作家创作完成的，气氛盎然。在中央广场沿着通往岛屿顶峰的散步路直上，经山竹隧道便可到达连接岛屿外廓的循环散步路。

### 旅游资讯

地址：丽水市梧桐岛

交通：乘坐丽水市内公交车，在梧桐岛下车（每5分钟运行1班，全程需15分钟）

### 旅友点赞

梧桐岛遍地生长着山茶和山竹。这里流传着一个美丽的传说，据说是一个年轻貌美的女子遇到了强盗，为了守住贞节舍身跳入碧波之中，事后得知此事的丈夫在梧桐岛的山麓修建了坟墓。在下起暴雪狂风的一年冬天，被白雪覆盖的坟墓开出了山茶花，长出象征着贞节的山竹。因为人们因此还把山茶花称为"女心花"。

## 巨文岛灯台

### 旅游资讯

地址：丽水市巨文岛

交通：在丽水客船总站乘坐前往巨文岛的船，一日两班运行（需2小时10分钟）

巨文岛是连接古岛、东岛、西岛和三夫岛、白岛群岛的岛屿。本岛是由东岛、西岛、古岛三座岛屿形成的三岛，被称为三山岛。巨文岛的海面总是平静无比，每逢刮起大风时，波浪就会涌到岩石地带。

济州岛风光

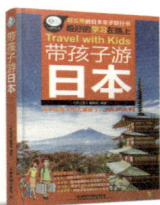
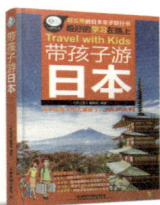  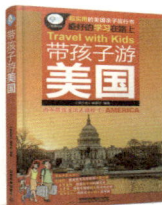 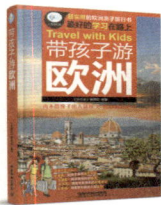 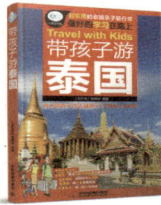
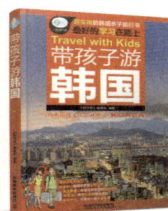   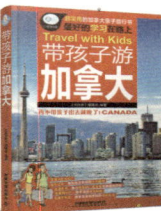 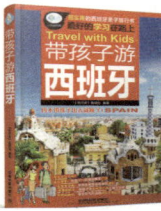